The 7 HABITS of Highly Effective TEENS

杰出青少年的
七个习惯

肖恩·柯维（Sean Covey）著

中国青年出版社

图书在版编目（CIP）数据

杰出青少年的七个习惯：精英版 /（美）肖恩·柯维著；陈允明等译.
— 2版. —北京：中国青年出版社，2016.6
ISBN 978-7-5153-4267-2

Ⅰ.①杰… Ⅱ.①肖…②陈… Ⅲ.成功心理－青少年读物 Ⅳ.①B848.4-49

中国版本图书馆CIP数据核字（2016）第148416号

杰出青少年的七个习惯：精英版

作　　者：[美]肖恩·柯维
译　　者：陈允明　王建华　葛雪蕾　杨　真　宋彩平
责任编辑：周　红
美术编辑：夏　蕊
出　　版：中国青年出版社
发　　行：北京中青文文化传媒有限公司
电　　话：010-65511272/65516873
公司网址：www.cyb.com.cn
购书网址：zqwts.tmall.com
印　　刷：大厂回族自治县益利印刷有限公司
版　　次：2002年11月第1版
　　　　　2016年6月第2版
印　　次：2025年8月第61次印刷
开　　本：660mm×940mm　　1/16
字　　数：310千字
印　　张：22.5
京权图字：01-2011-1188
书　　号：ISBN 978-7-5153-4267-2
定　　价：39.00元

版权声明

大人们都很熟悉《高效能人士的七个习惯》一书。现在，肖恩·柯维对青少年说的话既风趣又发人深省。他为青少年勾勒出一幅通向成功未来的地图。我大力推荐此书。

——保罗·霍斯顿，美国学校管理协会执行董事

肖恩·柯维的《杰出青少年的7个习惯》是给予"青少年心灵"的一份真正的礼物。无论你在生活中遇到什么难题，这本书都能给你带来希望、梦想和战胜挑战的力量。

——杰克·坎菲尔德和金伯利·基贝尔格，《青少年心灵鸡汤》作者

这本书易读易懂，有趣的故事贯穿全文。柯维所讲述的当众表演而感到胆怯的亲身体验，让我感同身受，因为我是个小提琴手。我相信全世界的青少年也会对此产生共鸣。

——艾米莉·井上，14岁

肖恩·柯维对青少年说的话既风趣又发人深省。他为青少年勾勒出一幅通向成功未来的地图。我强烈推荐此书。

——约翰·格雷，《男人来自火星，女人来自金星》作者

《杰出青少年的7个习惯》让你从新的视角去理解获得巨大成功的意义，它使我们懂得，为了实现梦想而拟定目标并坚定不移是非常重要的。

——皮卡博·斯特里特，美国滑雪队队员，奥运会金牌得主

肖恩给出了适用一生的价值观和原则，早用早受益。这些价值观和原则能够丰富青少年的生活，让他们受用长久——太棒了！

——米克·香农，儿童奇迹网络公司董事长兼总裁

读肖恩·柯维的《杰出青少年的7个习惯》如同橄榄球赛中的一次触地得分！越早形成良好而又持久的习惯，生活效率就越高。这本书恰恰能帮你做到这一点。

——史蒂夫·扬，全美橄榄球联盟最有价值球员

《杰出青少年的7个习惯》是现实生活的指南，它能帮助青少年做到最好。设定并写下自己的目标是我们能做到的最重要的事情之一。将既定目标牢记于心，始终瞄准目标，磨砺坚持到底的耐力。如果能做到这些，你就能实现任何目标。

——塔拉·利平斯基，美国花样滑冰冠军，1998年冬奥会金牌得主

肖恩·柯维是在效仿他的父亲，把他少时的经历以一种"柯维"模式拿出来与大家分享，浓缩进《杰出青少年的7个习惯》这本书中。他从亲身经历中领悟的经验教训使这本书成为年轻一代寻找方向的独特罗盘。

——弗朗西丝·赫塞尔宾，德鲁克基金会会长兼首席执行官，
美国女童子军协会前主席

无论是沉溺于自哀自怜还是畅游在知识的海洋中，都是我们在生活中必须要作出的抉择。现在有了一本青年写给青少年的出色指南，让生活更加丰富多彩。

——阿伦·甘地，圣雄甘地的孙子，甘地研究所创办人

在生活中收获甘甜果实的最好方法，是从少年时就作出正确的选择。有所为，有所不为。《杰出青少年的7个习惯》让青少年认识到自己就是他们生活中的主宰，无论背景和出身。

——斯特德曼·格雷厄姆，《你能做得到：成功的九个步骤》作者，
美国运动员反毒品组织的创建人

《杰出青少年的7个习惯》如金科玉律。我在进入奥委会之前曾担任教练，我喜欢和年轻人一起工作，一起学习，并从他们身上体会到怀揣梦想、为实现梦想设定目标以及庆祝胜利的重要意义。肖恩·柯维的这本书也印证了这一点！

——迪克·舒尔茨，美国奥林匹克委员会执行主席

书中的例子是我们大多数青少年每天都会遇到的，贴近我们的生活。这些令人鼓舞的事例启发我作出了许多至关重要的决定。我向全世界青少年强烈推荐这本书。

——杰里米·萨默，19岁

对青少年而言，《杰出青少年的7个习惯》是一本带来突破的书。它使青少年认识到怎样才能通过制定引导他们实现梦想的目标，来获得个人领域的成功。

——亨利·马什，《突破因素》作者，曾四次参加奥运会

青少年今天面临着他们的父辈根本想象不到的问题和困难。他们在努力寻找答案，而《杰出青少年的7个习惯》告诉他们要从自己身上找答案。在满怀爱心的父母、老师和朋友的帮助下，我们的青少年会健康快乐地长大成人，为社会做出应有的贡献。

——罗伯特·舒勒博士，《能梦想就能做到》作者，
克里斯特尔大教堂的神父

我对家庭、学校活动、朋友以及放学后该干的事情一直持玩世不恭的态度，直到我看了《杰出青少年的7个习惯》。它帮助我成为更有条理的人。书中的漫画让我对那些故事和事例记忆深刻。

——乔伊·迪恩威利斯，18岁

《杰出青少年的7个习惯》激励青少年摒弃平庸、努力出类拔萃。所有的青少年都能实现自己的目标和梦想，只要他有勇气为达到成功一步一个脚印，坚持不懈地做好每一件该做到的事。这本书以显明的实例告诉青少年如何才能做到这一点。

——戴夫·切基茨，麦迪逊广场花园总经理兼总裁

我们这个世界上的青少年今天应该有所突破！肖恩·柯维的《杰出青少年的7个习惯》告诉各地的青少年如何做到勤勉刻苦、正直坦诚、回报家庭与社会。这本书凸显出我们的青少年一代完全有希望构筑一个更美好的世界。

——迈克尔·昆兰，麦当劳公司总裁兼董事长

今天的青少年是家庭、社会和国家未来的领袖。《杰出青少年的7个习惯》教他们懂得勤奋工作的价值，教他们如何制定并实现目标，如何负起责任和采取主动，所有这一切都是优秀领导人的标志。

——迈克尔·莱维特，美国犹他州州长，全美州长协会副主席

《杰出青少年的7个习惯》教给青少年人生的基本原则，帮他们筑牢人生的基石，为他们迎接生活中一个个艰巨的挑战提供支持。全世界青少年需要这本书。最重要的是，书中对信仰上帝及其助人意愿的人提出了要求，那就是祈祷。

——西奥多·赫斯伯格神父，美国印第安纳州圣母大学退休荣誉校长

这本书是一个不可多得的智慧宝典，可以帮助那些在20世纪90年代的迷惘中成长起来的青少年作出正确选择。我真希望在我们成长的60年代能有这样一本书！

——坎达丝·莱特纳，反对酒后开车母亲组织的创办者

《杰出青少年的7个习惯》就是胜者！在我给青少年当教练的那些年里，我们一起懂得了只要全力以赴、制定目标并抱有明确的梦想，就能使我们成功，即使沿路也会有失败。

——洛·霍尔茨，圣母队（1988年全国冠军）前橄榄球总教练，
哥伦比亚广播公司（CBS）《今日大学橄榄球》栏目体育评论员

肖恩在书中列举的"能做到"的例子，提醒我充分利用已有的条件是何等重要。我虽然个头不高，但是仍参加多项体育运动。这本书帮助我认识到，如果我要达到我的目标，必须依赖我的速度和灵活性。

——布伦特·库伊克，15岁

动机只是生活竞赛的一部分。自律和自制是将梦想变为现实的关键。这本书为希望在生活中夺冠的青少年提供了所需的心灵给养。

——米娅·哈姆，美国女子国家足球队队员，年度最佳女运动员

决定如何度过一生基于我们所信仰的价值观。这本书以非常实用的文字帮助青少年为形成至关重要的人生价值观打下牢固的基础。

——唐纳德·瑟德尔奎斯特，沃尔玛百货公司副董事长兼首席运营官

每一位祖父母都应该读一读肖恩·柯维的这本书，都应当把这本书列入送给孙辈的礼物清单，使孙辈们的生活发生巨大的变化。

——柯克·斯特龙伯格，美国退休人员协会战略规划与发展部主任

《杰出青少年的7个习惯》让青少年有了一个实现梦想的伟大计划。柯维用非凡的洞察力来帮助父母培养孩子实现最高的目标，克服可能遇到的任何障碍。

——里克·皮蒂诺，波士顿凯尔特人队教练，《成功是一种选择》作者

这本书有影响力但又不似父母的说教，与其说是对青少年的忠告，倒不如说是传达了一个个重要的信息，为生活在这个复杂而又充满挑战的青少年提供了正确的指导。柯维的建议可靠，而又经得起时间的考验，同时不像是说教，也不像是父母的唠叨……这本亲切友好又平易近人的书饱含着无可置疑的智慧，能激发信心，鼓励青少年跟随自己的心走，而不仅仅是随大溜。

——帕特里克·奥布赖恩，作家，让大学有价值组织创办人、主席

这本书包含着许多积极向上、激发灵感和促成改变的战略，帮助青少年开发出自己所有的潜能。

——劳拉·施莱辛格，哲学博士，《女人搅乱自己生活的十件蠢事》作者

我们发现你看到这本杰作的时候，我的儿子已经21岁了；我们用这本书构筑了一种新的父子关系，一直持续到今天——已经7年了。如果时光能倒流，回到他15岁的时候，这本书将改变那无法沟通、愁眉苦脸和挫败失意的6年。嗨！天下的父亲，这本书是你的机遇，也是你孩子们的机遇！

——克莱德·费斯勒，美国哈利—戴维森汽车公司商业开发副总经理

10年前，我参加了柯维博士为成人开设的"7个习惯"研讨班，多数学生是公司上层。当我环顾教室看到每个人如此地热切渴望时，禁不住想："为什么要等到成年才教这些方法？"很快我就在我的学校里讲"七个习惯"，先是员工后是学生（年龄最小的只有5岁）。10年来成效惊人。我在教育领域工作36年，从未见过有什么对学生表现、教师业绩和家长满意度影响这么大。让我振奋的是，现在《杰出青少年的7个习惯》让全球不同学校的学生都能学习这些强大的习惯。

——穆丽尔·托马斯·萨摩斯，美国名校AB寇姆磁石小学校长

目 录

What's Inside

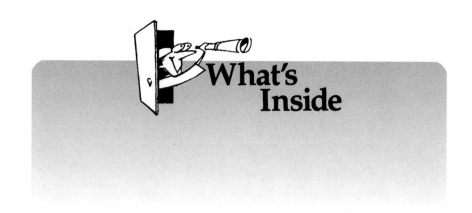

如何使用本书

欢迎，欢迎！每一个拿起这本书的青少年都在走向杰出青少年的路上迈出了很大的一步，也会在训练自己成为杰出青少年的路上开始切实的实践。

恭喜你开始思考自己，开始阅读如何成为杰出青少年，并对自己进行训练，实施训练计划。

这是为你写的书，是在《杰出青少年的七个习惯》这本经典之作的基础上，给你提供培养杰出青少年七个习惯的方法的精英版本。

从阅读本书内容开始，你可以了解杰出青少年该拥有哪些习惯来改变自己的生活，当然，通过阅读，如果想要改变自己的生活，培养自己的习惯，你可以从每章后面的"幼童学步"开始，尝试刚刚学到的习惯。照着做，你将获益匪浅。

接下来的一步是你自己的训练计划。每章末尾都有"我的训练计划"部分，这是你自己独特的训练计划，你可以依据自己的实际情况进行填写，并努力实践。当然，这个训练计划不必与别人相同，因为，这是你自己的训练计划。

相信你会通过阅读本书真正了解杰出青少年具有哪些习惯，并反思自己，然后实施你在本书协助下所制订的训练计划，培养自己真正具有这些习惯，从而改变自己的人生，成为精英。

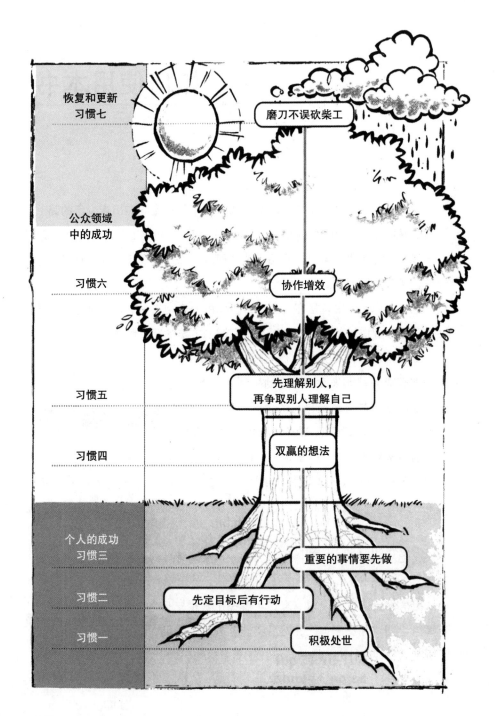

恢复和更新
习惯七

磨刀不误砍柴工

公众领域
中的成功

习惯六

协作增效

习惯五

先理解别人，
再争取别人理解自己

习惯四

双赢的想法

个人的成功
习惯三

重要的事情要先做

习惯二

先定目标后有行动

习惯一

积极处世

如何从这本书中获得最大裨益

给你几点提示，它会使阅读这本手册成为一段不寻常的经历。

◎ **作记号！**不要害怕拿出彩笔或记号笔，标出你想记住的内容。可以在页边的空白随意写画。针对自己的情况作笔记。书本和练习册本来就是让人在上面写东西的。想怎么用就怎么用吧，尽情寻乐。

◎ **写，写，写**。试着做做那些活动与练习。写得越多，你的自我就会更多地显现。你可能会惊讶地发现你自己从不知道的某些全新的方面。

◎ **找出你最喜欢的名言**。这本书中有不胜枚举的名人名言。找出你最欣赏的，将它们抄下来，贴在你能看见的地方，如镜子或橱柜里。

◎ **将这七个习惯应用于"你的"日常生活当中**。别做书中劝诫你的事情："要是我的朋友有这本书那该多好。"或者"啊，这或许适用于我爸妈！"相反，应该一心只想你能如何改进"你自己"，并且将这些忠告用以解决你自己的难题。

◎ **与他人交流心得**。与一个亲密朋友，或者父母、或者监护人、或者任何对你很特别的人讨论你最赞成的想法。告诉他们你所作出的保证，以及你想如何实现改变，并寻求他们的帮助。

◎ **跳跃阅读**。你不必从头到尾依序阅读。信手翻阅，想什么时候做那些活动就什么时候做。这样反而会更有趣。

想想你希望学到什么

最后，花几分钟浏览一下这本书，了解一下它的主旨理念。现在，逐条写下你的个人期望：

读完这本书，我希望学到：

_____

_____

_____

我现在面临的最大困难是：

_____

_____

_____

这本书可在以下几个方面帮我克服那个困难：

_____

_____

_____

愿你充分享受这次的智慧旅行。

祝旅途愉快！

我 是 谁

　　我是你不变的伙伴。我是你最好的帮手，也是你最沉重的负担。我能推动你向前，也能将你拖向失败。我完全听从你的支配。我做事情可以半途而废，你也可以完全交付给我，我能既快又好地完成它们。

　　我易于管理——但是你必须牢牢地控制我。准确地告诉我你希望某件事如何去做，在获得一些经验教训之后，我会自动地去完成。我是所有伟大人物的仆人，不幸，也是所有失败者的仆人。那些人之所以伟大，是因为我使他们伟大。那些人之所以失败，也是因为我使他们失败。

　　我不是机器，尽管我工作起来有着机器所具有的精确性又兼具人类的智能。你可以支配我获得益处，也可以操纵我身败名裂——对我而言没有什么不同。

　　接受我，训练我，牢牢地掌控我，我将把世界放在你的脚下。放任我自行其是，我将毁掉你。

我 是 谁

我是习惯

作者序

　　从我写了这本书的第一个版本以来，世界已经发生了翻天覆地的改变。那时，还没有脸书（Facebook），没有推特（Twitter），没有智能手机，没有高清卫星电视，没有网飞（Netflix）。生活看起来有些无趣。

　　虽然慢慢地世界有了这些变化，但依然有一些事物从未改变。我们的选择权从未改变。我们依然可以自由选择怎样度过我们的人生。人际关系的重要性从未改变。人际关系依然至关重要。另外，诸如责任、愿景、团队合作、服务和革新等原则，也从未改变。它们始终深刻影响着我们工作、学习、生活的方方面面。

　　这就是七个习惯永远不会过时的原因——因为它们是以永恒的原则为基础的。事实上，随着世界变得越来越疯狂，七个习惯只会变得更加重要。我们永远都需要保持积极主动。在寻求被别人理解之前，我们总是需要先理解别人。这七个习惯不会有任何变化。

　　在过去的许多年里，我收到了成千上万封来自世界各地青少年读者的电子邮件和信件。在这些电子邮件和信件中，他们跟我分享了他们的问题和成就。读完这些来信后，我发现有三个主题被反复提及。

　　首先，每个人在处理人际关系上都会遇到各种各样的问题，比如处理与朋友的关系、与父母的关系、与亲戚的关系，等等所有你能想到的关系。所以，如果你在处理人际关系上遇到问题，你并不是孤身一人。欢迎加入我们的俱乐部。

　　其次，几乎每一位给我写信的青少年都想要改变，都想变得更好。他们或者想摆脱网瘾，或者想开始在学校中表现得更好，或者想减肥，或者想摆脱抑郁，诸如此类。如果你和他们一样，也想变得更好。欢迎加入我们的俱乐部。

再次，这七个习惯确实很有效。非常棒！除了上述的几个方面，在其他方面，它们还能帮助你战胜挫折，培养友谊，在与人相处时做出更明智的选择，在学校表现得更好，掌控自己的生活，建立自我价值感，甚至能帮助你和你的父母和睦相处，不管你信不信。

一位十几岁的女孩给我写了一封信，告诉我学习习惯一"积极处世"如何改变了她的生活：

在过去的6个月里，我经历了很多。我最好的朋友拒绝和我说话。我父母的婚姻争吵不断。我哥哥染上了网瘾。我的生活开始变得分崩离析。后来，我的妈妈买了这本"七个习惯"，它真的改变了我的思维方式。这本书最让我印象深刻的部分是，书中说，没有人能让你生气或毁掉你的一天，除非是你让他们那么做的。过去，我总是基于某个人是否和我说话，或者是否发生了什么事情来评价我的一天。现在我不在乎了。当不好的事情发生时，我无论如何都会微笑着度过。自己创造一天要比让别人替你创造一天容易得多。我所有的朋友都注意到了我的这个变化。这一次，我很开心。

我知道你在生活中可能会遇到很多困难的事情。比如：你一天都很倒霉；有人对你说一些刻薄的话；父母离婚；你爱的人去世；发生车祸。在更广阔的世界里，你还必须要应对恐怖主义、战争、疾病、全球竞争、网络霸凌、色情和反式脂肪酸，等等。

话虽如此，但我始终相信，如果你可以选择在历史上存在的某一时期生活，你一定找不到比现在更好的时候了。真的，现在是历史上最适合出生的时刻！现代人的生活比古埃及人、古罗马人、古阿兹特克人或明朝人所经历的生活要好得多。想想看，今天比以往任何时候都有更多的自由、信息、财富和机会提供给更多的人。

以信息和技术为例。通过互联网，世界触手可及。有数以百计的电视频道和广播电台供你选择。如果你想了解希腊神话，你不必像你父母在你这个年龄时那样去图书馆或找专家，你可以在搜索引擎上搜索相关内容！如果你想学弹吉他，做芝士蛋糕，甚至开直升机(这个我不太建议)，在视频网站上搜索一下，你就全都知道了！

通过智能手机，你可以查看雅加达未来七天的天气预报，给你的狗狗拍高清照片，查看文明世界每条街道的地图。想象一下！而且智能手机的上网速度一点都不慢。摩尔定律说，微型芯片的计算能力每18个月提升一倍。我都要等不及拥有我的"悬浮汽车"了！

世界变化的速度也在加快。例如，印度和中国正在影响一切。亚马逊和Facebook这样的公司几乎在一夜之间崛起，成为全球的巨头公司。

机遇无处不在。谁能想到，28岁的程序员皮埃尔·奥米迪亚，通过为一家名为eBay的公司编写代码，将互联网上的买家和卖家联系在一起，会几乎一夜之间成为亿万富翁！

是的，即使如今的社会有着诸多挑战，但这依然是我们生活的最好的时代。在这个时代，我们可以做的事情很多，可以帮助的人也很多。正如一位明智的领导者所说，"这是一个美好的生活时代。在这个时代，我们的影响力可能是更平静时期的10倍"。

另外，我希望你永远不要忘记本叔叔对蜘蛛侠说的话。"能力越大，责任越大。"你不是蜘蛛侠或凯特尼斯·伊夫狄恩。但你们确实比以往任何一代人都拥有更多的自由和更多的机会——随之而来的是巨大的责任。

因此，请享受这本针对互联网时代更新的《杰出青少年的7个习惯》（精英版）。你会喜欢贯穿整本书的新用语、新故事和趣闻轶事。

祝你们一切顺利，前途光明！

——肖恩·柯维

第一部分

准备就绪

第一章 养成习惯

习惯不是造就你，就是毁掉你

The **7** HABITS
Of Highly Effective
TEENS

欢迎！欢迎！我叫肖恩，这本书是我写的。不知你是怎么得到它的，是妈妈望子成龙给你买的，还是书名的诱惑让你破费。不管是什么原因，很高兴它到了你手里，现在你所要做的就是开始阅读。

许多青少年都喜欢读书，但我不在此列（虽然我也读过某些世界名著的简译本）。如果你和我一样，很可能正想将这本书束之高阁，且慢，先听我娓娓道来。如果你答应读它，我保证这就像冒险一样好玩。为了有趣，我已经在书里塞满了卡通、奇思妙想、名人名言以及全球青少年的神奇故事，还有其他惊喜。愿意试试吗？

好吧，让我们回到本书上来，它的基础是我爸爸史蒂芬·柯维（Stephen R. Covey）几年前写的《高效能人士的七个习惯》（*The 7 Habits of Highly Effective People*）。那本书居然成了畅销书，其成功很大程度上要归功于我和我的弟弟妹妹。他在我们身上进行了各种心理试验，你看，我们居然成了他的小白鼠了。虽然我得以幸免，但我弟弟妹妹至今患有情感障碍（当然，这只是个玩笑）。

为什么要写这本书？这是因为现在青少年的生活不再悠哉游哉了，生活就像是置身于野蛮丛林。如果我写得还算及格，本书将像指南针一样帮助你穿越丛林。而且，不像我爸爸的书，是为成年人写的（有时还真让人昏昏欲睡），本书是专为青少年写的，趣味盎然。

60年代的孩子们

今天的孩子们

虽然我已是退休的青少年，但是我清楚记得青少年的感受。我敢发誓，那时我的情绪经常像是在坐过山车。至今我还奇怪，我居然能活下来。我也忘不了七年级时的初恋。当时我爱上了一个名叫尼科尔的小姑娘，就让铁哥们儿克拉尔去告诉她（不敢自己直接说，所以利用了传声筒）。他完成任务回来说："嘿，肖恩！我告诉尼科尔，你喜欢她。"

"她怎么说？"我笑着问道。

"她说，喔，肖恩，他好胖！"

克拉尔大笑，我真想钻进一个洞里永远不再出来。我发誓一辈子痛恨女孩。好在我的荷尔蒙起了作用，后来我又开始喜欢姑娘们了。

我想，我与其他青少年共同经历过的某些困惑对你也不陌生：

"有那么多事情要做，时间总是不够。上学、作业、任务、哥们儿、聚会，还有家庭。我简直被压垮了。救命！"

"我跟不上功课，怎么能感觉良好？无论到哪里，总有人比你聪明，比你漂亮，或比你讨人喜欢。我禁不住会想，'要是我有她的头发、她的衣服、她的个性、她的男友，那我会多么高兴呀。'"

"我的家简直一团糟。如果能摆脱老爸老妈，那我还能过上自己的生活。他们总是那么唠唠叨叨，我永远也不能让他们满意。"

"我明白，我过的生活很糟糕。我陷入了各种各样的烦恼——吸毒、酗酒、滥交。但是一旦和哥们儿在一起，我就缴械投降了，他们怎么做我就怎么做。"

"我又开始减肥了，我想这是今年第五次了吧。我实在希望能有些变化，但我就是无法坚持。每次减肥我都抱着希望，但总是过不了多久就又以失败告终，现在我觉得简直糟糕透了。"

"目前我在学校干得不是很好，如果还不能把分数搞上去，我将永远进不了大学。"

"我现在郁郁寡欢，经常感到沮丧，真不知该怎么办。"

这些问题都很实际。你无法回避生活，所以我不试图回避。相反，我将给你一套工具，帮你应对生活难题。是什么？杰出青少年的七个习惯，或用另一种说法，全球快乐的、成功的青少年所共同拥有的七个性格。

现在你可能很想知道这些习惯是什么，那我就告诉你们吧。下面就是这七个习惯以及简短的解释。

习惯一：积极处世。对自己的生活负责。

习惯二：先定目标后有行动。确认你的使命和生活目标。

习惯三：重要的事情要先做。排出优先顺序，首先做最重要的事情。

习惯四：双赢的想法。抱着人人都能成功的态度。

习惯五：先理解别人，再争取别人理解自己。真心诚意地倾听。

习惯六：协作增效。协同工作成就更好的业绩。

习惯七：磨刀不误砍柴工。定期让自己得到休整和充电。

如图所示，这些习惯，一个建立在另一个之上。习惯一、二、三是自我完善，可称为"个人的成功"。习惯四、五、六涉及情感关系和团队工作，可称为"公众领域中的成功"。在成为称职的团队一分子之前，你必须首先完善自己的个人行为，这就是为什么个人的成功要先于公众领域中

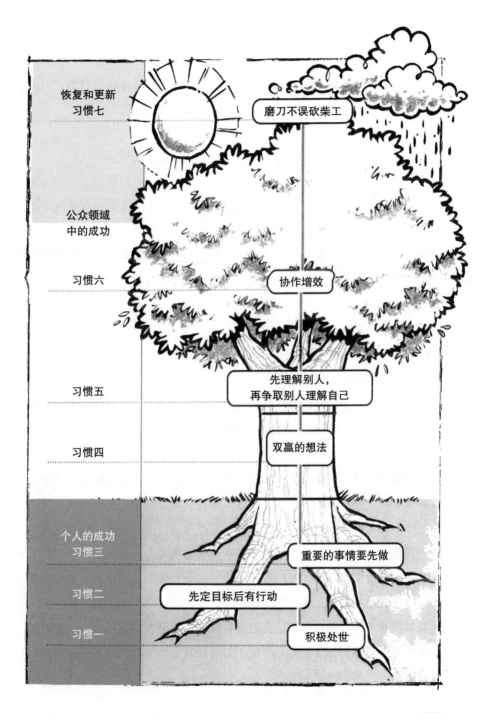

恢复和更新
习惯七

磨刀不误砍柴工

公众领域
中的成功

习惯六

协作增效

习惯五

先理解别人，
再争取别人理解自己

习惯四

双赢的想法

个人的成功
习惯三

重要的事情要先做

习惯二

先定目标后有行动

习惯一

积极处世

的成功的原因。最后那个习惯七，是让自己得到休整恢复和充电更新的习惯，它支持着其他六个习惯。

这些习惯看来很简单，难道不是吗？然而，待会儿你就会看到它们多有威力！一种理解方法是看看它们的反面是什么。

问题青少年的七个习惯

习惯一：被动反应。将所有问题都归罪于你的老爸老妈、你愚蠢的老师、你讨厌的邻居、你的男友或女友、政府或者其他什么人或什么事。你自己则是个受害者。你对自己的生活不负任何责任，就像一头牲口那样行动；饿了就吃，谁说你，你就骂他。如果想做什么你觉得不对的事，尽管让自己去做吧。

习惯二：不定目标、不想后果。不做计划，尽量逃避任何目标，从不考虑将来。干吗要为自己的行动担忧？今日有酒今日醉。尽管吃喝玩乐，明天？明天我们可能都不在了！

习惯三：重要的事情留待最后去做。生活大事？先别管它！且让我们玩个够：看电视、聊大天、上网、闲逛。家庭作业？明天再做。大事永远为小事让路。

习惯四：争强好胜。生活就是邪恶的竞争。同学在盯着你呢，最好抢在前面先抓住他们的把柄。别让其他人获得成功；切记，他们的成功就是你的失败。如果眼看着即将失败，一定要把那些讨厌的家伙一起拖下水。

习惯五：先夸夸其谈，再假装倾听。生来有嘴，为何不用。一定要大谈特谈，先说你的故事，然后哼哼哈哈，假装倾听别人的谈话。如果你真想听听他的意见，先把意见告诉他。

习惯六：千万别合作。让我们面对现实，其他人都很怪，因为他们不是你。何必要和他们共处。只有狗才需要团队合作，自己干要强得多，一切自己来。

习惯七：把自己累得筋疲力尽。生活这样紧张，根本没时间恢复、没时间提高。不学新知识，不学习、不锻炼。远离书本、远离大自然、远离一切能激励你的事物。

> 这次测验，我一定得Ａ，我整晚没睡！

很显然，这些习惯正是招灾邀难的好法子。然而，我们很多人（包括我自己）经常沉溺于其中而不自知。既然如此，生活当然有时会让人受不了。

习惯究竟是什么

习惯是我们反复做的动作或事情，但大部分情况下我们根本没意识到有这种习惯，它们是不自觉的。

某些是好习惯，例如：

◎ 定期锻炼

◎ 事先做计划

◎ 尊敬他人

某些是坏习惯，例如：

◎ 遇事总往坏处想

◎ 自卑感

◎ 总是怪罪别人

某些习惯无所谓好坏，例如：

◎ 晚上淋浴

◎ 用叉子喝酸奶

◎ 浏览杂志时从后向前看

由于习惯的不同，它们不是造就你，就是毁掉你。我们怎么做，我们就会变成什么样的人。正如萨穆尔·斯迈尔（Samuel Smiles）所说：

播种思想，收获行动；

播种行动，收获习惯；

播种习惯，收获性格；

播种性格，收获命运。

幸而你比你的习惯要更强大，因此你能改变习惯。例如，试着将你的双臂环抱胸前，看看，哪只手臂在上面？然后试着反方向（改变手臂的上下位置）环抱一次。很怪，是吗？但如果你连续30天这样反方向环抱双臂，你就不再感觉那么怪了，你甚至不用想就能做到，你已经养成习惯了。

任何时候你都能照着镜子对自己说："我可不喜欢自己的这个习惯。"你能将一个坏习惯变为好一点的习惯。有时这并不容易，但总是可能的。

本书的主意不一定对你都适用。但是，也没要求你做到完美才能见效。只要不时实践其中一些习惯，就能让你体验到超出想象的变化。

七个习惯能帮助你：

◎ 掌控自己的生活

◎ 改善与朋友的关系

◎ 做出更明智的决策

◎ 与老爸老妈更好地相处

◎ 克服不良癖瘾

◎ 确认自己的价值、识别生活中的重大事项

◎ 办事更经济

◎ 增强自信心

◎ 自足常乐

◎ 平衡地处理学校、工作、朋友及其他事物

七个习惯

最后要说的是，这是为你写的书，请享用吧。拿出铅笔、钢笔或记号笔做记号。不用迟疑，在你认可的观点下划线、圆圈或涂色。在页边做笔

记、胡涂乱写没关系。有趣的故事，再看一遍；带给你希望的名言，记住它。试试每章末尾的"幼童学步"，那是专门为你设计的，可以帮助你实践刚学的习惯。照着做，你将获益匪浅。接着练习"我们的训练计划"，这也是为了训练你养成好习惯专门设计的。

如果你喜欢跳着看卡通和奇闻轶事，那也没关系。但是，你总得挤出时间从头至尾看一遍，因为这七个习惯，一个建立在另一个之上，相互之间有连贯性。

怎么样，定下日子，开始读这本书吧！

◇ 后面的章节更精彩 ◇

下面一章我将告诉你十个从古至今最愚蠢的断言，千万别错过哟。请继续往下看！

首先，我们养成习惯；

然后，习惯塑造我们。

想想你有哪些习惯

我有四个好习惯：

1. _____

2. _____

3. _____

4. _____

我保持这些习惯的原因是：

每一个好习惯给我带来的好结果是（例如，我有见人微笑的习惯，现在人们对我更友善）：

习惯并不总是积极的。实际上，它们可好可坏，也可不好不坏。我的一些无所谓好坏的习惯是（例如，我总是穿一只袜子就穿一只鞋，然后再穿另一只袜子另一只鞋）：

现在让我们列出你不太得意的习惯。完成以下问题。

我目前最坏的习惯是：

造成这些坏习惯的原因是：

这些坏习惯已有（几天、几周、几年）：

这些坏习惯给我带来的苦果是（例如，上学总迟到，这意味着我错过了课堂讨论，影响了操行评语）：

在上述坏习惯中，我最想改掉的习惯是：

在下表中填入你前面列出的习惯。在未来的一周里将它放在手边，时时提醒你改正坏习惯，培养好习惯。

我想改正的坏习惯　　　　　　　　**我想培养的好习惯**

学习：

1. _____　　　1. _____

2. _____　　　2. _____

3. _____　　　3. _____

对家人：

1. _____　　　1. _____

2. _____　　　2. _____

3. _____　　　3. _____

对朋友：

1. _____　　　1. _____

2. _____　　　2. _____

3. _____　　　3. _____

其他：

1. _____   1. _____

2. _____   2. _____

3. _____   3. _____

这七个习惯的妙处在于它们先后有序。这是一个循序渐进的过程——就像是先学数字然后再学计算、先学字母然后再学拼写，或者说先打下一个牢固的地基，再建一座150层的大楼。树也是这样生长的；它们首先在地下深深扎下根，然后树干才能生长，才能枝繁叶茂。

根据你此时对其的了解，在这棵树上填进那些习惯。

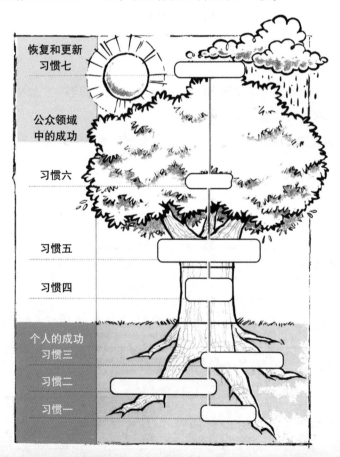

第二章
思维定式和原则

你怎样看世界，你也就得到怎样的世界

The **7** HABITS
Of Highly Effective
TEENS

下面是多年前某些专家对其领域的断言，当时听起来很有道理，随着时间的流逝，它们变得愚蠢透顶。

从古至今十大愚蠢断言：

10. 没有理由让某个人在家中配备一台计算机。（1979年）——肯尼斯·奥尔森（Kenneth Olsen），DEC（数字设备公司）的奠基人和总裁

9. 飞机是个有趣的玩具，但没有军事价值。（1911年）——费迪南·福煦（Ferdinand Foch），法国陆军元帅，军事战略家，第一次世界大战指挥官

8. 无论将来科学如何发达，人类不可能登陆月球。（1967年2月25日）——李·弗雷斯特博士（Dr. Lee Forest），三极管发明人和无线电之父

7.（电视）上市6个月之后，不可能还有市场。每天盯着个三合板盒子，人们很快就会厌烦。（1946年）——达里尔·扎努克（Darryl F. Zanuck），二十世纪福克斯公司总裁

6. 我们不喜欢他们的声音。再说，吉他乐队也正在退出舞台。（1962年）——英国德卡唱片公司（Decca Records）拒绝了披头士乐队

5.对于大部分人来说，吸烟是有益的。（1969年11月18日）——《新闻周刊》援引洛杉矶外科医生G.麦克唐纳博士（Dr. Ian MacDonald）的话

4.这个"电话"缺点太多，无法作为通讯工具。这种玩意儿对我们没什么用。（1876年）——西方联合公司（Western Union）的《内部备忘录》

3.地球是宇宙的中心。（二世纪）——托勒密（Ptolemy），古埃及天文学家

2.今天没发生什么重要的事。（1776年7月4日，美国独立日）——英皇乔治三世

1.所有能够发明的，都已经被发明了。（1899年）——查尔斯·杜埃尔（Charles H. Duell），美国专利局局长

看过这些，再看一些和你一样的青少年所说的话。这些话你听见过，它们和上面那些断言同样可笑。

◎ 我家没人上过大学。想上大学但无望！

◎ 没有用的。我就是没法和我后爹相处，我们不是一路人。

◎ 做个聪明乖巧的人是件很乏味的事。

◎ 我老师总是挑我的错。

◎ 她这么漂亮，我敢打赌她一定是个蠢蛋。

◎ 除非认识当权的人，否则你不可能脱颖而出。

◎ 我？苗条？你开玩笑！我家可全是胖子。

◎ 这儿找不到工作，没人愿意雇个十来岁的孩子。

思维定式是什么

上面两组断言的共同点是什么？首先，它们都是关于事物本质的一种感知。其次，它们都不准确，或不完整，虽然说这些话的人认为他们自己是对的。

感知的另一种表现方式是思维定式。一个思维定式（以下也简称定式）

是你看事物的固定方式、观点、参考系统或信仰。你可能已注意到我们的定式常常远离事实，结果就产生了局限性。例如，你可能认为自己缺少读大学的素质。但是，回想一下，托勒密不也同样认为地球是宇宙的中心吗？

再想一下那个认为自己没法与继父相处的女孩，如果这是她的定式，她还能与继父搞好关系吗？看来不行，因为这种想法限制了她。

定式就像眼镜，当你用不完整的思维定式来观察自己或自己的生活，就像戴着度数不准的眼镜。镜片影响你所看到的一切。结果，你怎样看世界，你也就得到怎样的世界。如果你相信自己是个哑巴，这个信念就会让你成为哑巴。如果你相信你妹妹是个哑巴，你就会到处寻找并找到证据，在你眼中她就是个哑巴。另一方面，如果你相信自己既聪明又灵巧，这个信念让你所做的每件事都显得更完美。

有个名叫克里斯蒂的少女告诉我她如何热爱美丽的山脉。有一天她去看医生，惊奇地发现其视力竟然大有问题。戴上隐形眼镜之后，她为自己所看到的一切而赞叹不已。用她自己的话来说就是："我发现，山脉、树木甚至路边的指示牌都这么丰富多彩，我以前想都没想到。真奇怪，直到亲身体会到事物的美妙时，我才知道我过去的视力多么糟糕。"事情经常如此。由于自己错误的思维定式，我们不知错失了多少美妙的东西。

对于我们自己、他人和周围的生活，我们都有思维定式。让我们来一一审视。

对于自己的思维定式

先停一下，考虑下面这个问题：我的思维定式究竟是帮助了我，还是阻碍了我？

　　我妻子丽贝卡在爱达荷州麦迪逊中学读高一的时候，有一次班上传阅麦迪逊中学盛装游行的报名表，丽贝卡和许多同学都签了名。她的邻座琳达却直接将报名表传给别人，没有签名。

　　"签名呀，琳达。"丽贝卡坚持要她签。

　　"哦，不，我不行。"

　　"来吧，很有趣的。"

　　"真的不行，我不是那块料。"

　　"不，你当然行，我觉得你很棒！"

　　在丽贝卡和其他女孩的不断鼓励下，最后她签了名。

　　丽贝卡没有再多想这件事。然而，七年以后她收到了琳达一封信，描述她那天的内心斗争和对丽贝卡的感激，感谢丽贝卡的鼓励改变了她的生活。琳达在中学一直有一种自卑感，那天丽贝卡居然认为她是盛装游行的合格候选人，令她大吃一惊。她最后同意签名，只不过是想图耳根清静罢了。

　　琳达说，参加盛装游行如此令她不安，以至于她第二天就去找了盛装游行的指挥，要求撤销她的报名。与丽贝卡一样，指挥也坚持琳达应当参加。

　　无奈之下，琳达同意了。

　　但是，这起了作用。琳达勇敢地参加了一个要求她展现最佳自我的活动，由此她开始从一个新的角度看自己。琳达在信中衷心感谢丽贝卡，因为是丽贝卡取下她扭曲了的眼镜，打碎它，坚持让她去尝试一副新的眼镜。

　　琳达说，虽然她从未赢得任何头衔或奖状，但是她克服了更大的障碍：自卑感。由于她的带头，她的两个妹妹后来也参加了盛装游行，盛装游行在她家成了一件大事。

　　琳达接着说，盛装游行过后的第二年，她成了一个学生组织的骨干分子，并养成了活泼外向的性格。

　　琳达经历了所谓的"改变定式"。也即，你突然用一种新的角度来观察世界，就像你试戴一副新的眼镜一样。

　　正如负面的自我意识会给自己施加限制一样，正面的自我意识会释放最佳的自我，请看下面有关法王路易十六之子的故事。

法国国王路易十六被赶下王位，关在牢中，其年轻的王子则被赶国王下台的那帮人带走。他们想，王子是王位继承人，若能在道德上把他摧垮，那他永远也无法实现生活赋予他的伟大使命。

他们把王子带到遥远的社区，让那男孩接触各种卑鄙邪恶的事物，提供让他沦为饕餮之徒的各种美味，让他成天听粗鄙之言、接触淫荡猥亵的妇女，处处是不讲信誉、卑微无耻。一天24小时让他处于这种环境之中，要让其灵魂受到诱惑而

总有一天

堕落。接连6个月都如此，但是，这男孩没有一时一刻屈从于压力。在这种种诱惑之后，他们最后问他，为何他能抵抗所有这些诱惑？为何他能不沦落其中？这些事物能提供欢娱，能满足欲望；它们就在那儿，唾手可得。那男孩答道："我无法这么做，因为我生来就是做国王的。"

王子路易坚持有关自己的思维定式，任何事物都无法动摇它。同样，如果你在生活中戴着上面写有"我能做到"或"我在乎"的眼镜，这信念将使每件事显得更加美好。

现在你可能会觉得迷茫："如果我对于自己的思维定式有扭曲，我该怎么办呢？"一个方法是，花些时间，找个相信你、支持你的人谈谈。对于我来说，我母亲就是这样的人。在我成长过程中，我母亲一直信任我，尤其是当我怀疑自己的时候。她总是说："肖恩，你当然应当去竞选班长。"每当我需要证实自己的时候，我总是去找我老妈，而她也总是能帮我清洁我的眼镜。

去问问每个成功人士，他们几乎都会告诉你，有个相信他们的人在背

后——老师、朋友、父母、指路人、姐妹或祖母。只要一个人就够了，具体是谁无关紧要。别害怕你会变得依赖他，走过去，向他寻求忠告，用他的看法来看自己。一副全新的眼镜会带来多大的变化呀。某个人曾经说过："如果你能想象出上帝希望你成为怎样的人，你就会成长而和以前大不一样。"

有时你没人可依靠，只能独自应对。如果情况果真如此，请特别注意下一章，它将提供给你好的方法来建立自信。

对于他人的思维定式

我们不仅有对于自己的思维定式，也有对于他人的定式，它们也可能远离事实。从一个全新角度来观察事物，能帮助我们理解别人的处世行为。

蓓基告诉我她的改变定式的故事。

高一时我有一个朋友叫姬姆，她是个好姑娘。但时间长了以后，她变得越来越不好相处了，动不动就生气，还常常觉得被他人冷落。她经常郁郁寡欢，很难交往。慢慢地，我和朋友们找她玩的次数越来越少，最后我们干脆不再邀请她了。

那年之后，我出外好好玩了一个暑假。回来后，我找到一个好朋友打听各种新闻。她告诉我各种闲言碎语，所有的罗曼史，谁与谁约会啦等等。突然她说："我告诉你姬姆的事了吗？她近来日子不好过，因为她父母正闹离婚呢。她可真难熬呀。"

听了这话，我整个看法都变了。不但不为其行为恼怒，相反，我为自己的行为羞愧。我觉得在她需要帮助的时候我却离开了她。就因为这点儿信息，我对她的整个态度改变了。这真是一个大开眼界的经历呀。

想想，改变蓓基思维定式的仅仅是一小点信息。我们也一样，常常不了解全部信息就做判断。

莫尼卡也有类似的经历。

我过去生活在加州，那里我有好多好朋友。我不在乎任何新搬来的人们，因为我已经有了自己的朋友。而且我想，新来的人应当自己来应付。后来我也搬家了，成了那里新来的，我希望有人能关心我，让我参加他们的圈子。现在我用一种全新的角度看事物，我明白了没有朋友是一种什么样的滋味。

从这往后，莫尼卡对待街区内新来的家伙就会完全不同了。你同意吗？从另一种角度看事物，会让我们对待别人的态度完全不同。

哇塞！改变定式了！

下述轶事取自《读者文摘》（Reader's Digest），投稿者为丹·格雷林，这是个改变定式的经典例子。

我的一个朋友在欧洲待了很久，后来在返回南非的途中，在伦敦希思罗机场（Heathrow Airport）候机时，她买了一杯咖啡和一小包甜饼，带着行李蹒跚走向一张空桌子。当坐下看报时，她觉得有人在其桌旁发出沙沙的声音。她从报纸后面看过去，大吃一惊，只见一个衣冠楚楚的年轻人正在吃着她的甜饼。她不想引起大家的注意，就靠过去也拿起一块甜饼。一分钟后传来更多的沙沙声，他吃起了第二块甜饼。

吃到最后一块甜饼时，她已非常生气，但还是无法说什么。这时，那个年轻人拿起甜饼，一分为二，将一半推向她，自己吃下另一半，然后离去。

不久，扩音器招呼大家准备机票，这时她仍然很生气。突然，她发现在自己的手提包里有一小包甜饼！原来她一直在吃那个男人的甜饼，她真是尴尬无比。

在这个尴尬发现之前，设想一下这位夫人对于那位衣冠楚楚的年轻人的感想："多么粗鲁、蛮横的年轻人呀。"

　　想象一下她发现真相以后的感觉："多么尴尬呀！这青年还与我分享最后一块甜饼，多友善呀。"

　　那么，要点是什么？很简单。我们的思维定式经常是不准确的，不完整的，甚至是完全扭曲的。因此，我们不应急于作判断、给事物挂上标签，或者由此而对自己或他人形成成见。由于立场的局限，我们很少能看到事物的全貌，或获知所有事实。

　　此外，我们还应胸怀宽广，乐于接受新信息、新观念和新观点；当事实证明它们有错时，应当主动改变我们的思维定式。

　　显然，如果要改变我们的生活，关键是要改变思维定式，也就是改变我们观察世界的眼镜。改变了眼镜，其他一切自然会随之改变。

　　如果你仔细考虑，会发现你的大部分问题（和别人的关系、自我意识等等）都是一个或两个思维定式的扭曲所造成的。例如，你和父亲关系很僵，可能是你们两人彼此抱有扭曲的定式。你可能认为他是个完全脱离现代社会的老顽固，而他可能觉得你是个不知感恩的被宠坏了的孩子。事实上，你们两人的思维定式很可能都是不完整的，而且妨碍了彼此之间的真正交流。

　　你会看到，本书将改变你的许多思维定式，希望能帮助你建立一个更准确、更完整的思维定式。请做好准备哟。

对于生活的思维定式

　　除了对于自己和他人的定式之外，我们还有对于外在世界的思维定式。问问自己："我生活的动力是什么？""我经常思考的问题是什么？""何人何事最让我放不下？"对你最重要的事物就会成为你的思维定式、你的眼镜，或者（我更愿意把它叫作）你的生活重心。在青少年中最流行的生活重心包括朋友、物质、男友/女友、学校、父母、体育运动/业余爱好、英雄、仇敌、自我以及工作。其中每项都有其优点，但是，在这个或那个方面，它们都是不完整的。下面我将证明，如果你的生活以它们为重心，那将会一团糟。幸而有一样东西，你能以它为重心，我要留到最后再说。

以朋友为重心

没有什么比拥有一群好朋友更令人高兴，也没有什么比被人抛弃的感觉更糟的了。朋友很重要，但不应当成为你生活的重心。为什么？有时他们很浮躁，有时他们玩诡计，有时他们在背后说你闲话，有时他们交了新朋友而忘却了你，有时他们思想摇摆，有时他们干脆搬走了。

此外，如果你的一切就是交朋友、被朋友接受、受朋友欢迎，那么你很可能在原则或标准上做出妥协以迁就你的朋友。

相信我，总有一天朋友不再是你生活中最重要的事情。高中时，我也有一帮铁哥们儿。我们做什么事都一起，一起在运河中违规游泳、一起在自助餐厅狼吞虎咽、一起在黑暗中滑水、互相约会彼此的女友……你能说出什么我们就做过什么。我爱他们，我觉得我们会是永久的朋友。

然而，高中毕业搬家以后，我们互相见面越来越少了。我们彼此住得很远，而且新的友谊、工作和家庭占去了我们的时间。作为青少年，我不可能彻底了解这一切。

尽可以交朋友，但是决不要将你的生活完全建立在友情上面，这是不牢固的。

对不起，我们无法一起干每一件事！

以物质为重心

有时我们通过占有的或"物质"的眼镜来看世界。我们生活在一个物质至上的世界里，它告诉我们"谁死去时拥有最多的玩具"、"谁赢"。我们必须获得最快的汽车、最美的衣饰、最新的音响、最时髦的发式，以及其他种种据说会带来快乐的东西。占有的还可以是头衔和成就，例如拉拉队队长、戏剧主角、毕业典礼上致告别辞者、学生组织主管人员、主编或最佳球员。

取得成就或物质享受本身并没什么不好，但是我们不应把物质作为生活的重心，说到底它们没有长远的价值。我们的自信心应当来自内部，而不是外界；来自我们的内心，而不是我们拥有物质的多少。"谁死去时拥有最多的玩具"，他最终不也是死了吗？

我曾经认识一个姑娘，她的衣饰是我所见过最美丽的，也是最昂贵的，同一衣饰她很少穿两次。了解她更多之后，我注意到她的自信心大部分来自衣饰，而且她还有一个坏毛病：眼睛长在头顶上。只要是和姑娘们谈话，她总要将对方从头看到脚，看看其衣饰是否和自己的一样高级。衣饰总是使她有一种优越感。她就是以物质为重心的，对此我很不以为然。

我曾经读到过一句话，我也想不到更好的话了："如果我的价值就在于我所拥有的一切，那么，如果我失去了所拥有的，我又是什么呢？"

以男友（女友）为重心

这是最容易落入的陷阱。谁没有过以男友（女友）为重心的经历呢？

假设勃拉迪以女友塔莎为其生活的重心，现在看看这会对勃拉迪造成什么影响。

具有讽刺意味的是，你的生活越围绕某个人，对于他来说你就变得越没有吸引力。为什么？首先，如果你的生活围绕某个人，你就不再是难于得到的了。其次，如果有个人的整个感情生活都围绕着你，你会觉得很难受，因为他的安全来自你，而不是来自自身。那就不断会有诸如"我们现在怎么啦"之类的话语，这很让人受不了。

塔沙的行动	勃拉迪的反应
说了一句粗鲁的话	"我一天的心情都给搅乱了。"
对勃拉迪最好的朋友卖弄风骚	"我被出卖了。我恨我的朋友。"
"我认为我们应当与其他人约会。"	"我的生活完蛋了，你不再爱我了。"

当我开始约会我的妻子时，最吸引我的一件事就是她并不以我为生活的重心。我总也忘不了，有一次她拒绝了我的重要约会（还带着微笑，也不辩解）。我喜欢这样！她是自己的主人，拥有内心的力量，她的心情不受我的干扰。

你能辨别出来，有些夫妻以彼此为生活的重心，他们总是离婚、复婚，闹个没完。虽然关系已经恶化，他们的感情生活和自我却纠缠在一起，已经无法完全分开。

相信我，如果不以你的女友/男友为重心，你会成为更好的男友（女友）。独立比依赖更有吸引力。此外，以他人为重心并不表示你爱她（他），只表明你依赖她（他）。

尽可以交女友（男友），但决不要着迷于她（他），或者将你的生活建立在她（他）身上，因为（虽然有例外）这些关系就像溜溜球一样不稳定。

以学校为重心

在青少年中，以学校为重心的要比你认为的更普遍。加拿大的丽莎就为这么长时间以学校为重心而后悔。

我一直很有野心，一直把学校作为重心，我都没有享受过我的青春。这不但对于我的健康不利，而且还很自私，因为它让我只关心自己，只关心自己的成绩。

上七年级时，我已经像大学生那样用功了。我希望成为脑外科医生，就因为那是我所能想到的事业中最难的。为了得到好成绩，我每天早晨6点起床到学校，直到半夜2点才上床睡觉。

我觉得老师和同伴都在看着我、期待着我。如果我没得到好成绩，他们都会奇怪。我爸妈试着让我放松点儿，但我对自己的期望仍很高。

现在我明白，我本可以不用如此卖力就实现自己的理想的，而且还可以在这么做时享受生活。

教育对于我们的将来举足轻重，应当给予最优先的地位。但是我们必须小心，不要让校长的成绩榜、GPA（平均积分点）成绩以及AP班（转学分班）占领我们的生活。以学校为重心的青少年常常着迷于获得好成绩，他们忘记了上学的真正目的是学习。正像成千上万的青少年所证明的，你可以在学校干得很好，同时仍过着健康的平衡的生活。

如果我的价值就在于我所拥有的一切，那么，若我失去了所拥有的，我又是什么呢？

感谢上帝，我们的价值并不由GPA成绩来衡量。

以父母为重心

你的父母可能给你最主要的亲情和指导，你当然应当尊重他们。但是，如果以父母为重心，把取悦他们视为生活的重心，那生活也会成为梦魇（这些话可别告诉你的父母，否则他们将会拿走你的书……当然，这只是个玩笑）。请看路易斯安纳州女孩的遭遇。

整个学期我都非常努力。我以为老爸老妈会很高兴，我得了6个A和1个B+。但是我在他们眼中看到的却是失望。他们想知道的是为什么是B+而不是A？我竭尽全力忍住不哭。他们到底要我怎么样？

这是我高中的第二年，以后整整两年我试图让我爸妈为我骄傲。我打篮球，希望他们也会为此骄傲，他们却从不来看我打球。每一学期我都是优等生。然而过不久，全A就被爸妈视为理所当然了。我打算进大学当教师，但是这不赚钱；于是我爸妈觉得我最好学别的什么专业，我也照样做了。

我做每个决定时都首先想着同样的问题——爸妈想让我做什么？这会让他们骄傲吗？他们会爱我吗？但是，不管我怎么做，总是不够好。我的整个生命都是为了达到爸妈认为好的目标，然而这并没使我自己高兴。我一直以令爸妈满意作为目的，这样生活了那么久，我简直要垮了。我觉得自己不重要、没什么用、毫无价值。

最后我认识到不会再有爸妈的赞同了，如果再不振作，我将毁了我自己。我需要寻求一种不会过时、不会改变而且是真实的生活重心，一种不会叫嚷、不会反对、不会批评的重心。所以我开始过自己的生活，遵循我认为会给自己带来快乐的原则，如诚实（对自己，也对爸妈）、对于快乐生活的信念、对将来的希望、对于自己优势的自信。一开始我还必须假装自己很强，过了一段日子，我真的变得很强了。

最后我自己做主，并与家人发生冲突。但是这使他们看到真实的我，而且他们爱我。他们为带给我的压力而道歉，并表达了他们的爱意。记得直到18岁，我才听到我爸说"我爱你"。这是我听到过的最美妙的话语，值得我等待。现在我仍然在乎我爸妈的想法，仍然受他们观点的影响，但是我对自己的生活和行动负责，而且我首先是为了让自己快乐。

以其他事物为重心

作为生活重心的事物可能各种各样，体育运动和业余爱好就是很流行的一种。我们见过不少大学运动员，他们把自己的一切建立在"成为一个伟大的运动员"上面，结果却在运动中受伤而结束运动员生涯。这种事总是在发生，可怜的人只能在废墟上重建自己的生活。同样的情况也出现在业余爱好和兴趣中，例如跳舞、辩论、戏剧、音乐或俱乐部。

那么以英雄为重心又如何？如果你让自己的生活围绕某个电影明星、摇滚歌星、著名运动员或者政治家，如果他们去世、干了什么蠢事或被关进监牢，那会怎样？你将如何自处？

有时我们甚至会以仇敌为重心，让自己的生活围绕仇恨某人、某一群

宝贝儿，现在我得去上班了。

体、某一想法展开。对于流氓团伙和痛苦的离婚者来说，情况经常如此。多么扭曲的生活重心呀！

以工作为重心通常是成年人的毛病，但也可能传染给青少年。工作狂通常是受到渴望的驱使，渴望获得更多的物质，例如钱、汽车、地位或别人的承认。但是，它们只能满足于一时，不能满足于一世。

另一个常见的是以自我为重心，换句话说，认为世界围绕着你和你的问题。结果你为自己的情况感到非常担忧，以至对于周围的世界视而不见。

你可以看到，所有这一切以及其他生活重心都不能让我们生活稳定。我不是说我们不需要努力以精通某些技能，如跳舞或辩论，也不是说我们不需要努力以建立与朋友和父母的良好关系。当然应当这样做。但是，对于某些事物抱有热情和以它们为重心，是有区别、有界限的，我们不应跨越这个界限。

以原则为重心

也许你已开始疑惑是否有正确的重心，回答是：确实有一个运行良好的生活重心。是什么？原则。我们都熟悉重力的作用，向上抛出一个球，它将掉落地面。这是自然规律，或曰"原则"。正如存在支配物理世界的原则一样，也存在支配人类世界的原则。原则不是宗教，它们不是美国的或中国的，它们不是我的或你的，它们不是为了讨论而提出的。它们适用于所有的人，富人或穷人，国王或农民，男人或女人。它们无法买卖。如果遵循它们，你将出类拔萃。如果违反它们，你将失败倒霉。（有点押韵，是吗？）就是这么简单。

下面是几个例子：诚实是一个原则，服务是一个原则，友爱是一个原则，努力工作是一个原则，尊敬、感谢、适度、公正、正直、忠诚以及责任心都是原则。还有许许多多。正如指南针总是指向正北，你的内心会确认真正的原则。

例如，想想努力工作的原则。如果你没有真正尽力，虽然你可能一时得逞，但最终还是会露馅。

我记得，有一次我和我的大学足球教练被邀请一起去参加一场高尔夫巡回赛。他是个高明的高尔夫球手。每个人，包括教练，都以为我是个好球手。至少我是个大学运动员，而所有大学运动员都应当是好的高尔夫球手，不是吗？错了！我的高尔夫球技很臭，我只玩过几次，甚至还不知道如何正确握（球）杆。

我很怕别人发现我的高尔夫球技多么臭，特别是我的教练。因此，我一直希望能欺瞒他们，让他和其他人以为我是个好球手。有一小群人围在第一个洞旁。我第一个发球，怎么是我？走上前开球时，我祈祷能出现奇迹。

哇塞！真是个奇迹！我真无法相信！我打出了一个长球，球一直向前走了很长一段路。我转身，微笑面向群众，就好像我一直是这么打球的，"谢谢，真太感谢了。"

我欺瞒了他们大家。但实际上我只不过是欺瞒了自己，因为还有17.5个洞。事实上，再进了5个洞之后，周围的人，包括教练，就看出了我在高尔夫球上完全不行。不久，教练就试图教我如何挥杆了。我完全暴露。哦!

如果你没有花力气去好好学的话，你不可能欺瞒作假，不管是打高尔夫球、弹吉他还是讲阿拉伯语，没有捷径可抄。努力工作是个原则，正如伟大的NBA球星拉里·伯德（Larry Bird）所说："如果你没做'家庭作业'，你不可能罚球罚得准。"

原则从来不会失败

生活中遵循原则，需要有信念。特别是当你看到周围的人都通过说谎、欺骗、放纵、造假以及自私等手段出人头地时，更需要信念。然而，你没看到的是，违背原则的人终将为此付出代价。

就说"诚实"原则。如果你是个说谎大王，你可能一时得逞，甚至得逞几年。但是，人们很难找到一个能长期成功的说谎者，正如赛西尔·德麦尔（Cecil B. DeMille）在其经典电影《十诫》（*The Ten Commandments*）中所说："我们不可能'打'破法则，我们只会让自己在法则面前'打'得头破血流。"

不像我们在前面考察过的其他生活重心，原则从不让你失望。它们从

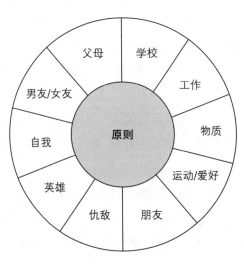

来不会在背后议论你，它们不会搬家。它们不会受到结束职业生涯的伤害，它们不会由于肤色、性别、财富或身材而偏爱某一方。以原则为重心是最稳定、最不会摇摆移动的生活基础，我们都需要这样一种基础。

要明白为什么原则总能见效，试想一下相反的生活：充满不诚实、虚度年华、放纵、忘恩负义、自私自利和仇恨的生活。我无法想象这种生活能产生好的结果。你能吗？

具有讽刺意味的是，将原则放在第一位，正是将其他生活重心做好的关键。例如，如果你崇尚服务、尊敬和友爱，你很可能结交更多的朋友，成为更稳定的男友/女友。将原则放在第一位，也是成为一个有性格的人的关键。

今天就决定把原则作为你的生活重心（或思维定式）吧。无论身处何种情况，想想"此处的原则是什么"，对于每个问题都找出适用的原则。

我们不可能"打"破法则，我们只会让自己在法则面前"打"得头破血流。

如果你觉得筋疲力尽或快要崩溃了，也许你该尝试平衡的原则。

如果你发现没人信任你，诚实的原则可能正是你的解药。

在下述瓦尔特·麦克皮克（Walter Macpeek）的故事中，忠诚是起作用的原则。

有两兄弟在同一法国连队效力，其中一个在战斗中被德军子弹击倒，逃回的一个请求指挥官允许他返回去找他的兄弟。

指挥官说："他可能已经死去，你冒生命危险去带回他的尸体也没什么用。"

再三恳求后，指挥官终于答应了。但当士兵背着其兄弟回到部队时，受伤的兄弟已经死去了。

指挥官说："你看，你冒了生命危险，却毫无结果。"

士兵说："不，我做了他期待我做的事，而且我也得到了回报。当我爬过去抱着他时，他说：'我知道你会来的，我就是觉得你会来的。'"

在下面几章，你将发现这七个习惯都是基于一个或两个原则，这就是其力量所在。

长话短说，原则支配一切。

◇ 后面的章节更精彩 ◇

下面一章将谈到如何成为有钱人，以一种你从未想到过的方式。继续看！

关于幼童学步

我家喜爱的一个电影是比尔·默雷（Bill Murray）和理查·德莱芙斯（Richard Dreyfuss）主演的《鲍勃怎么啦？》（What About Bob？），这是有关一个名叫鲍勃的患有机能障碍症的人的故事，他没头脑、不成熟，成天充满恐惧，依赖他人。他从来不出去，总是依附于著名精神病学家马文博士。马文最希望的就是摆脱鲍勃，最后他给鲍勃一本自己写的书，名字就叫《幼童学步》。他告诉鲍勃，解决问题的最好方法是不要一次学太多，每次只学一点"幼童的步子"，最后就能达到目的。鲍勃高兴极了！他不再忧虑如何从马文博士的办公室走回家，那对他可是一件大事啊。相反，鲍勃只需幼童学步似地走出办公室，再幼童学步似地走上电梯，如此等等。

所以我也从本章开始，在每一章结尾给你几点幼童学步。虽是很小的、很容易的步骤，但能让你立刻应用你刚读到的原则。这些步骤会成为有力的工具，帮助你达到你的目标。因此，来！和鲍勃一起，学习一些幼童的步子。

幼童　学步

1. 下一次照镜子时，说一些鼓励自己的话。

2. 对于某人今天所表达的观点表示赞许，例如说："嘿，这可是个很酷的主意啊。"

3. 想想有什么可能限制了自己的思维定式，例如"我不想出去"，今天就反其道而行之。

4. 想想你有没有哪些亲朋好友最近行动反常，想想会是什么事情让他们这样反常。

5. 如果你无事可做，你脑子里想的是什么呢？切记，对你最重要的事物就会成为你的思维定式或生活重心。

侵占我的时间和精力的是：_____

6. 黄金规则支配一切！从今天开始，像你希望别人怎么对待你一样对待别人。别不耐烦，别抱怨被人冷落，别说他人的坏话，除非你希望其他人也这样对你。

7. 尽快找一个安静之处，想想自己最在乎什么。

8. 仔细倾听自己最常听的音乐，判断一下，它们是否与你所信仰的原则相一致。

9. 当你在家做家务或今晚工作时，尝试践行努力工作的原则。"多走1公里"，比别人期望你的多做一点。

10. 下次处于困境不知如何是好时，问问自己："我应当践行哪一条原则（诚实、友爱、忠诚、努力工作、耐心……）？"

我的训练计划

　　思维定式是你看问题的方式——你的观点、参照原则，或信念。因此，一种对自己的思维定式就是如何看待你自己。无论怎样看自己，也许你都有道理。如果你认为自己善于学习，你的成绩准不错。如果你认为数学不好学，数学就会成为你的弱项。对自己的思维定式可使你得到提升，也可使你受到束缚。对自己积极的思维定式可发掘你的最大潜力，而消极的思维定式会使你作茧自缚。

　　我对自己的某些积极的思维定式是：

　　我对自己的某些消极的思维定式是：

　　我的家长、监护人、单位上司或学校老师对我的可能的思维定式是：

　　他们的思维定式与我的思维定式（相符或不符）：

　　他们可能正确吗？我如何才能确定？

自我思维定式评价

阅读本章关于自我思维定式的内容。现在，通过以下的选择看你如何评价自己。

	对	错
我很在意他人的感受。		
我善于学习。		
我为人善良。		
我差不多是一个乐天派。		
我有头脑。		
我肯助人。		
我爱好体育。		
我有天分。		
我积极能干。		
我是家中的好成员。		
我是坏人。		
我很懒惰。		
我难得快乐。		
我不聪明。		
我一无所长。		
我没有吸引力。		
我没有人缘。		
我不是一个好朋友。		
我不诚实。		
我不可靠。		

如果你在这一评估过程中确定了至少一条负面的自我思维定式，接下来请完成以下问题。

我希望改变的一个负面思维定式是：

如果你的思维定式全部错误，你该怎么做？

与相信我并肯定我的潜力的人共度一段时光。对我来说，此人是：

与诋毁我或认为我与他们同流合污的朋友绝交。我可能应该绝交的朋友有：

试着从他人的视角看问题，以改变这种思维定式。我需要看到另一面的情况是：

对周围的人的思维定势

请回答以下问卷：

	A	B	C	D	E	F

1. 一个星期二的晚上，你正在家里做几何作业。习题很难，令你厌烦。忽听朋友的车子开到路边，大声嚷嚷说出去吃晚饭。这时你怎样想？

a. 如果你想继续做作业，尽管它使你感到厌烦，请在F格里打钩。

b. 如果想跟朋友一起走并且对自己说作业回来再做也不迟。请在A格里打钩。

2. 你家正在计划去佛罗里达州进行五天的度假。你很想去，但请五天假意味着你挣不够开学买衣服的钱。你怎么做？

a. 如果你想留在家里继续工作，请在B格里打钩。

b. 如果你想跟家人去佛罗里达，请在F格里打钩。

3. 你正在家里做与朋友外出的准备——他们随时可能出现。电话铃响了，是你的男友/女友打来的。他或她问你能否立刻过去待一会儿，看一部录相带。你打算怎样做？

a. 若是想去男友/女友那里请在C格打钩。

b. 若是决定告诉男友/女友你与朋友已有约在先，请在F格里打钩。

	A	B	C	D	E	F

4. 现在是晚上11点，你正在为英国文学考试做复习。你已学了一晚上，而且深信明天的考试差不了。再说，你已经很累，想去睡觉。但是，你这门课的平均分数是优等，如果再熬一会儿，确保考试拿高分，就能得到一个实实在在的全优，你准备怎样做？

a. 准备上床休息，请在F格打钩。

b. 为保证得高分而想再坚持一会儿，请在D格中打钩。

5. 你正在参加学校举行的招聘活动，听有关方面介绍情况。你感到很迷惘，不知道"长大后"想干什么，因此也就不知道上哪一所大学。你现在听到的是关于你母亲想让你报考的那所大学的介绍。你不知道该怎么做，但你只求速决。介绍会结束后，主持人要求班里学生填申请表。你会怎么做？

a. 如果你决定等一等，在对自己的选择慎重考虑之后再填申请，请在F格打钩。

b. 如果决定填表，请在E格打钩。

计算一下每一个框格里的钩数，将数字填在这里：

A:_____   B:_____   C:_____

D:_____   E:_____   F:_____

答案：

F格：如果你在此项的钩数大于3，那说明你有相当健康的生活重心。

E格：如果你在此项的得分为1，请参阅前面关于"以父母为重心"的内容，看看你的生活是否太以家长为重心。

D格：如果此项的数字为1，请参阅前面关于"以学校为重心"的部分。学习固然重要，但不要把自己搞得太疲劳。当我们在习惯七谈到恢复与更新时，你也许需要特别加以注意。

C格：如果此项的得分为1，请参阅前面"以男友（女友）为重心"的部分，检查你的生活是否太以男友/女友为重心。

B格：如果此项的得分为1，参阅前面"以物质为重心"的部分。追求成就和享受物质并没有错，不过，永远不要以最终没有持久价值的东西作为你的生活重心。对度假和与家人共享的美好时光的宝贵记忆永远不会被磨灭。

A格：如果此项的得分为1，请参阅前面"以朋友为重心"的部分，检查你的生活是否太以朋友为重心。

确立你的原则

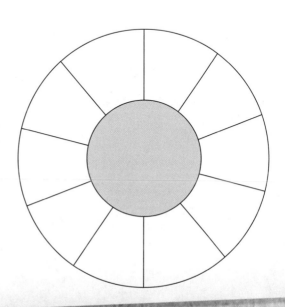

把你的原则看作生活之轮的中心，把你的爱好和兴趣看作轮辐。在下面这个轮子的中央，填进你现在恪守的原则，以及你所赞赏的他人所持的原则。在轮辐上列出受这些原则影响的事情。

我想确立的某些原则是：

我将通过以下措施确立这些原则（说出你的行动或计划）:

今天就决定将原则作为你的生活中心或思维定式。每当遇到矛盾或困难，问问自己"现在什么原则起作用？"

第二部分

个人的成功

第三章

个人银行账户

从镜子里的自己做起

The **7** HABITS
Of Highly Effective
TEENS

在你开始在公众生活中赢取胜利之前，你必须首先赢取你内心的个人战争的胜利。所有的改变开始于你自己，我永远不会忘记我是如何学会这一课的。

"你出了什么毛病？你太令我失望了。我在高中所认识的肖恩到哪里去了？"教练瞪着眼睛看着我，"你还想上场吗？"

我大吃一惊，"是，当然。"

"先休息一会儿。你刚才做动作心不在焉。你最好振作起来，否则年轻的四分卫就会超过你，而你也不会再在这儿打球了。"

这是在杨百翰大学（Brigham Young University）的二年级赛季前足球营。高中毕业后，几个大学都准备录取我，我却选择了杨百翰大学，因为那里有培养全美（橄榄球）四分卫的传统，例如吉姆·麦克马洪（Jim McMahon）和斯蒂夫·杨（Steve Yong），他们两人都继而成为职业球员，并带领球队赢得超级杯。虽然我那时只是个四分卫的第三替补，我还是想成为下一个全美四分卫！

当教练告诉我，我把球场都"熏臭"了，这真是个迎头痛击。让我更难受的是，我明白他是对的。虽然耗费了大量时间来练习，我并未真正尽责尽力。我有所退缩，而且我自己也知道这一点。

我必须作出艰难的抉择：要么退出橄榄球队，要么加倍努力。在随后几周，我直面内心的害怕和对自己的怀疑，内心的斗争异常激烈。我真有成为首发四分卫的潜力吗？我能经受这种压力吗？我够强壮吗？很快我明白了，我内心在害怕，害怕竞争、害怕众人的注目、害怕尝试以及可能的失败。所有这些害怕让我退缩，让我无法尽责尽力。

我重读了阿诺尔德·贝奈特（Arnold Bennett）的话，而且最后也遵照执行了。他写道："真正的悲剧是一个人在其生活中从来不敢振翅一搏，从未充分展现其才能，从未站直过身子。"

从未"享受过悲剧"的我决定振翅一搏。我决定竭尽所能、尽责尽力，决定停止退缩、全力以赴。我连自己是否能获得首发机会都不知道，但即使没有首发，至少我去做了，我尽力了。

没人听到我对自己说的"我承诺、我献身"，没有鲜花、没有掌声，这只是一场进行了几周的内心的战斗，一场个人的成功。

一旦做出承诺，每件事都改变了。我抓住球场上的每个机会以改进技术，全心全意。教练也注意到了。

当球季开始，比赛一场一场进行着，我坐在替补席上。虽然感到沮丧，我仍努力练习，不断改进。

季中赛是每年的重大赛事。我们要在65000名球迷面前与全国领先的空军队比赛，而且有线体育台ESPN还要转播。教练把我叫到他的办公室，告诉我，我将是首发四分卫。哇塞！不用说，这是我一生中过得最慢的一周。

最后总算到了比赛日。开球时，我的喉咙发干，几乎说不出话。几分钟后，我镇静下来，并领导我们队走向胜利，我还被选为当场比赛的

ESPN运动员。赛后，无数的人向我祝贺胜利。但是，他们并不真正了解真实的故事。他们认为胜利是那天在球场上、在公众面前取得的，我却知道，胜利是几个月之前在我的头脑中取得的，是当我决定直面我的害怕、停止退缩并振翅一搏时取得的。战胜空军队要比战胜自我容易的多。个人的成功总是在公众领域中的成功之前，正如谚语所说："我们遇到了敌人，那就是我们自己。"

由内而外

我们先学会爬，再学走路；先学算术，再学代数。我们必须先管好自己，然后才能管好别人。如果你想改变你的生活，应当从改变自己开始，而不是你的父母、你的男友或你的教授。所有的改变都如此，必须是由内而外，而不是由外而内。

我记得一位美国圣公会的主教曾经这样写道：

年轻时浮想联翩，

立志要改变世界；

当我长大明事理，

现实把理想破灭。

于是我缩小目标，

改变国家就很好。

但是看来，

国家也难撼动分毫。

真正的悲剧是一个人从来不敢振翅一搏，从未充分展现其才能，从未站直过身子。

当我步入暮年，

改变家庭是我愿。

可亲人却不肯，

听从我任何意见。

现在走向坟墓，
我方初次领悟。
只有先改变自己，
才能带动家庭进步。

有了他们的帮助，
兴许能让国家走改革之路。
谁知道，这改革之风，
不会吹遍世界各个国度？

　　这就是本书所要说的道理。改变要由内而外，从镜子里的小伙/姑娘开始。本章（"个人银行账户"）以及后面介绍习惯一、二、三的章节讨论的是你和你的性格，或个人的成功。再后面四章，"关系银行账户"以及习惯四、五、六讨论的是情感关系，或公众领域中成功。

　　在谈到习惯一之前，让我们先看看如何能立刻着手建立你的自信心，取得个人的成功。

个人银行账户

　　你对自己的感觉就像一个银行账户，我们不妨把它叫作你的个人银行账户。它就像银行的支票账户或现钞账户，你能通过所想和所做的事而存入或取出。例如，当我信守对自己所作的承诺时，我觉得一切皆在掌控之中，这就是存款；另一方面，如果我违背了对自己许下的诺言，我觉得沮丧，这就是取款。

你的个人银行账户如何？你对自己的信任如何？你是很富有，还是已经破产了？下面提到的表现也许有助于你评价你目前的情况。

差劲的个人银行账户的可能表现：

◎ 在同伴的压力下投降。

◎ 与沮丧和自卑感斗争。

◎ 过分关心其他人对自己的看法。

◎ 用傲慢自大来掩盖自己的不安全感。

◎ 通过吸毒、看黄片、故意毁坏文物或拉帮结伙来毁灭自己。

◎ 容易嫉妒，特别是当你近旁的人获得成功时。

健康的个人银行账户的可能表现：

◎ 对自己负责，能经受同伴的压力。

◎ 不过分在乎自己是否讨人喜欢。

◎ 把生活看作是积极处世的体验。

◎ 信任自己。

◎ 为了目标而努力。

◎ 为别人的成就而高兴。

如果你的个人银行账户很差，别泄气。从今天开始，做1元、5元、10元或25元的存款，最后你会赢回自信心，长期做小额存款是通往健康富裕的个人银行账户的正确道路。

在各类青少年团体的帮助下，我列出了六类关键的存款，可以帮助充实你的个人银行账户。当然，对于每类存款也有等量而相反的取款。

信守对自己许下的诺言

你是否有过很少会说话算数的朋友或室友？他们说会来看你，结果没有。他们答应会开车来接你去看球，结果忘了个干干净净。一来二去，你不再相信他们了，他们的承诺等于零。如果你总是对自己许下诺言而之后又不遵守，例如"我明天要在6点起床"，或者"我一到家就把家庭作业做完"，同样的事也会发生在你身上。一来二去，你也不再信任自己了。

对待我们对自己所做的承诺，应当像对待生活中最重要的人一样认真。如果你觉得生活失去控制，那么集中注意力于你唯一能控制的事物，那就是你自己。向自己做一个承诺，并信守这个诺言。开始时，承诺一件你知道自己能完成的事，一个虽小但真实的10元的承诺，例如，今天吃健康的饮食。在建立了一些自信心之后，你可以做更困难的100元的承诺，如决定与虐待你的男友分手，或不再因为她穿了你的新衣服而责骂你的妹妹。

个人银行账户存款	个人银行账户取款
信守对自己许下的诺言	违背对自己许下的诺言
做出小小的友善行为	只顾自己
对自己宽容	对自己苛责
诚实做人	不诚实
让自己得到休整、恢复和更新	把自己累得筋疲力尽
开发自己的才能	忽视自己的才能

做出小小的友善行为

我记得曾经读过一位精神病学家的话，他说如果你觉得沮丧，最好的办法就是去为他人干些事情。为什么？因为这会让你集中注意力于外部事物，而不是自身。当你为他人服务时，很难再为自己感到沮丧。看似荒诞的是，帮助他人的一个副产品就是：自己感觉好极了。

我记得，有一天我坐在机场等候航班，我很兴奋，因为我换了一张头等舱的票。头等舱的座位大、饮食好，而且空姐也更加和蔼可亲。事实上我的座位——1A，是整个飞机最好的。就在登机前，我注意到一个年轻妇女，带着好几个行李，还抱着个哭哭啼啼的婴儿。我刚读完一本讲述实施小的友善行为的书，这时听到自己的良知在对我说："你这个家伙，把你的机票让给她。"我与这个内心提示做了一会儿斗争，最后选择投降：

"原谅我的打扰，但看来你比我更需要这张头等机票。我知道带着孩子坐飞机有多困难，让我们交换机票吧。"

"你肯定？"

"哦，真的，没关系。而且一路上我还要在飞机上干事儿呢。""哦，谢谢。你真太好心了。"

我们交换了机票。

当我们登机时，看到她坐在座位1A上竟会让我觉得如此美妙，连我都觉得惊奇。事实上，在这种情况下，坐在座位24B或任何别的什么地方，再也不是那么糟糕的事了。飞行中间，我还忍不住想看看她怎么样了。于是离开座位走到头等舱,透过门帘看到她和婴儿都在舒服的座位中睡着了。我觉得真爽，自己真像一个男子汉！啊，我将继续这么做。

下面是一个名叫汤尼的年轻人的美好故事，它是服务他人带来快乐的另一个例证。

我的邻居中有个女孩，她与父母住在一个二联式公寓中，没有多少钱。过去3年中，我和母亲总是拿着我穿短了的衣服到她家去。我会说："我想你也许喜欢它们。"或"我很想看看你穿着这件衣服的样子。"

当她穿着我给她的什么衣服时，我会觉得这真酷。她会说："多谢这件新衬衫。"我则会说："这颜色与你真的很相称呢。"我试图体贴，别让她觉得尴尬，也别给她留下印象似乎我认为她穷。知道我能帮助她生活得更好一些，让我觉得真爽。

去向某个你所知道的最孤独的人问声好。给某个曾让你的生活有所改变的人——如某个朋友、教师或教练——写个条子表示感谢。下次到了公路缴费处，替后面的汽车缴费。给予，不仅是给予他人，也给予了自己。

我喜欢布鲁斯·巴顿（Bruce Barton）在描述耶稣生平的著作《无人知晓的男人》（*The Man Nobody Knows*）中的一段话，它把这点讲得很清楚。

巴勒斯坦有两个海，一个是淡水，里面有鱼。绿色装饰着河岸，树木的枝叶覆盖着河面，树木的根部吮吸着甘美的淡水。

……从山脉流下来的约旦河带着飞溅的浪花，成就了这个海。它在阳光下歌唱，人们在周围盖房子、鸟类筑巢，每种生物都因它而更幸福。

约旦河向南流入另一个海。

这里没有鱼的欢跃，没有树叶，没有鸟类的歌唱，也没有儿童的欢笑。除非事情紧急，旅行者总是选择别的路径。水面空气凝重，没有哪种生物愿意在此饮水。

这两个海彼此相邻，何以又如此不同？不是因为约旦河，它将同样的淡水注入。不是因为土壤，也不是因为周边的国家。

区别在于：伽里里海接受约旦河，但决不把持不放。每流入一滴水，就有另一滴水流出，接受与给予同在。

另一个海则精明厉害，它吝惜地收藏每一笔收入，决不向慷慨的冲动让步，每一滴水它都只进不出。

伽里里海乐善好施，生气勃勃。另外那个则从不付出……它就是死海。

巴勒斯坦有两个海，世上有两种人。

对自己要宽容

对自己宽容有许多含义。它意味着别期望自己一夜之间就变得完美。如果你是一个大器晚成的人——我们很多人都如此——请保持耐心，让自己慢慢成长。

它意味着要学会嘲笑自己所做的蠢事。我有一个朋友最擅长嘲笑自己，从不过分认真地对待生活。他的这种处世态度所吸引的朋友之多，真是令我惊讶。

对自己宽容还意味着，当你把事情搞糟时要原谅自己。谁没有搞糟过？我们应当从错误中学习，但是不应为此而过分责备自己。过去的事就过去了，只要认识到是什么出了错以及为什么出错就可以了。如果必要，就做出补救。然后放下这事，继续前进，把邪魔以及垃圾统统抛到九霄云外。

丽塔·麦·布朗（Rita Mae Brown）说过："快乐的关键之一，就是糟糕的记忆。"

在大海航行多年的船舶都带着无数的藤壶。藤壶吸附在船体的底部，增加了它的重量，最后会威胁到船舶的安全。这类船舶最终总要设法摆脱藤壶，最便宜的方法就是停泊在淡水港。因为没有盐水，不久藤壶就会自动脱落。于是船舶就能摆脱重负，驶回大海。

你是否也背负着藤壶——过去的错误、悔恨和痛苦？也许你也需要让自己浸透在新鲜的淡水中。摆脱重负、让自己有第二次机会，这也许正是你目前需要的存款。

确实，正如惠特妮·休斯敦（Whitney Houston）所唱过的一首歌："学会热爱自己是世界上最伟大的爱。"

诚实做人

我曾在字典中查找诚实的同义词，下面就是我所找到的一些：正直的、不会堕落的、道德的、讲原则的、热爱真理的、坚定的、真实的、正确的、好的、真正的。没有一个是坏的字眼，难道不是吗？

要成为第一流版本的自己，而决不要成为任何其他人的二流版本。

诚实有许多形式。首先是忠实于自我。人们看到的是你真实的形象，还是云山雾罩中的你？我发现，每当我装模做样、试图假装是什么别的人物，我都觉得对自己一点把握都没有，在从个人银行账户取款。我真欣赏歌星及演员裘迪·伽伦（Judy Garland）说的："要成为第一流版本的自己，而决不要成为任何其他人的二流版本。"

还有，我们的行动是否诚实？你在学校、对父母、对你的老板，都诚实吗？如果你过去不够诚实——我想我们都曾经有过——现在就尝试诚实做人，你会注意到这会让你觉得多么爽。杰夫的故事是个很好的例证。

个人银行账户

在我大学第二年时，几何班上有三个家伙的数学不行，而数学正是我的强项。于是每次测验我都帮他们过关，收他们3美元。测验是多项选择题，我将正确答案写在小条上传给他们。

一开始我觉得这是个好事，还能赚点钱，我没有想到这会伤害我们大家。过了不久，我就明白我不应再这么做了，因为这不是真正的帮助。他们不再学习任何东西了，这只会让他们落在人后越来越远。欺骗确实不会对我有任何帮助。

当周围的人们正在利用测验作弊、对父母说谎和工作时偷懒而获得利益时，保持诚实需要勇气。但切记，每个诚实的行动都是你的个人银行账户存款，而且在充实你的力量。正如谚语所说："我的力量以一当十，因为我的内心是纯洁的。"诚实永远是最好的策略，即使这不是当前趋势。

让自己得到休整、恢复和更新

你必须花时间让自己放松、恢复精力。如果不这样做，你将失去对生活的热情。

你可能熟悉根据同名小说改编的电影《秘密花园》(*The Secret Garden*)。故事讲述一个名叫玛丽的年轻姑娘，在父母于一场意外中去世后跟随富有的叔叔生活。由于妻子在几年前去世，叔叔变得冷漠而孤僻。为了逃避过去，他大部分时间在海外旅游。他有个男孩，悲惨、多病、离不开轮椅，男孩生活在大厦的一个黑暗的房间里。

在这种压抑的环境下生活了一段时间之后，玛丽发现大厦旁有一个美丽的花园，花园已经关闭了好几年，里面长满了草。她还发现了一个秘密入口，于是每天都去玩，逃避可悲的环境。这成了她的避难所，她的秘密花园。

不久，她开始带着伤残的堂弟一起去她的秘密花园。美丽的花园好像有一种魔力影响着他，因为他竟然重新学习走路，并且又感受到快乐和幸福。一天，玛丽的叔叔旅行回家，听到竟有人在禁闭的花园中游戏，于是怒气冲冲地跑去看谁敢如此大胆。他大吃一惊，竟然看到他伤残的儿子脱离了轮椅，正在花园中嬉戏玩闹。他被深深打动，高兴得热泪盈眶，快乐地抱着他已多年没抱的儿子。花园的美丽和魔力让这个家庭重新成为一体。

我想，已经到了让自己恢复的时间了。

我们也都需要一个可以逃避的地方，一个某种意义上的避难所，我们可以在那里恢复好心情、充实精力。它不必是玫瑰花园、山顶或海滨，它可以是卧室，甚至是浴室，只要是个可以独处的地方。加拿大来的西奥多尔自有他自己的隐匿之处。

无论何时只要我觉得自己筋疲力尽了，或与父母相处得不好，我就去地下室。在那里有一副冰球杆、冰球以及水泥墙，我可以把挫折感向着墙壁发泄。我只要把球击打半个小时，再回楼上时已焕然一新。这有益于锻炼我的冰球技术，更有益于我的家庭关系。

阿伦告诉我关于他的避难所的事。一旦他觉得太累了，他就通过后门溜进学校大礼堂。单独一人待在这黑暗、安静、宽敞的礼堂里，他能远离喧闹，大哭一场或者就是放松一下。

埃丽逊找到了属于她自己的一个"秘密花园"。

当我还是个孩子时，父亲在一次工厂事故中意外丧生。我不知道细节，因为我不敢向母亲询问详情。也许是因为我已经在自己的脑海里塑造了他的一个完美形象，我不想破坏这个完美形象。对于我来说，他是个完美的人。如果他还活着，一定能保护我。在我脑海里他一直与我同在，而且我总在想象：如果他在这里，他会如何来保护我。

当我确实需要他的时候，我就去当地中学操场的滑梯。我有一种愚蠢的想法，觉得如果我爬上滑梯顶端，就能感觉到他。所以我就爬上滑梯顶部，躺在那里。我在脑海里向他倾诉，我能感觉到他在回答。我希望他能抚摸我，当然我知道他做不到。每当有什么事烦扰我时，我就去那儿与他分享我的烦恼。

除了找一个避难所外，还有很多其他的方法来恢复自己的精力，充实自己的个人银行账户。锻炼可以做到这一点，比如散步、跑步、跳舞或跆拳道。某些青少年建议看看老电影，和老朋友聊聊天，或者在电脑上录制一些音乐和视频。还有一些人会发现写日记有利于帮助他们应对烦心事。

习惯七"磨刀不误砍柴工"，就是讲述如何花时间让自己的身体、头脑、心态、思想得到休整、恢复和充电、更新的习惯。那时我们再来详细讨论。

开发自己的才能

发现并发展一种才能、爱好或特殊的兴趣，可能是你所能做的一笔最大的单项个人银行账户存款。

为什么讲到才能我们总是想到传统的高级才能，例如像运动员、舞蹈家或获奖学者那样？事实是，才能有各种各样。不要认为它们太不起眼。你可能生来善于阅

读、写作或讲话。你可能天赋创造性，学什么都很快，或者善于接待别人。你可能掌握组织方面、音乐方面或领导方面的技巧。你的才能在哪里并不重要，无论它是下棋、戏剧还是收集蝴蝶，只要你喜欢做某件事情，而且还善于去做，那就足以令人高兴了。这是一种自我表现。正如下面这个姑娘所证实的，它能建立尊重。

当我告诉你我的才能和爱好是收集野草时，你可能会笑到肚子痛。我不是说你吸的那种烟草，我说的是到处生长的普通的野花和野草。我发现，当别人想消灭它们时我却总是注意着它们。

所以我开始收集野草，压扁它们，最后用它们做成美丽的图画、明信片以及艺术品。我总能用我那些个性化的图片让一些悲伤的心灵高兴起来。经常有人要求我去为他们布置各种花朵，要我与他们分享有关保存压扁的植物的知识，这给了我多么大的宽慰和自信心啊。因为知道了我具有某种特殊的才能，能欣赏被他人忽略了的某些事物。但还不止这点，它让我认识到，如果这平凡的野草中都有这么多的内涵，那生活中各类事物会包含多少内涵啊。它让我深思，它使我成为一个探索者，而我实际上只不过是个普通的女孩。

我的姐夫布鲁斯告诉我，发展一项才能如何帮助他树立自信心，并助他创建一项与众不同的事业。他的故事背景是高高伸展于爱达荷和怀俄明平原上的蒂顿山脉（Teton）。其顶峰，大蒂顿峰（The Grand Teton），海拔13776英尺。

青年时，在那次事故之前布鲁斯一直是个完美的棒球击球手。有一天，在玩一把BB枪（子弹为直径0.175英寸的小口径枪）时，他不小心击中了自己的眼睛。医生害怕手术会永久性地损害其视力，就让子弹留在他眼睛里。

几个月后，当他回到棒球队，他几乎每次击球都打空，他的一只眼睛丧失了大部分视力，丧失了对距离的判断力，因而无法再准确判断来球。布鲁斯说："前一年我还是全明星球员，而现在居然屡击不中。我认为自己再也干不成什么事了，这真是对我自信心的一次迎头痛击。"

　　布鲁斯的两个哥哥做什么事都很行，而他却不知道自己能干些什么。因为住在蒂顿山附近，他决定尝试一下登山。他到附近军队商店买了尼龙绳、竖钩、白垩、登山钢锥以及其他登山用品。他查阅了登山小册子，学会了如何打结、套绳以及用绳索悬垂。他的第一次登山体验是用绳索悬垂在他朋友的烟囱上。不久，他就开始攀登大蒂顿峰附近几个小山峰。

　　布鲁斯很快发现自己对此有特殊才能。不像其他登山伙伴，他的体重很轻，但身体强壮，看来天生是登山的料。

　　布鲁斯训练了几个月。最后独自登上了大蒂顿峰，花了两天时间，这次成功使他信心大增。

　　登山伙伴很难跟上他，所以布鲁斯开始独自训练。他经常开车到蒂顿山，跑步到登山营地，登山，然后开车回家。有一天，他的朋友吉姆说：“嗨，你应当努力去打破大蒂顿峰的登山纪录。”

　　他告诉布鲁斯所有信息。一个名叫约克·格利登的登山者，跑去跑回用了4小时11分钟，创造了蒂顿峰的登顶纪录。布鲁斯想：“这是根本做不到的，不过我倒很想见见这个家伙。”但是随着布鲁斯不断地跑步、登山，他花的时间也越来越少，而吉姆也不停地说：“你必须打破这个纪录，我知道你可以做到。”

　　布鲁斯在一次集会上终于遇见了约克，那个创造了不可思议的纪录的超人。布鲁斯和吉姆坐在约克的帐篷里，吉姆自己也是个登山好手，他对约克说道：“这个家伙正想着要打破你的纪录呢。”约克看着布鲁斯125磅重的身材，大声笑着，好像在说：“放明白一些，你这个小矮子。”布鲁斯感到沮丧，但是很快就恢复了。而吉姆继续鼓励他：“你能做到，我知道你行。”

　　1981年8月26日清晨，布鲁斯带着一只橘色小背包和一件崭新的夹克，跑着登上大蒂顿峰再跑回来，只用了3小时47分4秒。他只停了两次，一次是取出靴中的石子，一次是在山顶签名登记以证明他的到达。他觉得真太美妙了！他居然真的打破了纪录！

　　几年之后，布鲁斯接到吉姆的一个电话：“布鲁斯，你听到消息了吗？

你的纪录刚刚被打破了。"当然，他又加了一句："你应当去把它夺回来。我知道你能做到！"一个名叫克雷登·金的人在3小时30分9秒内完成登顶，他最近还获得了科罗拉多州派克山峰马拉松跑的冠军。

1983年8月26日，他最后一次攀登蒂顿山的两年之后，也是他的纪录被打破的10天之后，布鲁斯来到大蒂顿峰山脚的鲁派恩草原（Lupine Meadows）停车场，穿着崭新的跑鞋，焦急地等着再次打破纪录。与他在一起的有他的朋友、家人和吉姆，还有当地电视台的人，他们要把这次登山拍摄下来。

和以前一样，布鲁斯明白，登山中最困难的是思想上的准备，他可不愿意成为每年攀登蒂顿峰的牺牲者中的一员。

《鲁塞尔周报》（Russell Weeks）的体育记者这样描述攀登大蒂顿峰："从停车场看去，可以看到大约90英里弯弯曲曲的山路，要通过一个峡谷，登上两个冰河淤积而成的堆石，穿过两个凹谷，越过两山之间的一条缝隙，最后是700英尺的路——登上蒂顿峰的西坡到达顶峰。从鲁派恩草原到山顶来回的垂直距离大约是15000英尺。单单是最后700英尺的路，雷·奥登堡（Leigh Ortenburger）的《蒂顿山脉登山指南》（Climber's Guide to the Teton Range）中列出的登山时间就是3小时。"

布鲁斯跑着出发。当他向上攀登，心跳剧烈、双腿好像在燃烧。他全神贯注，最后700英尺只花了12分钟。他在1小时53分内到达了顶峰，把证明卡放在一块岩石下。他明白，如果要破纪录必须立刻下山。下山的路是如此陡峭，有时他一步就要跨越10到15英尺。他超越了许多老朋友，后来他们告诉他，当时他的脸色由于缺氧而发紫。另一群登山者可能知道他要破纪录，因为当他超越时，他们叫道："加油！加油！"

布鲁斯在欢呼声中回到鲁派恩草原，膝盖流着血，跑鞋开了口，头痛得要命。3小时6分25秒，他完成了不可能的业绩！

消息迅速传播开去，布鲁斯被认为是最佳登山运动员。布鲁斯说："它让我成为一个人物。每个人都想因为某事而被承认，我也一样。我的登山能力给了我一项事业，让我能为之努力，并获得自尊，这就是我表现自我的途径。"

今天，布鲁斯是一个很成功的公司的奠基人和总裁，公司为登山者和登山运动员生产高质量的背包。最重要的是，布鲁斯干着他喜欢干也擅长干的事，以此谋生，他用自己的才能为自己以及其他许多人的生活带来幸福。

顺便说一句，这个纪录现在仍然保持着（可别生出什么疯狂的念头哟），而且那颗BB子弹还在他的眼睛里。

所以朋友们，如果你需要增强自信心，请开始向你的个人银行账户存款，今天就开始，你会立刻感觉到变化。而且要记住，你不一定要用登山来存款，有成千上万种更安全的途径。

◇ 后面的章节更精彩 ◇

下一章我们将讨论你和你的狗之间的众多不同之处，看下去就会明白我指的是什么。

幼童　学步

信守对自己的诺言

1. 连续3天按计划的时间起床。

2. 确定一项必须今天完成的容易的任务，并决定何时去做，如把要洗的衣物放在一起、阅读一本书作为英语作业。现在信守自己的诺言，把它完成。

做出小小的友善行为

3. 今天做一件匿名好事，如写一个感谢条、把垃圾袋拿出去或为某人铺床。

4. 看看周围有什么事，你能完成它而让自己有所改变。如清理附近的一个公园、自愿到老年活动中心服务，或者为某个视力不佳的人读书读报。

开发自己的才能

5. 列出你希望今年能有所发展的才能，写下发展才能的特殊步骤。

我希望今年有所发展的才能：＿＿＿＿＿＿＿＿＿＿＿＿＿＿＿＿

如何做到这点：＿＿＿＿＿＿＿＿＿＿＿＿＿＿＿＿＿＿＿＿＿＿

6. 列出你最欣赏的其他人的才能

人名：＿＿＿＿＿＿＿＿＿＿＿＿＿＿＿＿＿＿＿＿＿＿＿＿＿＿

欣赏的才能：＿＿＿＿＿＿＿＿＿＿＿＿＿＿＿＿＿＿＿＿＿＿＿

对自己要宽容

7. 想想生活中你觉得自己表现较差的领域。现在深深吸一口气，对自己说："这不是世界末日。"

8. 尝试一整天都不要有关于自己的负面想法。每次发现有负面想法都记下来，你必须用三个有关自己的正面想法来替代这个负面想法。

让自己得到休整、恢复

9. 决定一个能振奋自己的有趣的行动，而且今天就做。例如，放音乐跳舞。

10. 感到瞌睡了？立刻站起来，绕着街区快步走。

诚实做人

11. 下次父母问起你的情况，告诉他们所有的事情，别忽略一些信息以误导或欺骗他们。

12. 整整一天，尝试别夸大，也别修饰！

从镜中的自己做起，我要他变得更好，这个信息清晰无比。

要让世界更美好，看看镜中的自己，决心把他改造。

我的训练计划

为清楚了解你个人账户的情况，必须随时注意你在一周内的存入与提取。七天里随身带一本支票登记簿（如下图），记下你的行动，并给每个行动注上存或取的价值。

	+	−
已开始实施我保证要开始的计划	50	
昨夜睡得很晚		150
为几天后的化学大考温习	100	
称赞自己看起来多棒	20	
放学回家在网上聊了几个钟头		120
没吃早饭，中午吃了甜点和汽水		50
结余		

一周过去了，你对那些结果满意吗？对于提款过多你是否感到吃惊？

信守自己所作的保证

如果常常作出一些你自信能够兑现的次要承诺，那么，信守重要承诺也就不太困难了；然后再接再厉——逐渐加重承诺的分量。

完成以下问题。

在违背了自己保证要做某事的诺言后我感到：

我希望能够信守但却屡屡违背的自我承诺是：

我不能信守这一诺言的原因是：

如果我能信守两三个次要的自我承诺，那就有助于我信守更重要的诺言。这些次要诺言是：

1. _____

2. _____

3. _____

我希望信守这一重要诺言是因为：

我的生活会改善，因为：

我因为信守这一重要诺言而给予自己的最好奖赏可能是：

莫因善小而不为

做一些细微的好事特别能使你对自己感觉良好。即使这些行动是为别人所做，但它们累积起来就是你个人银行账户中的一大笔财富。

对己宽容，诚实做人

对自己宽容意味着要学会对你所做的蠢事置之一笑。善于自嘲而不是对生活中的某些事过于计较，这是一种积极的态度，有助于你广交朋友。

诚实就是要示人以真面目。也就是说不弄虚，不作假。当你对自己不诚实时，你就会感到心虚，感到不踏实，最终就会从你的个人银行账户中提取（你对自己的感觉）。而每一个诚实的行动就是在你的个人银行账户中存入了一笔储蓄。

回忆一下曾经使你最难堪的时刻。把它写在下面（或另一张纸上），就像写一部生动的小说的某个章节。把自己当作主角，注意描写场景，增加其他角色（如果有的话），记述你当时说过的话，做过的事。

现在再把那件尴尬事以喜剧风格改写一遍。

两种描述有何差别？读了上述两种版本，你对自己或那件事是否有了不同的感受？记下你的看法：

学会对自己和自己的错误一笑了之将增强我的自信，因为：

我所知的一个最诚实的人是（此人可以是你生活中的某个人物，也可是你所赞赏的名人）：

说此人诚实是因为（列举一个或多个事例）：

我可以通过下列行为使自己更诚实（谈谈你的改进计划）：

 秘密花园

我们全都需要有一个可以遁隐的"秘密花园"，一个避难所之类的地方，使我们在那里恢复精神。它不一定非是花园、山顶或是远离尘嚣的海边。它可以是一间卧室，甚至还可以是卫浴间，只要能让你独处就行。
我的遁隐之所是：

那个地方令我难忘是因为（描述你的遁隐之所）：

我希望逃匿的地方是：

我希望它成为我的遁隐之所的原因是：

我在身心疲惫、孤独或忧伤时会选择的遁隐之所的特点是：

在独处一段时间后我的感觉好了一些。是或不是？为什么？

如果不能去我的遁隐处，我会采取下述行动：

 试做一些惊人之举

你看过寻找全球最有天才者的电视节目吗？有没有看过别的鼓励你将拍摄自己所做的荒唐可笑的事情的家庭录像带寄给他们的电视节目？如果非如此不可，你选送的录像拍的会是什么事？

若有电视拍摄人员来我家拍我的绝活，我会开始做：

我最好的朋友的绝技是：

我做得不错的一件事是（记住，才能可以表现为善于在公众场合讲话、倾听、做一个好朋友等等）：

努力发掘你的独特才能。请你所信任的某个人谈谈你有什么独特之处，然后记在下面：

如果没有时间、金钱或身体条件的限制，我想发展的才能或特长是（想出一个不受任何限制的发展计划）：

在上述"梦想计划"中可行的事情是：

我的计划中现在就可实施的事情是：

HABIT ①

习惯一：
积极处世

第四章

习惯一：积极处世

我就是力量

The **7** HABITS
Of Highly Effective
TEENS

在我家的环境中成长，有时是个痛苦。为什么？因为我老爸总是让我对生活中的每件事情承担自己的责任。

每当我说什么"老爸，我女朋友真让我气得要发狂"，他一定这样回答："拜托了，肖恩，没人能让你发狂，除非你让他们这样。这是你的选择，你自己选择要发狂。"

如果我说"我们新来的生物老师真差劲，我学不到什么东西"，我父亲就会说："你为何不去找生物老师，给他提点意见。更换老师？需要的话，找一个家庭教师。肖恩，学不好生物的话，那是你的错，不是你老师的错。"

他从不让我轻易脱身免责。他总是质疑，不让我把自己的行为归罪于别的什么人。幸而我母亲不这样，她允许我把自己的问题归罪于别人，否则我的心理真要出问题了。

我经常大叫着回击："你错了。老爸！我没有自己要发狂。是她，是她把我搞得要发狂。别再烦我了，让我自个儿清静清静。"

你看，我老爸的观点就是，你必须为自己的生活负责，这对于处于青少年的我真是一服苦药。但现在回想起来，我能领会他这样做的道理。他希望我领悟世界上有两种人：积极处世的和被动反应的。一种人为自己的生活承担责任，另一种人总是埋怨别人；一种人主导生活，另一种人被生活牵着鼻子走。

习惯一"积极处世"，是养成所有其他习惯的关键，所以它排在第一位。它说："我有力量。我是自己生活的主人。我能选择自己的态度。我对于自己的快乐和不幸负责。我驾驭自己的命运之车，而不只是一名乘客。"

人们的快乐就和他们自己想要的快乐一样多。

——林肯
美国前总统

处世积极主动是获得个人成功的第一步。你能想象在学习加减法之前先做代数吗？这不可能。七个习惯也同样如此。你不可能在搞定习惯一之前先掌握习惯二、三、四、五、六、七。因为在你觉得已掌握了自己的生活之前，别的什么也做不成，难道不是吗？

主动还是被动，选择的主动权在你

每天你和我都有上百个机会来选择是积极处世还是被动反应。任何一天中：天气很糟、你找不到工作、你妹妹偷偷拿走了你的上衣、你在学校选举中失败了、你的朋友在背后议论你、有人骂了你、你父母不让你用车（没有理由）、你在校园得了一张违章停车罚单、你测验不及格……你会怎么做？对于这些日常事件，你的习惯是被动的还是主动的？你可以自己选择。确实如此，你不一定要像别人那样反应，也不一定要像大家认为你应当做的那样反应。

当你正在路上开车时，突然一辆车切入你的前面迫使你猛踩刹车，这是经常的事。你怎么反应？你是破口大骂？朝他们做个"去你妈的"的手

被动反应 ▶

▲积极处世

势，让此事搅乱你一天的心情？脾气失去控制？

或者，你就这样让他走？对此嘲笑一番，继续干自己的事？

你可以自己选择。

被动反应的人依自己的冲动作出反应。他们就像一罐汽水，如果生活把他们摇晃了一下，就会产生压力，他们就会突然爆发。

"嘿，你这个笨蛋！离开我的车道！"

积极处世的人依价值观作出选择，他们先想后做。他们明白他们无法控制遇到的每件事，但他们可以控制自己对于这些事的反应。不像那些充满碳酸气的被动的人，主动的人就像水。随便你怎么摇晃，打开盖——什么也不会发生。没有嘶嘶声，没有气泡，没有压力。他们冷静、镇定，能控制自己。

"我不会让这个家伙搅乱我一天的心情。"

理解积极处世的思维习惯的一个好办法，就是随时比较各种情况下，主动和被动的人会有哪些不同反应。

场景1：

你无意中听到你最好的朋友在一群人面前说你的坏话。她并不知道你无意中听到了这个谈话。5分钟之前她还在对你甜言蜜语呢。你觉得受到伤害、被人出卖。

被动反应：

◎ 直接告诉她，然后揍她。

◎ 深深感到沮丧，因为你对她所说的感到很受伤。

◎ 判断她是个两面派、说谎大王，给她个冷处理，两个月不理她。

◎ 散布有关她的不利流言，无论如何，她也这样对待过你。

积极处世：

◎ 原谅她。

◎ 直接面对她，冷静告诉她你对此的感受。

◎ 忽略此事，给她第二次机会。

场景2：

你在目前这个商店岗位上已经工作两年了，忠心耿耿、非常可靠。3个月前，来了一个新伙伴。最近，你所中意的岗位——周六下午的班——竟然排给了这个新来的家伙。

被动反应：

◎ 用一半的工作时间来到处抱怨这个不公正的决定。

◎ 仔细监视这个新伙伴，找出他所犯的每个错误。

◎ 相信你的上级想整你。

◎ 在你当班时偷懒。

积极处世：

◎ 与你的上级交流为何新伙伴能获得更好的班次。

◎ 继续努力工作。

◎ 看看你还能做些什么来改进你的业绩。

◎ 如果你确定你当前的工作没有出路，那就开始寻找新工作。

倾听你自己的语言

通常你可以从人们使用的语言种类分辨出主动还是被动。被动的语言通常这样：

"这就是我。我一向就是这样的。"他们实际想说的是我可不对我所干的事负责。我无法改变，我天生如此。

"如果我的老板不是这么个古怪家伙，事情会完全不同。"他们实际想说的是造成我的所有问题的原因是我的老板，不是我。

"拜托，你搅乱了我今天的心情。"他们实际想说的是控制我情绪的是你，不是我。

"只要我上了其他学校，交了更好的朋友，赚了更多的钱，生活在别的公寓，有一个男朋友……那我就会快乐了。"他们实际想说的是控制我的快乐的是物质，不是我。我必须拥有这些东西才能快乐。

请注意，被动反应的语言将权力从你自己这儿拿走，给予别的什么人或别的什么东西。正如我的朋友约翰·毕瑟维（John Bytheway）在其书《但愿我能在高中学到的道理》（*What I Wish I'd Known in High School*）中解释的那样，如果你对事物被动反应，那就等于把控制你生活的遥控器交给别的什么人，而且对他说："随便什么时候，只要你愿意，就可以改变我的情绪。"另一方面，积极处世的语言则将遥控器交还到你自己的手中，你可以自由选择过怎样的生活。

被动反应的语言	积极处世的语言
我会试试看	我会做的
我一向是这样干的	我能做得更好
对此我无能为力	让我们看看都有哪些可能的办法
我只能	我选择
我不能	总会有办法的
你搅乱了我一天的心情	我不会让你的坏心情影响我

牺牲品病毒

某些人受到我称为"牺牲品病毒"的传染。也许你已经见过这种病毒。传染了这种病毒的人们相信每个人都对他们怀有恶意，世界欠了他们什么……而情况完全不是这样。我喜欢作家马克·吐温（Mark Twain）说的：

"别到处去抱怨世界欠你们的，世界不欠你们什么。世界可比你们先来。"

我在大学打橄榄球的一个伙伴就不幸染上了这种病毒，他的话真让我受不了：

"我应当首发，但是教练对我有成见。"

"我正要拦截那个球，有个人挡住了我。"

"我40码冲刺的成绩本来可以更好，但是我的鞋子松了。"

每次我都想说："当然啦，如果我父亲不秃顶的话，我就能成为总统啦。"对我来说，他从未上场比赛的事实毫不足奇。在他的头脑里问题永远都在身外某个地方。他从未考虑过，也许问题就在他自己的态度。

芝加哥来的荣誉学生阿德丽娜在一个传染了"牺牲品病毒"的家庭中长大。

我是黑人，而且为此而自豪。肤色并没挡我的道儿，而且我从学校的老师和辅导员那里——无论是白人或黑人——同样学到好多东西。但在我自己家里，情况却完全不同。我老妈在家里主宰一切，她来自南方，今年50岁了，但行为举止却好像奴隶制刚刚废除似的。她把我在学校的良好表现看作是个危险信号，就好像我正在参与"白人联盟"似的。她至今仍然使用"他们不让我们参加这个，不让我们参与那个，他们要困住我们，不让我们做任何事情"这类语言。

我总是反驳：没人不让你做任何事情，只有你不让自己做任何事情，因为你总是这么想来着。甚至我男朋友也抱着"白人总在限制我"的态度。当他近来试图买车而最后没买成时，他也沮丧地抱怨"白人不愿意我们得到任何东西"。我几乎要发火，告诉他这是多么愚蠢的想法，但结果他却觉得我站在白人一边。

我确信，只有你自己才能阻止你的进步。

除了感觉自己是牺牲品之外，被动反应的人还：

◎ 很容易被激怒。

◎ 责备别人。

◎ 发怒并说一些日后又后悔的话。

◎ 埋怨、发牢骚。

◎ 被动等待事情的发生。

◎ 只有到了不得不改变的时候才改变。

积极处世有回报

积极处世的人属于另一个品种。积极处世的人：

◎ 不容易被激怒。

◎ 为自己的选择负责。

◎ 行动之前先考虑清楚。

◎ 坏事发生后能从头再来。

◎ 想方设法促使事情发生。

◎ 集中注意力于自己能做的事，不为自己无能为力的事情而烦恼。

我曾做过一份工作，跟一个名叫兰迪的家伙共事。虽然不清楚问题在哪里，但是，由于某种原因他不喜欢我，而且还想让我知道这一点。他会对我说些侮辱人的粗话，总是在背后说我坏话，而且争取别人站在他一边来反对我。有一次放假回来，一个朋友告诉我："嘿，肖恩，你不知道刚才兰迪都说了你些什么。你最好防着他点儿。"

好几次我都想揍他，但我还是设法保持冷静，把他的愚蠢攻击搁至一旁。每当他侮辱我，我都善意对待他，把这当作是对自己的一次挑战。我相信若坚持这样做，问题总会解决。

几个月后，事情有了转机。兰迪看得出我不跟他较劲，终于变得轻松起来。有一次他甚至告诉我："我试图激怒你，但你就是不生气。"共同工作一年后，我们成为朋友，互相尊重。如果我当初被动反应（这可是我的动物本能呀），今天我们决不会成为朋友。情况经常如此，这一切需要的只是某一方采取主动去建立友谊。

玛丽·蓓丝自己发现了积极处世的好处：

学校的课上谈到积极处世，但我不知道如何应用这个原则。一天，当我为某个家伙结算食品时，他突然说我刚刚结算的食品不是他的。我抑制了自己的第一反应"你这个傻瓜"，然后放下标志杆以把后面其他顾客的食品隔开。"为什么你不早一点儿阻止我？"我只得删除所有这些条目，还要找管理员来确认这些变更，这时他却站在那里觉得好玩。我已经很生气了，他竟敢还火上浇油质疑我输入的椰菜价格不对。

我仔细一核对，大吃一惊，发现他居然是对的，我输错了椰菜商品条码。我气急败坏，正要大骂他一通，以掩盖自己的错误。这时，我脑中冒出了个念头："积极处世"。

于是我说道："先生，你是对的，完全是我的错。我会改正这个价格，只需要几秒钟。"

我还记得，积极处世并不意味着完全消极。于是我委婉地提醒他，如果他不希望下次还发生这种事，他应当把标志杆放下以隔开其他顾客的食品。

感觉真爽。我道了歉，但我也说了我想说的话。这是一件简单的小事，但是它触动了我的内心，并让我对于这个习惯增强了信心。

这里你可能有话要说，你会说："拜托了，这可不那么容易。"我不打算与你争论。被动反应要容易得多。失去冷静很容易，这不需要控制，埋怨、发牢骚也很容易。无疑，积极处世是更高境界。

但切记，并没要求你完美无缺。事实上，你我都不是完全被动的，也不是完全主动的，大概在两者之间。关键是培养积极处世的习惯，这样你就能自然而然地这样做，甚至不用动脑筋去想。如果你每天平均100次中有20次选择了积极处世，那就努力每100次中30次选择主动。然后是40次。决不要低估这点变化，很小的改进能带来巨大的差别。

我们能控制的只有一件事情

事实是，我们无法控制遇到的每件事。我们无法控制我们的肤色、谁能赢得NBA总冠军、我们出生于何处、谁是我们的父母、下个秋季的学费是多少或别人会如何对待我们。但是，有一件事情是我们能控制的：我们自己对于这些事的反应。而且重要的、起作用的就是这点！这就是为什么我们不应再为自己无法控制的事情烦恼了，相反，我们应当为自己可以控制的事情操心。

画两个圆圈。内圈是我们的控制圈，它包括我们能控制的，例如我们自己、我们的态度、我们的选择、我们对遭遇的事情的反应。控制圈以外的是无法控制的范围，包括成千上万我们无能为力的事情。

如果我们耗费时间和精力去为我们无法控制的事情——一句粗鲁话、一个过去所犯的错误、天气情况——而烦恼，那会怎样？想想看！我们会觉得自己更加失去控制，就好像自己成了牺牲品似的。例如，如果你妹妹打扰你而你则一直在抱怨她的弱点（这可是你无法控制的），这不会丝毫有助于问题的解决。这只会让你把问题归罪于她，而你自己则失去力量。

丽娜塔告诉我的故事就说明了这一点。在她即将参加排球赛的前一周，丽娜塔听说对方一个队员的母亲嘲笑她的球技。丽娜塔没有一笑了之，反而被激起一腔怒火，在余下的日子里备受煎熬。当比赛来临时，她唯一目的就是要向那个母亲证明她是个好球员。长话短说，丽娜塔打得很糟糕，大部分时间坐在替补席上，而其球队则输掉了比赛。她过分注意她无法控制的事（别人对她的议论），结果她失去了对于她唯一能控制的事物——她自己——的控制。

另一方面，积极处世的人的注意力放在其他地方——放在他们能控制的事物上。这样做使他们内心平和，从而更加能控制自己的生活。他们学会了忍受，并微笑面对他们无能为力的许多事情。他们可能不喜欢这些事情，但是他们知道，为此而烦恼毫无用处。

将挫折转化为成功

生活中我们经常遭遇打击，面对打击如何反应却是我们自己的选择。我们每次遭遇挫折都是将挫折转变为成功的机会。布拉德·莱姆利（Brad Lemley）在《炫耀》（Parade）杂志中写道："问题不是生活中你遭遇什么，而是你如何对待它。"这是米歇尔（W. Mitchell）说过的话。他是白手起家的百万富翁、广受欢迎的演说家、前任市长、河流筏夫、空中造型跳伞运动员，而且这些成就是在他经历了事故以后获得的。

如果你看到米歇尔本人，你会觉得难以相信。他脸上移植了各种颜色的皮肤，两手的手指不是缺失了就是只剩下残根。他瘫痪的双腿趿拉在那儿，又细又长。米歇尔说有时人们纷纷猜测究竟他是怎么受伤的。一场车祸？越南战争？真实的故事要比想象更令人惊骇。1971年6月19日，他还处于世界的顶峰。前一天他刚买了一辆崭新的摩托车，那天上午他完成第一次的单独飞行。他年轻、富有，到处受到欢迎。

他回忆："那天下午，我骑着摩托车去工作，在一个交叉路口与一辆洗衣店的卡车相撞。摩托车压碎了我的胳膊和骨盆。油缸破裂，流到摩托车上的汽油被炙热的引擎点燃，我身上65%的皮肤被烧伤。"幸而旁边车队中一个反应敏捷的人用灭火器浇灭了他身上的火，总算挽救了他的性命。

虽然留下一条活命，米歇尔的面部被烧毁，手指变得扭曲、炭化，双腿只是两堆红肉。第一次看到他的人几乎都会晕过去。他失去知觉，直到两周后才醒来。

4个月内他13次输血、16次皮肤移植并做了若干次其他手术。米歇尔又经过了几个月的康复和几年的适应性生活，4年后令人不可思议的事情发生了。米歇尔居然又遭遇了一场飞机坠毁事故，腰部以下瘫痪。他说："当我告诉别人有两次事故，他们几乎无法相信。"

在那场飞机失事后，米歇尔记得在医院的健身房中遇到了一个19岁的病人。"那个家伙也瘫痪了。他过去喜爱爬山、滑雪，是个积极的户外运动者，瘫痪后他认为自己的生活完了。我对他说：'你明白吗？过去我可以干10000种事情，现在只剩下9000种。我可以花整整下半生来惋惜那失去的1000种，但我选择集中注意力于那剩下的9000种。'"

米歇尔说其成功的秘密有两个，一个是朋友和家庭的支持，另一个是他从各处领悟的人生哲学。他认识到他不必接受社会公认的观点：人们必须英俊而健康才能快乐。他强调："我是我自己命运的主人。这是我个人的盛衰沉浮，我可以选择把这情况看作是一场挫折，或看作是一个新的起点。"

我喜欢海伦·凯勒（Helen Keller）的话："生活给了我如此之多，我没有时间去思索我所没有得到的。"

我们迟早也会遭受挫折，虽然绝大部分不会像米歇尔所遭受的那么严重。你可能被女友抛弃，你可能在一次学校竞选中失利，你可能被一帮家伙揍了一顿，你可能被你所中意的学校拒绝，你可能患有重病。我希望而且相信，你在这些关键时刻能积极处世，能表现坚强。

我记得自己曾遭遇过一次严重的挫折。在我获得大学橄榄球四分卫首发位置的两年之后，我的膝盖严重受伤，继而失去了首发位置。我还清楚记得球季开始前教练把我叫到他的办公室，告诉我他将把首发位置给予另外一个人。

我感觉糟透了。我努力了一辈子就是为了得到这个位置。这是我的大学四年级，这种事是不应当发生的。

作为替补，我可以选择。我可以抱怨、说那个新人的坏话、为自己而惋惜，可以……我可以充分利用这个处境来发泄。

幸而我决定积极应对这个新情况。我不能再扔出触地得分的球了，但是我可以用别的方式起作用。所以我把骄傲咽下肚子，着手帮助那个新手以及整个球队。我努力工作，为比赛做好准备，就好像自己是首发似的。而且，更重要的，我选择抬起头做人。

这容易吗？决不。我常常觉得很失败。在当过首发队员之后，要每场比赛坐在替补席上简直是种耻辱。保持良好态度更是个持续的挑战。

这是正确的选择吗？当然。即使我整年坐在板凳上无所事事，我仍以其他方式作出了贡献。最重要的，我为自己的生活负起责任，我无法说清楚这个决定给我的生活带来多么积极的影响。

走出强奸的阴影

最难应对的挫折是强奸。我忘不了那个上午，我与一群儿时受到性虐待的青少年待在一起，她们是约会时被强奸或其他感情上、肉体上受虐待的牺牲品。

希瑟告诉我她的故事。

我在14岁时遭到强奸。那时我正在一个博览会，学校的一个男生走过来说："我有事要对你说，请跟我来，只要几分钟。"我一点也没怀疑，因为那男孩是我的朋友，而且一直对我很好。他带我走了很长一段路，结果就在球员休息处把我强奸了。

他不停威胁我："如果你告诉别人，没人会相信，是你自己愿意的。"他还说我父母会为我感到多么羞耻。有两年我保持了沉默。

最后，我参加了一个让遭受强奸的人诉说她们的遭遇的小组会。会上一个女孩站起来诉说了与我相似的故事，当她说出那个男孩的名字时我不禁喊出声来，因为那人正是强奸我的男孩，结果发现共有六个女孩是他的牺牲品。

幸而，希瑟现在正在恢复：她参加了青少年小组，去帮助其他的强奸受害者，由此获得无穷的力量，她的挺身而出也阻止了那男孩去伤害更多的人。

布丽吉特的经历十分不幸，但却也是很常见的现象。

我在5岁时被一个家庭成员强暴了。因为太害怕了，我不敢告诉他人，试图把伤害和气愤藏在心里。现在我已经能面对此事了，回顾过去，我能清楚看出它对每件事的深刻影响。在努力掩盖事件之时，我也掩盖了自己。直到13年之后我才最终直面自己的梦魇。

许多人也经历过同样可怕的或类似的经历，大多数都选择掩盖。为什么？有些人害怕自己的生命受到威胁，有些人想保护自己或保护其他某个人。但无论是什么原因，掩盖不是办法。它只会让灵魂中的伤口更深，让它几乎无法痊愈。直接面对才是唯一的治愈流血伤口的办法。设法找某个人去谈谈，找某个你觉得谈得来的人，找某个你信得过的人。这是个漫长而困难的路程，但是你只有能面对它，才能开始新的生活。

如果你曾被强奸过，这不是你的错。必须说出事实。因为不敢揭发强奸才得以横行。告诉另外一个人，你则立刻将你的问题分出了一半。与你所爱的人或你能信任的朋友谈谈、参加某个帮助受害人小组会、找专业的治疗师就诊。如果你所找的第一个人不善解人意，别泄气，继续找人谈，直到你找到某个善解人意的人为止。与他人分享你的秘密是痊愈过程的重要一步。处世要积极主动，采取主动走出阴影，你没必要再继续背负这个重担。

做个改变的先行者

有一次我问一群青少年，谁是你行为的榜样？一个女孩说是她妈妈，另一个男孩说是他哥哥等等，只有一个人保持沉默。我问他崇拜谁，他回答："我没有行为榜样。"他所想要做的是让自己不像那些理应是他行为榜样的人。不幸的是，许多青少年都这样。他们成长的家庭一团糟，没有什么人可以做行为榜样。

可怕的是，坏习惯（例如虐待、酗酒、依赖福利金生活）经常是世代相传的，从父母传给孩子，结果是不正常的家庭一代又一代地复制。例如，如果你在儿童时被虐待，统计显示，长大后你很可能自己也成为虐待者。有时这些问题可以追溯到好几代之前，你可能来自一个好几代依赖福利金的家庭，也许你家庭历史中没有一个人大学毕业，甚至没人中学毕业。

好消息是，你可以停止这个循环。由于你的积极主动，你可以停止这些坏习惯，不让它们再传下去。你可以做个"改变的先行者"，传给后代的是好习惯，从你的孩子开始。

希尔达是个顽强的姑娘，她告诉我她如何成为其家庭改变的先行者。她的家庭从不看重教育，后果显而易见，希尔达说："我妈妈在一个缝纫厂工作，收入很低。我爸爸的工资只比最低工资高一点儿。我经常听到他们为钱而争吵，争论如何付房租。我父母在中学只学到六年级。"

希尔达清楚记得，还在她很小的时候她父亲就因为不会英语而无法教她功课了，这对她很不利。

希尔达念初中时，她家从加州搬回墨西哥。希尔达不久就发现在那里她的受教育机会有限，于是提出是否能回到加州与其姑姑生活在一起。为了到加州上学，希尔达在以后几年做出了很大的牺牲。

她说："和表姐妹挤在一间屋中、分享一张床，可不是一件易事。我上学之余还要工作付房租。但是，这很值得。即使当我有了孩子，在高中结了婚之后，我继续上学、工作，直到学业结束。我父亲曾说过我家没人能成为一个职员，我要向父亲证明，不管怎么说，这句话是错误的。"

希尔达不久就会获得会计的大学文凭。她希望她的教育价值观能传给她的孩子："如今，如果不去学校，只要有可能我就读书给孩子听，我教他说英语和西班牙语。我努力为他的教育攒钱。总有一天他做家庭作业会需要帮助的，我会在旁边帮他的。"

我访问了另一个来自中西部的名叫谢恩的16岁孩子，他也成为其家庭改变的先行者。谢恩与其父母和两个兄妹生活在城镇的一个贫困区里。虽然父母仍生活在一起，但是经常吵架、互相责怪对方有婚外情。他父亲开卡车，从来不待在家里。他母亲与他12岁的妹妹一同抽烟。他哥哥念高中时两年不及格，最后干脆退了学。有一段时间谢恩失去了希望。

正当他觉得滑到了谷底时，他参加了学校一个性格培养班（讲授这七个习惯），他看到可以做一些事情来控制自己的生活，为自己创造一个新的生活。

幸而，谢恩的祖父拥有他们家楼上的公寓，谢恩搬进公寓，付他100美元房租。这样他有了自己的避难所，可以把一切他不愿参与的事情关在外面。谢恩说："现在情况好些了。我可以对自己好一些，可以实现对自己的尊重。我家人可没多少对他们自己的尊重。虽然我家没人上过大学，我却被三所大学接受。我做的每件事情都是为了我的未来。我的未来一定会有所不同。我知道我不会与我12岁的妹妹坐在一起，一同抽烟。"

你有内心的力量可以战胜任何遗传因素。你可能没有像谢恩那样搬到楼上逃避的机会，但是，你可以在思想上搬到楼上。不管你的境遇如何糟，你都可以成为改变的先行者，并为自己和后代创造一个新的生活。

强化你的主动心态

下面这首《简短的五章》（*Five Short Chapters*），摘自伯迪亚·纳尔逊（Portia Nelson）的《我的人行道有个洞》（*There's a Hole in My Sidewalk*），它概括了对自己生活负责的意义，讲述了一个人怎样逐渐从被动改变为主动。

一

我走在街道上。

有个深洞在人行道旁，

我掉进了深洞。

我迷失……我彷徨，

这不是我的错。

我花了很长时间才回到地面上。

二

我走在街道上。

有个深洞在人行道旁，

我没看见——我假装。

我再次掉进了深洞。

我无法相信竟到达同一地方，

但这不是我的错。

我仍然花了很长时间才回到地面上。

三

我走在街道上。

有个深洞在人行道旁，

我看见它在那里。

我又掉进了洞，这是习惯的力量。

我知道我在何方，

我张开双眼——这是我的错。

我很快就回到地面上。

四

我走在街道上。

有个深洞在人行道旁，

我绕过它走向前方。

五

我走在另一条街道上。

你也能对自己的生活负责，通过强化你的主动心态避开地面的坑洞。这是个"突破性的习惯"，它给你带来的好处将远远超出你的想象。

能做到

积极处世意味着两件事。首先，对自己的生活负责。其次，抱有"能做到"的态度。"能做到"与"做不到"可大有区别。请看：

能做到	做不到
采取主动，促使事件发生	等待事件发生
思索的是解决方案和各种选择	思索的是问题和障碍
主动行动	被动接受他人行动的影响

如果你想的是"能做到"，你就有创造性和坚持性，你的成就将令人惊奇。记得大学时人家通知我，我必须上某门课才能满足在语言方面对我的要求，而这门课我毫无兴趣，而且对我也毫无用处。于是我决定自己创造一门语言课：我列出了要阅读的书以及要做的作业，并找到了支持我的教师。然后去找系主任，提交了我的方案，他接受了，于是我就通过自己创立的课程满足了对我语言方面的要求。

美国飞行家艾里诺·史密斯（Elinor Smith）曾说过："很久以前我就注意到，有成就的人很少坐等事件的来临，而是走出去促使事件发生。"

何等正确呀。要达到你的生活目标，你必须主动出击。如果没人约会让你感觉很糟，别暗自生气，要立即行动。设法创造更多的机会见人，态度友好，脸上带着微笑。去邀请他们，他们也许还不知道你多么出色呢。

别等待完美的工作落到你的头上，要主动寻求，散发你的履历、上网、免费做义工。

如果你在开店，需要帮手，别坐等销售员来找你，你要主动去寻找他们。

有些人把"能做到"误以为是好斗的，甚至是令人不愉快的。错了，"能做到"是勇敢、坚持以及灵巧。有些人认为抱着"能做到"态度的人在修改规章、建立他们自己的法则。不对。有"能做到"想法的人有创造性、有事业心而且足智多谋。

我工作中的一个伙伴，皮娅，告诉我下面的故事，虽然这是很久以前的事了，但是"能做到"的原则是相通的。

当时我在欧洲的一个大城市，是美国合众国际新闻社的全职记者；没有经验、总是担心无法达到那些年长而坚韧的男同事们的期望。披头士合唱队要来我们市了，而居然派我去报道他们的新闻（我的上司不知道他们多么著名）。那时他们可是欧洲最热的新闻热点呀，仅仅是他们的出场就会使成百上千的姑娘晕倒！而我竟被派去报道他们的新闻发布会。

新闻发布会令人兴奋，而我也兴高采烈。但是，我觉得这样每个人的故事都一模一样，我需要一些更丰富、更耐人寻味的消息，能登上头版的新闻。我决不能浪费这个机会。那些有经验的记者一个个离开，去写他们的报道了，我却留了下来，我想我必须想出什么办法去见到披头士他们，没时间再等了。

我走向旅馆大厅，拿起话筒，拨了他们的号码。我想他们应当还没走。他们的经理接的电话。我自信地（我还能损失什么？）说："我是美国合众国际新闻社的皮娅·简森，我想与披头士他们谈谈。"

让我惊异的是他居然说道："上来吧。"

我战战兢兢地进了电梯上到皇家套间，就好像中了大奖似的。我被领入一个大房间，大得好像有整个楼面那么大。他们全都坐在那儿——约翰、保罗、林格和乔治。我强忍住自己的不安，装得像个世界级的一流记者。

我们一起又笑又听又写，这是我一生最愉快的两个小时了。他们举止庄重，尊重他人。

我的报道登载在第二天国内大报的头版，而对每个披头士成员的更详细采访，则作为特写登在后几天世界各大报上。当其后滚石乐队来的时候，你猜他们把信件发给谁？发给了我，一个年轻的没经验的女记者。我用了同样的方法，而且同样也很成功。很快我发现，通过坚持而又不让人讨厌，我能获得成功。于是，在我脑海中形成了这样的观念，我相信任何事都是可能的。有了这种方法，我总是能得到最好的新闻，我的记者生涯也迈向了一个新的高度。

英国剧作家萧伯纳了解有关"能做到"的一切，请听他是怎么说的："人们总是责怪环境造成自己的困境。我不相信环境。人们出生在这世上，都在寻找所要的环境，如果找不到，那就应当自己去创造。"

请注意戴尼斯是如何创造环境的。

青少年想去图书馆工作，我知道这听上去很奇怪，但我就是想要这个工作——比以前想要任何东西都要迫切，然而当时他们不需要人手。那时我每天去图书馆，阅读，与朋友逗留在那儿，就是不想待在家里——我已经老待在这里了，还有什么比这里更好的工作地点吗？虽然我在此没有正式工作，我慢慢认识了这里的每个工作人员，而且还自愿做特殊活动的义工，很快我就成了这里的准正式成员了。这很值得。当他们最后需要人手时，我自然成为他们的第一选择，而我也得到了我最好的工作。

按一下暂停键

当某人对你粗鲁，你从何处获得力量来抗拒以粗鲁回报粗鲁呢？对于刚刚开始这样做的人，按一下暂停键就行。只要站直身子，按一下生活的暂停键，就像按遥控器一样（如果我记得没错，暂停键应当在你额头的中央部位）。有时生活进行得如此快速，我们的瞬间反应全是出于习惯。如果你学会了按暂停键、控制自己、仔细考虑你想要如何反应，那么你就会作出更聪明的决定。确实，你的童年、你的父母、你的基因、你的环境都影响你以某种方式行动。但是它们不可能迫使你做任何事情。你不是命里注定的，而是可以自由选择的。

当你的生活处于暂停时，打开你的工具箱（你生而享有的工具箱），使用人类四个工具来帮助你决定如何做。动物没有这些工具，这就是为什么你比你的狗更聪明。这些工具是：自我意识、良知、想象力和意志力。你可以把它们叫作你的力量工具。

让我们想象正在散步的名叫罗莎的年轻人与她的名叫乌夫的狗，通过这个情境来描述这些工具。

自我意识	我能站在旁边观察我自己的思想和行动。
良知	我能倾听我自己的良心以分辨对错。
想象力	我能预想各种全新的可能性。
意志力	我有选择的力量。

罗莎说："嘿，出去散散步怎么样？"乌夫则跳上跳下，摇着尾巴。

对于罗莎来说，这是难熬的一周，她与男友艾里克刚刚分手，而且与母亲也几乎闹到了不讲话的地步。

当她们走在人行道上，她思索着过去的一周，"你明白吗？与艾里克的分手让我难受，这大概就是为什么我对妈妈这么粗鲁的缘故，我把自己的沮丧完全撒在她身上了。"

你看，罗莎在干什么？她正站在旁边评价、审视自己的行动。这个过程就叫"自我意识"，它是人类的一个天赋工具。利用她的自我意识，罗莎得以认识到她与艾里克的分手影响了她与母亲的关系。这个观察是改变她对待母亲的方式的第一步。

这时乌夫看到前面有一只猫，立刻狂热地追过去。

虽然乌夫是一只忠心的狗，但它完全没意识到自己，它甚至不知道自己是一只狗。它不会站在旁边估量自己说："你明白吗？自从苏西（隔壁它的狗友）搬走，我就把怒气发泄在街区所有的猫身上。"

当罗莎散步时，她开始精神恍惚，她真有些迫不及待地等着明天的音乐会，会上将有她的独唱。音乐就像她的生命。罗莎在想象中看到自己在会上歌唱、如何激起观众的赞叹，然后又鞠躬以感谢她的朋友和老师的起立欢呼……那些聪明伶俐的家伙。

在这个场景中罗莎使用了另一个人类工具——"想象力"。这是个非凡的天赋才能。它让我们能离开当前环境，在自己脑海中创造新的可能性。它给予我们一个机会去想象我们的未来，梦想中成为我们一心想成为的人。

当罗莎在想象自己的荣耀时，乌夫忙于从泥土中挖掘，试图得到一条蚯蚓。

乌夫的想象力就像石头一样微不足道，它的思想只限于当前，它无法想象新的可能性。你能想象乌夫想"总有一天我会把拉希揍得像块剁碎的猪肝"吗？

海德开车经过时，对罗莎说："你好罗莎，我听说了艾里克的事，他真是个无赖。"

罗莎对于海德提到艾里克很不高兴，这与她无关。虽然她心里想对海德唐突失礼，但是，她知道海德新来学校，非常需要朋友。罗莎觉得热情友好才是正确的做法。

"对呀，与艾里克分手确实很糟。海德，你的情况怎样？"

罗莎刚才使用的人类工具是"良知"。良知是"内心的声音"，它总是教我们分清对错。我们每个人都有良知，它或者不断增长，或者逐渐缩小，这取决于我们是否听从它的提示。

这时乌夫的身子正在纽曼先生新刷过油漆的尖桩篱栅上蹭痒痒。

乌夫绝对没有对错的道德观念，它不过是一条狗而已，狗总是顺从其本能行事。

罗莎散步走完了一圈，她打开自家的前门，听到母亲从另一间房屋大声说道："罗莎，你刚才去哪里了？我一直到处找你。"

罗莎已经决定对她母亲要保持冷静，所以，尽管她本想大声说"别烦我"，她还是沉着地回答：

"妈妈，没什么，不过是带乌夫出去散步了。"

当乌夫从开着的门冲出去追逐骑自行车的报童时，罗莎大叫："乌夫！快回来，乌夫！"

罗莎使用了第四个人类工具"意志力"来控制其愤怒。而乌夫还是不听呵斥，受本能驱使去追报童了。意志力是行动的力量，它说：我们有力量来选择、来控制自己的感情，并克服自己的习惯和本能。

正如你从上述例子中看到的，日常生活中我们或者使用或者不用我们拥有的四个人类工具。我们越使用它们，它们就越强大有力，我们就越具有积极处世的能力。然而，如果我们不使用它们，我们就会像狗一样出于本能而行事，而不是像人一样出于选择而行动。

人类工具在起作用

有一次德麦尔·里德告诉我，他对于家庭危机的积极反应如何改变了他的一生。他在东奥克兰最粗野的社区中长大，是家里七个孩子中的第四个。里德家从来没人高中毕业，而且德麦尔也不像是第一个。他对自己的未来毫无把握，他的家庭正在挣扎，他的街区充满了流氓团伙和毒品贩子。他能不沉溺其中吗？在他高中最后一年夏天的一个晚上，德麦尔在家里听到一阵枪声。

德麦尔说："听到枪声是家常便饭，我并没怎么在意。"

突然他的一个朋友，腿上带着枪伤，叫喊着冲进来说他的小弟弟凯文死了，被驶过的汽车开枪击中而死。

"我心烦意乱、怒气冲天，我感觉受到深深的伤害；我失去了他，我再也看不到他了。"德麦尔对我说，"他还只有13岁，他是在街头的一场混战中丧生的。我真弄不懂怎么会这样，我的家庭真是每况愈下。"

德麦尔的自然反应是去杀了那个谋杀犯。他毕竟是在此街区长大的，在此处只有这种办法才能为他的弟弟报仇。警察仍然在思索是谁干的，但是德麦尔知道。就在凯文去世几周之后，8月的一个闷热的晚上，德麦尔拿着一把0.38口径左轮手枪去找"胖子"汤尼·戴维斯——那个杀了凯文的毒品贩子——算账。

"天很黑，戴维斯和他的伙伴看不到我。他就坐在那儿，高谈阔论、寻欢作乐。而我离他只有50码，拿着一把上了膛的手枪，匍匐在一辆汽车的后面。我坐在那儿想：'我只要按下扳机就可以打死这个凶手了。'"

重大决定。

这时，德麦尔按下暂停键、控制住自己，使用他的想象力，德麦尔想起他的过去又想到未来。"我在几秒钟内想到了自己的生活，我在脑中比较各种选择。我估计了一下逃脱的机会，逃脱追捕，警察会思索这又是谁……我又想起了凯文，他常常来看我打球，他总是说我会成为一个职业橄榄球员。我想到了我的将来，想到了大学，想到了我对自己将来的期望。"

暂停。德麦尔倾听他的良知："我拿着手枪，我在发抖，我的良心在叫我站起身、回家、去上学。如果我报仇，我会把我的未来搞得一团糟，我会变得和那个杀我弟弟的家伙一样坏。"

使用他的意志力，德麦尔没有屈服于自己的怒气而抛弃自己的未来，他站起身、走回家，发誓要为了他的弟弟完成大学学业。

9个月之后，德麦尔·里德上了中学优等生名单，从高中毕业，学校里的人都无法相信。5年之后，德麦尔·里德成了大学橄榄球明星，并从大学毕业。

就像德麦尔一样，我们每个人都会在生活中面临一个或两个严重挑战，我们能够选择，或者战而胜之，或者被它们征服。

伊莲·麦克斯维尔（Elaine Maxwell）把它概括得很清楚："无论我失败还是成功，这都是我自己行事的结果，与他人无关。我就是力量。我能克服面前的任何障碍，否则就会迷失。我的选择，我的责任。成功或失败，只有我自己把握着自己命运的钥匙。"

这有点像大众汽车的广告："在生活的路上，有乘客，也有司机……

需要的是司机！"

让我来问你，你是你自己生活的司机呢，还是仅仅是名乘客？你是正在指挥着自己的交响曲呢，还是一件被演奏的乐器？你是一罐汽水呢，还是一瓶水？

该说的都说了，该做的都做了，选择可是你自己的事了。

◇ 后面的章节更精彩 ◇

在下面的章节中我将带你做一次难忘的旅行："伟大的发现"。来吧，充满奇趣！

幼童　学步

1. 下次有人对你无礼，以平和相待。

2. 今天一天，细心倾听你自己的语言。请计算一下，有多少次你使用了被动的语言，例如"你使我……""我只能……""为什么他们不能……""我不能……"

3. 今天去做一件你过去想做而一直不敢做的事。离开你的安乐窝去行动：邀请某人和你约会、举手回答问题、参加某个运动队……

4. 给自己写一张纸条："我不会让＿＿＿＿＿＿＿＿＿＿来左右我的情绪。"把纸条放在你有锁的存物柜里，粘贴在镜子上或者订入计划，经常看它，让它提醒你。

5. 下一次聚会，别光是坐在墙边、等待惊喜来找你，你自己去寻找惊喜。如果有新来的，走上前去介绍自己。

6. 下次你得到一个你认为不公平的分数，别放弃或哭鼻子，约见老师，讨论这个问题。看看你能通过此事学会什么。

7. 如果你与父亲、母亲或朋友发生了争斗，你先道歉。

8. 确认你无法控制的范围中始终让你牵肠挂肚的一件事，现在就下决心不再为它担忧。

我无法控制并且始终感到担忧的事：_____

9. 如果有人在大厅里撞倒了你，恶言恶语地骂你或者排队加塞，在发作之前先按一下暂停键。

10. 马上运用你的自我意识工具，问问自己："我最不健康的习惯是什么？"下定决心改掉它。

最不健康的习惯：_____

我如何改掉这个习惯：_____

无论我失败还是成功，这都是我自己行事的结果，与他人无关。我就是力量。

110

我的训练计划

通常你可以根据人们所说的话分辨他们是被动反应型还是积极处世型。当你使用被动反应的语言时，相当于自愿把权力拱手送给了他人。你不再有权决定自己的情绪或反应。想想你自己，回答下面的问题。

我最容易表现出被动反应是在（何时何地）：

我最容易表现出积极处世是在（何时何地）：

我当前生活中最大的挑战是：

现在我能面对这个挑战并掌握主动权是通过（介绍你的途径）：

 评估你的语言

在"习惯一：积极处世"一章中，你学到了通常可以根据人们所说的话分辨他们是被动反应型还是积极处世型。现在完成下面的评估：

我认为我的语言基本属于（积极处世还是被动反应）：

我常用的积极处世的语句是：

我常用的被动反应的语句是：

我常用的被动反应语句可以由下面的积极处世语句代替：

我生活中相处的人当中，使用积极处世语言的好榜样是：

在什么地方或何种情境下，我最容易使用积极处世的语言？

在什么地方或何种情境下，我最容易使用被动反应的语言？

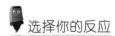 选择你的反应

米歇尔是把挫折变为成功的范例。他选择要积极处世，把注意力放在自己能控制的东西上——他的态度。那么，就请你描述一下在以下情况下，你如何将挫折转变为成功：

◆ 你和你最好的朋友每天在食堂吃午饭时会观察别人。你指出一个你想进一步交往的人给你朋友看。第二天你朋友告诉你，他（她）昨晚给那个人打电话并且约会了。

◆ 下周就是期中舞会了。你和朋友打算和另外一伙人一起玩个通宵。你一个月以来一直盼着这一天。但就在舞会开始前夜，你跌了一跤，摔断

了腿，整条腿都打上了石膏。

◆ 有自己的车对你来说很重要。为了保住它，你课余还要打工支付每月汽车还款和保险。你的资金很紧张，只能勉强应付。但是你还想要一部汽车音响。6个月以来，为了买音响你从薪水中一共省下了15美元。一天晚上，你在下班回家路上走神了，完全忘记了限速。你从后视镜中看到警车的红灯在闪。这张超速罚单肯定会用掉你为买音响节省的所有钱，甚至更多。

你经历过的或正在经历的一个挫折是：

你本来可以或者现在可以怎样将挫折转化为成功：

停止循环

如果你积极处世，就能终止坏习惯或限制人发展的习惯继续传下去。你成了"改变的先行者"，将好习惯传给未来的子孙——从你的子女开始。你将从好习惯当中得到力量。请你完成下面的声明：

一个传递给我的、我希望改变或改善的习惯是：

这个坏习惯的历史是（介绍它怎么形成的，对你家人的生活造成了什么影响）：

这个坏习惯在以下这些方面影响了你的家庭：

如果改变了这个坏习惯，我的生活将在以下这些方面有变化：

为了改变这个坏习惯，我每天会这样做（介绍你的行动）：

 承担责任

当你强化了自己的主动心态，就能更好地为你的生命负责，更好地帮助并影响别人。完成以下的活动：

1. 找一个朋友帮助你完成这个活动。让朋友把你眼睛蒙住。

2. 找一个布满家具的房间，或者有很多障碍物的院子，让你朋友站在房间或院子的另一头。

3. 你朝朋友走过去，让他（她）告诉你"左"或"右"，帮助你躲避这些障碍。（注意：当心不要用任何可能伤害你或容易打破的东西。）

4. 当你摸到你朋友，让他（她）令你回到你原来站的地方。

5. 把这个过程重复一次。

当你第二次向朋友走过去的时候，避开障碍是否比较容易了？

第二次你的行动与第一次有哪些不同？

你第二次学到了哪些第一次没有学到的知识？这些知识帮助你积极躲避障碍了吗？怎么帮助的？

即使你的朋友努力不让你碰到障碍物，你是否也还会偶尔碰到它们？这与被动反应的行为有何相似之处？

你在活动中可以用什么办法来积极主动地避开障碍物？

想一想"能做到"型的人

"能做到"类型的人利用主动性、创造性和勇气来促使事情发生。他们不会用一生的时间等待命运到来。他们走出去，为自己想要的而努力。想想下面的问题。

我崇拜的一个"能做到"类型的人是（他或她可以是某个名人，也可以是你熟悉的人）：

这个人属于"能做到"类型，因为（说明是什么让你认为他或她有这种心态）：

这种"能做到"心态帮助这个人克服了下面的困难：

由于拥有"能做到"心态，这个人取得了下面的成功：

如果这个人没有"能做到"的心态，他或她的人生可能出现这样的变化：

我生活中妨碍我实现目标的一个障碍是：

我可以用这种"能做到"的态度克服这个障碍，办法是（介绍你的行动）：

 看你暂停键用得好不好

回答下面的问卷，看你暂停键和人类工具用得好不好。

自我意识			
我花时间审视我的想法或感觉，如果必要就改变他们。	从不	有时	经常
我意识到我的想法是怎样影响我的态度和行为的。	从不	有时	经常
我花时间不受干扰地安静思考。	从不	有时	经常

良知

我内心感觉，提示我什么事情应该做，什么事情不该做。	从不 有时 经常
我听从这种感觉，并根据它采取行动。	从不 有时 经常
我花时间考虑自己看重的是哪些东西。	从不 有时 经常
我能区分出社会和媒体希望我看重的东西和我自己的价值观。	从不 有时 经常

想象力

我会事先设想。	从不 有时 经常
我已经描绘出自己成功实现目标时的样子。	从不 有时 经常
我能很容易设想到解决问题的方法或其他障碍。	从不 有时 经常

意志力

我对自己和别人做出承诺并信守承诺。	从不 有时 经常
我为自己制定有意义的目标并实现它们。	从不 有时 经常
我在做出选择的时候牢记并尊重自己的价值观。	从不 有时 经常

做完这个问卷后，回头查看你的答案。问你自己："我的暂停键用得够多吗？如果不够多，怎么改善？"

阅读下面的场景，回答后面的问题。

你一直在参与编写学校年鉴，而且一直非常认真和称职。3个月前，有个新同学加入了编辑组。最近，他被任命为年鉴主编，而这个职位是你盼望已久的。

在这种情况下，你会通过按下暂停键和使用所有人类工具，做出什么样的积极选择?

 自我意识：

 良知：

 想象力：

 意志力：

HABIT ②

习惯二：
先定目标后有行动

第五章

习惯二：

先定目标后有行动

把握你自己的命运，
不然别人就越俎代疱

The **7** HABITS
Of Highly Effective
TEENS

"能否请你告诉我，我该走这里的哪条路？"猫说："这要看你想去哪儿。"爱丽丝说："我去哪儿都无所谓……"猫说："那么，走哪条路都是一样。"
——《爱丽丝梦游仙境》（*Alice's Adventures in Wonderland*）

刚刚有人要你完成一幅拼图。你以前曾经完成过许多这样的拼图，于是就兴致勃勃地开始了。你倒出了所有的1000片拼图，把它们摊在大桌子上。然后，你拿起盒盖，看看你要拼出什么样的图案。但是，盒盖上没有图画！上面空白一片！你想，如果不知道图案是什么样，你怎么可能完成拼图呢？如果你能再看看拼好的图案该是什么样就好了。仅此而已。那样的话，情况会多么不同啊！如果看不到，你甚至都不知道该从哪里开始。

现在，想想你自己的生活和你的1000片拼图。你的头脑中是否有个目标？你是否清楚地知道自己在1年后想成为什么样的人？5年后呢？或者，你是否全然没有头绪？

习惯二——先定目标后有行动，也就是说，清楚地构想自己将来想要怎样生活。这意味着你要决定自己的价值观并确立目标。习惯一说，你是自己生活中的司机，而不是乘客。习惯二说，既然你是司机，你就要决定自己的目的地，并且勾画出通往目的地的路线图。

你可能在想："等等，肖恩。我不知道自己有什么目标，我不知道自己长大以后想要成为什么样的人。"我已经长大了，但我仍然不知道自己想要成为什么样的人——这也许会让你觉得好受些。我所说的"先定目标后有行动"并不是说，要决定未来的所有细节，比如选择自己的职业或者决定自己的终生伴侣。我只是说，要让眼光超越今天，决定你希望自己的生活向哪个方向发展，这样一来，你所迈出的每一步始终都是沿着正确的方向。

什么是"先定目标后有行动"

也许没有意识到，但你一直在这样做。也就是说，先定目标后有行动。在盖房子之前，你会设计蓝图。烤蛋糕之前，你会阅读菜谱。写论文之前，你会拟定提纲（至少我希望你会这样做）。这是生活的一部分。

现在，让我们运用你的想象力，体验"先定目标后有行动"的感觉，找一个你能独处而不受打扰的地方。

好了，现在，抛开一切念头。不要操心学校、朋友、家人，或者你额头上的那个小青春痘。你只需跟着我集中精神，深呼吸，敞开思想。

在想象中，你看到有个人从大约半个街区以外向你走来。起初，你看不出这是谁。随着这个人越走越近，你突然意识到（信不信由你），这就是你。但是，这不是今天的你，而是你所希望的自己在1年后的样子。

现在，认真想一想。

在过去的1年里，你是如何生活的？

你的内心感觉如何？

你看上去是什么样子？

你具有哪些特点？（记住，这是你所希望的自己在1年后的样子。）

现在，你可以回到现实中来了。如果你是个遵守游戏规则的人，而且真的试做了这个实验，那么你也许就会接触到更深层的自我。你知道了自己重视哪些东西，也知道了自己在今后1年里希望实现哪些目标。这就叫"先定目标后有行动"，这一点儿也不会让人感到难受。

正如吉姆所发现的那样，"先定目标后有行动"是帮助你梦想成真的有效方法。

当我感到沮丧或抑郁时，我发现有一个办法真会对我有所帮助。我会前往一个能独处的地方，然后闭上眼睛，想象自己长大以后希望实现什么目标，以及想要前往什么地方。我努力勾勒梦想生活的全景，然后，我就不由自主地开始思考如何才能实现这些目标，以及我需要如何改变自己。我从上九年级的时候就开始采用这种方法。如今，我正在把其中一些梦想变成现实。

事实上，让眼光超越今天可能真是相当激动人心的，正如这个中学毕业班的学生所证明的那样，它能帮助你把握自己的生活。

我这辈子从来没有计划过任何事情，我只是随机行事。我从来没有想到过，一个人应该抱有目标。了解这一点真是令人激动，因为我突然发现自己在考虑今后的事情。如今，我不仅对自己的学业进行规划，而且在考虑希望怎样抚养子女、如何教育自己的家人，以及我们应该拥有什么样的家庭生活。我把握着我自己，不再跟风跑了！

定下目标为何如此重要？我会告诉你两个很充分的理由。首先，你正处在人生中的一个关键的十字路口，你现在选择的道路可能会影响你的终生。其次，如果你不决定自己的未来，别人就会替你这样做。

人生的十字路口

让我们看看第一个重要理由。好了，这就是你。你年轻，自由，全部生活都展现在你面前。你站在人生的十字路口上，你要选择自己该走哪条路：

你想上大学还是研究生院？

你将对人生持什么态度？

你应该参加那支运动队的试训吗？

你想拥有什么样的朋友？

你会加入流氓团伙吗？

你想约会什么样的人？

你会有婚前性行为吗？

你会喝酒、抽烟、吸毒吗？

你会选择什么样的价值观？

你希望与家人建立什么样的关系？

你会有什么样的主张？

你将如何为自己的社区尽一份力？

你现在选择的道路可能会影响你的终生。我们在如此年轻气盛的时候就要作出这么多至关重要的决定，这既让人害怕，又令人兴奋，但生活就是这样。想象一下，你的面前是一根80英尺的长绳。每1英尺都代表你生活中的1年。青少年时期只有7年，这段绳子真是很短，但这7英尺会对剩余的61英尺产生强烈影响，这种影响也许很好，也许很糟。

朋友的问题

以你的择友问题为例。你有没有注意到他们对你的人生态度、名誉以及人生方向有多大的影响？被接纳并成为一个团体的一部分的欲望是非常强烈的。但是，在选择朋友时，我们往往过多地把"谁愿意接纳我们"作为先决条件。这并不总是一件好事。例如，要想被吸毒的孩子们所接受，你所要做的就是自己也去吸毒。

错误的群体会引导你走上其实你不想走的路。老实说，有时候一个人出去玩会更好。如果你难以交到好朋友，那么就记住，你的朋友未必总要与你同龄。我曾经与一个人交谈过，他在学校似乎没什么朋友，但他确实有个能听他倾诉的祖父，祖父能让他开怀大笑，祖父就是他很好的朋友，这似乎填补了他生活中友情的空白。

通过互联网或APP与他人建立联系，尤其是当你正努力与他人建立联系时，你会觉得自己很有能力。本的故事是这样的：

去年秋天，我迷上了网络游戏，这是一种可以让我与那些和我有着同样爱好，也被其他人称为"书呆子"的人建立联系的好方式。我在新学校认识的人不多，但我在网上有一个非常棒的支持性社区。

在这里，所有用户都能发表评论，社区中有不少非常有趣的人。与那些不会因为我喜欢游戏而取笑我的人交谈让我觉得很安全，我开始考虑要不要和他们中的一些人进行面对面的交谈。然后，我想起了之前听说过的关于网络跟踪者和网络骚扰的新闻，这让我有些害怕。我刚意识到我得聪明点儿——我是说，和我聊天的这些人看起来都很酷，也不危险，但我知道我不应该和他们分享我的个人信息，也不应该和他们见面——因为，我根本不知道他们是谁！所以我告诉他们，我觉得不太方便见面，而且他们中的大多数人都认为网络社交很酷，所以我们只把它作为网络友谊就足够了。只有一次有人把我给吓坏了——一个用户问我要地址和照片，但在我开始感到紧张之前，我意识到我可以控制局面。于是，我屏蔽了他，再也没有他的消息。事实上，这个在线社区让我变得更加自信，我在新学校交到了更多的朋友。

性的问题

性呢？这可是个后果严重的重大决定！如果你想"事到临头"再选择走哪条路，那就太晚了。你已经作出了决定。你需要现在决定。你所选择的道路将影响你的健康、你的自我形象、你的成长速度、你的名誉、你的终生伴侣、你未来的子女，等等等等，不一而足。细致考虑这个决定……要小心谨慎。这样做的一种办法就是想象一下，你希望自己在结婚当天有些什么感觉？你希望未来的伴侣眼下过着一种怎样的生活？

最近的一项民意测验显示，看电影是青少年最喜爱的消遣方式。我也爱看电影，所以在这一点上，我与你是一致的。但是，我会小心注意它们倡导的是什么价值观。电影会说谎，尤其会在性的问题上说谎。它们美化随随便便的性关系和一夜情，对潜在的风险和后果却只字不提。这些电影并没有让你看到改变人生的现实：感染艾滋病或性病，或者怀孕，而且还要应付由此产生的一切问题。它们没有告诉你，当你不得不从中学辍学（孩子的父亲早就跑掉了，根本不给你寄钱）时，靠最低工资生活是什么滋味，或者周末忙着换尿布和照顾孩子（而不是为排球队呐喊加油、出去跳舞，或者享受青少年应该享受的生活）是什么感觉。

我们可以随心所欲地选择自己的道路，但我们无法选择随之而来的后果。你滑过水吗？你可以选择沿着哪条水道滑水，但一旦开始，你就很难停下来了。你必须从头到尾地承担所有后果。伊利诺伊州的一个女孩讲述了以下经历。

上一年级的那一年，我过得很糟糕。当时，我五毒俱全：酗酒、吸毒、与年长的男人鬼混、交了一大帮狐朋狗友……这主要是因为我觉得又沮丧又不快乐。这种情况只持续了1年，但我直到现在还在为过去的错误付出代价。没有人会忘记。正视你并不感到自豪的往昔是十分困难的。我觉得这段经历会永远困扰我，形形色色的人还会对我的男朋友说："我听说你的女朋友酗酒、抽烟，而且水性杨花。"还有许多诸如此类的事情。但是，最糟糕的也许在于，每当我遇到什么问题，我马上会想："如果我当初不那么干，也许一切原本会很好。"

教育的问题

你对教育的态度也会对你的未来产生重要影响。克丽斯塔的经历表明，在教育方面，先定目标后有行动会产生怎样的回报：

上中学三年级的时候，我决定选修可以转学分的美国历史课。学年结束时，我就有机会参加全国资格考试，把学分转入大学了。

整个学年里，老师给我们留了成堆的家庭作业。坚持下来困难极了，但我下定决心要取得好成绩，并且要通过全国考试。一旦确定了这个目标，全力以赴地完成所有作业就变得轻松了。

有一项作业特别花时间。老师要每个学生观看一部关于南北战争的纪录片，就每一部分写一篇论文。这部系列片连着放了10天，每部分长达两个小时。作为活跃的中学生，抽出时间是很困难的，但我做到了。我把报告交了上去，并且发现，我是少数几个看完了全片的学生之一。

先定目标后有行动

堪萨斯

那个消防龙头

考试的日子终于到了。学生们都提心吊胆，气氛紧张极了。监考老师宣布："开始。"我做了个深呼吸，打开第一部分的封印——多项选择。每答一道题，我就增加了一分自信。我知道答案！我答完这部分题目之后好几分钟，才听到老师说："停止答卷。"

接下来，我们每个人要写一篇论文。我紧张地打开论文部分的封印，快速瞄了一遍题目。我利用阅读材料和那部纪录片中的资料回答了一个关于南北战争的问题。完成考试的过程中，我感到冷静而自信。

几周后，我接到了邮寄来的分数——我通过了！

谁来当领头羊

做展望的另一个原因是，如果你不做展望，别人就会替你做。正如一度也曾青春年少的企业高级管理人员杰克·韦尔奇（Jack Welch）所说的那样："把握你自己的命运，不然别人就要来把握。"

你也许要问："谁会这样做呢？"

也许是你的朋友、父母，或者是媒体。你希望由朋友告诉你，你应该有什么主张吗？你的父母也许很不错，但你希望他们为你勾画人生的蓝图吗？你想接受肥皂剧、杂志和电影中反映的价值观吗？

到了这会儿，你可能会想："但我不想过多地考虑未来。我想生活在现在，跟着潮流走。"我很赞成"生活在现在"。我们应该享受现在的生活，而不是不着边际地空想。但是，我不赞成"跟着潮流走"。如果你决定干脆跟着潮流走，你最终就会走到潮流导向的地方。这通常是下坡路，往往会是个烂泥潭以及终生的不幸。你最终会做其他所有人正在做的事情，而这也许并不是你所抱有的目的。"随便到哪儿，就哪儿都到不了。"

如果不确定自己的目标，我们往往很快就会开始追随所有愿意挑头的人，甚至会让我们陷入没有前途的窘境。这让我想起了我在参加10公里公路赛跑时的经历。我和其他一些选手等着比赛开始，但谁都不知道起跑线在哪儿。然后，几个选手开始沿着路往前走，就好像他们知道起跑线在哪儿似的。所有人（包括我自己）都开始跟着走，我们以为他们知道自己在往哪儿走。走了大约1英里之后，我们所有人突然意识到，我们就像一群傻乎乎的绵羊似的，跟着几个不知道在往哪儿走的傻瓜蛋。我们后来发现，起跑线就在我们开始跟着别人瞎走的地方。

千万不要以为，人群肯定知道自己将走向何方，因为他们通常并不知道自己的目的地。

个人使命宣言

如果确定目标是如此重要，那我们又如何做到这一点呢？我发现，最佳方法就是撰写个人使命宣言。个人使命宣言就像是阐述生活意义的个人信条或备忘录，它就像是你的人生蓝图。国家有宪法，宪法发挥的就是使命宣言的作用。大多数公司（比如微软和可口可乐）都有使命宣言。但是，我认为这种宣言对个人的效果最好。

所以，为什么不撰写你自己的个人使命宣言呢？许多青少年都这样做了。正如你将看到的那样，宣言形形色色，多种多样。有长，有短。有些是诗歌，有些则是歌曲。有些青少年把他们最喜爱的名言作为使命宣言。

我来给你看看几个青少年的使命宣言。

第一份是一个名叫贝丝·海尔的女孩递交的。

首先，我会始终忠于上帝。

我不会低估家庭团结的力量。

我不会忽视真正的朋友，

但我也会留出给自己的时间。

我会在遇到难关时加以克服。

我会乐观而不是疑惑地迎接所有挑战。

我将保持高度的自尊和积极的自我形象，

我知道，我的所有打算都开始于自我评价。

玛丽·贝思·西尔维斯特把歌曲《皇帝的新装》（*Emperor's New Clothes*）作为自己的使命宣言。歌中唱道：

我要按自己的原则生活。

我会毫无愧疚地入睡。

我会安然进入梦乡。

史蒂文·斯特朗则这样说：

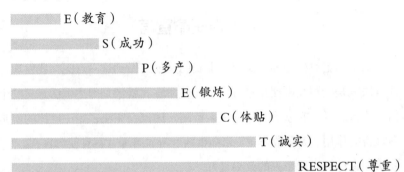

R（宗教）

E（教育）

S（成功）

P（多产）

E（锻炼）

C（体贴）

T（诚实）

RESPECT（尊重）

我认识一个来自北卡罗来纳州的少年名叫亚当·索斯纳。他很熟悉这七个习惯，而且"迫不及待地"想要制订未来的计划。毫不令人惊奇的是，他撰写了使命宣言，并且主动拿来给我们看。

◎ 对自己和周围的人满怀信心。

◎ 善良，谦恭，对所有人以礼相待。

◎ 确定可行的目标。

◎ 永远不忽视这些目标。

◎ 永远不要把生活中的简单事物视作理所当然。

◎ 尊重别人的差异，把他们的差异看作巨大的优势。

◎ 提问。

◎ 每天努力做到相互依存。

◎ 记住，在你改变别人之前，你必须首先改变自己。

◎ 用行动来说话，不要夸夸其谈。

◎ 抽出时间帮助那些不如你幸运或者生活不愉快的人。

◎ 每天读一读七个习惯。

每天读一读这份使命宣言。

那么，撰写使命宣言能对你起到什么作用呢？有无数的作用。最重要的作用是，让你看到对你真正重要的东西，帮助你作出相应的决定。一个高中生向我们讲述了撰写使命宣言如何让她的生活出现显著变化。

上三年级时，我对什么都无法集中精力，因为我有了个男朋友，我想为他做一切事情来讨他的欢心。接着，性的问题就自然而然地出现了，我根本没有对此做好准备，这成了我的脑海中挥之不去的问题。我觉得自己没有做好准备，而且我不想发生性关系——但其他所有人都不停地说："做就是了。"

后来，我在学校参加了一个性格培养班。他们要我写一份使命宣言。我动了笔，然后一路写了下去，而且不断增加着新的内容。这让我有了方向和关注重点。我觉得自己的所作所为有了计划，也有了理由。这真的帮我坚持了自己的准则，不去做那些没有准备好的事情。

个人使命宣言就像一棵扎根很深的大树。它很稳固，不会四处游移，但它也是生机勃勃的，而且在不断生长。

你需要一棵扎根很深的大树，以期帮助你熬过生活中惊扰你的所有狂风暴雨。正如你也许已经注意到的那样，生活绝不是风平浪静的。想想看，人心叵测。你的男朋友这会儿还爱你，转眼却抛弃了你。你今天还是某些人最要好的朋友，明天他们就会在背后说你的坏话。

想想你无法控制的各种事情。你不得不搬家。你丢了饭碗。国家陷于战乱。你的父母闹离婚。

时尚瞬息万变。套头衫今年流行，明年就过时了。说唱乐火爆了，随后又成了垃圾。

当你的一切都发生变化时，个人使命宣言就是你的扎根很深的大树，它从来不会移动。如果你能依靠一段不会移动的树干，你就能从容因应变化。

发现你的才能

拟订个人使命宣言的一个重要部分就是发现自己的专长。我能肯定一点，那就是：所有人都拥有某种才能，某种天赋，某种专长。有些才能（比如歌喉如天使般美妙）会吸引许多人的注意力。然而，其他许多才能尽管不会同样引人注意，但却同样重要（如果不是更重要的话）：比如善于倾听、让别人开怀大笑、奉献、包容、绘画，或者单纯的讨人喜欢。

另一个事实是，我们都会在不同的时期展现自己的才能。因此，如果你大器晚成的话，不要担心。你可能要花费一点时间才会发现自己的才能。

米开朗基罗（Michelangelo）完成一件精美的雕塑作品后，有人问他，这是怎样做到的。他回答说，雕塑从一开始就已经存在于这块花岗岩中了，他只不过是把周围的其他东西都凿掉罢了。

同样，从纳粹德国的死亡集中营中生还的奥地利著名犹太精神病学家维克多·弗兰克尔（Victor Franckl）说，我们在生活中并不创造才能，而是发现才能。换言之，你生来就具有自己的才能，你只需发现它们。

我永远不会忘记，我是怎样发现了一项我原以为自己并不具备的才能。为了完成威廉斯先生在一年级英语课上布置的创意写作作业，我激动不已地交上了中学的第一篇作文，题目是《老人与鱼》。在我成长的岁月中，这是父亲晚上经常给我讲的故事，我以为是他自己编出来的。他根本没有告诉我，他直接窃取了海明威（Ernest Hemingway）的获奖名著《老人与海》（*The Old Man and the Sea*）中的情节。我的作文发下来之后，我吃惊地发现，上面的评语是："有点老套，像是海明威的《老人与海》。"我想："这个海明威是什么人？他怎么剽窃我老爸的故事？"这就是我4年乏味的中学英语课的不幸开端。对我来说，这些课程并不比一团烂泥更激动人心。

直到上大学之后，我选修了一位与众不同的教授主讲的短篇小说写作课，我才开始觉察到自己的写作热情。你信吗，我甚至主修了英语。威廉斯先生恐怕已经不在人世了。

伟大的发现

"伟大的发现"是一项趣味活动，目的是在你准备撰写使命宣言的时候帮助你发掘更深层的自我。请在逐步完成的过程中诚实地回答问题。如果愿意的话，你可以把回答写在书里。如果你不想把回答写下来，那就在脑子里过一遍。我想，当你完成之后就会更清楚地知道，什么能激励你，你喜欢做什么，你崇拜什么人，你希望自己的生活朝什么方向发展。

伟大的发现!

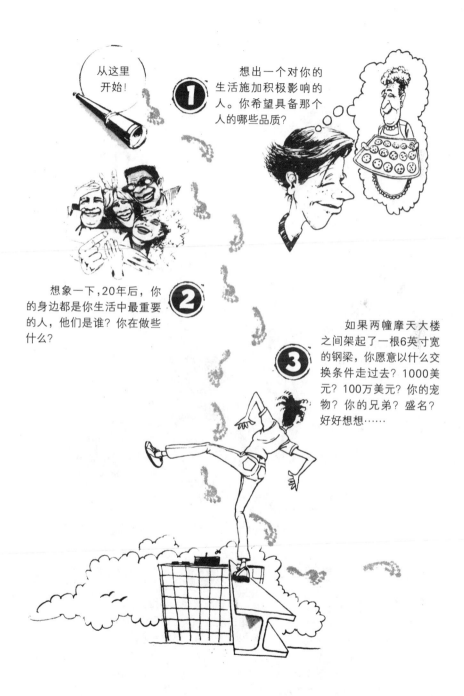

从这里开始!

1 想出一个对你的生活施加积极影响的人。你希望具备那个人的哪些品质？

2 想象一下，20年后，你的身边都是你生活中最重要的人，他们是谁？你在做些什么？

3 如果两幢摩天大楼之间架起了一根6英寸宽的钢梁，你愿意以什么交换条件走过去？1000美元？100万美元？你的宠物？你的兄弟？盛名？好好想想……

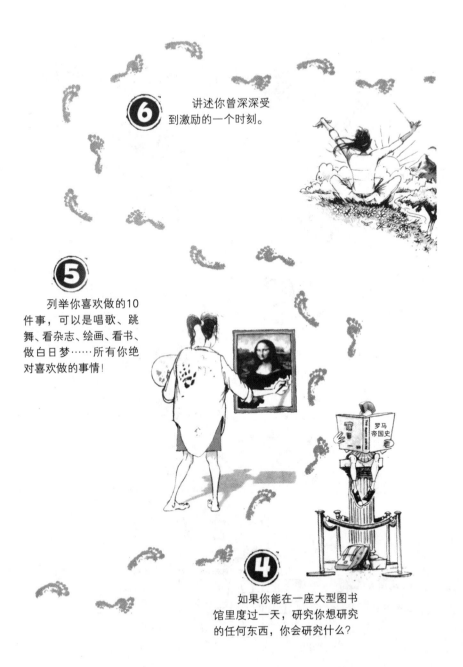

6 讲述你曾深深受到激励的一个时刻。

5 列举你喜欢做的10件事，可以是唱歌、跳舞、看杂志、绘画、看书、做白日梦……所有你绝对喜欢做的事情！

罗马帝国史

4 如果你能在一座大型图书馆里度过一天，研究你想研究的任何东西，你会研究什么？

7

5年后，你们当地的报纸做了一篇关于你的报道。他们想采访三个人——父母当中的一位，一个兄弟或姐妹，以及一个朋友。你希望他们如何评价你？

8

想出一种能代表你的东西……一朵玫瑰花，一首歌，一种动物……为什么用它来代表你？

9

如果你可以花1小时与有史以来的任何人物共处，你会选择谁？为什么选这个人？你会提出什么问题？

家人和朋友说："了不起的家伙！"

本地消息报

135

擅长数学
擅长文字
创造性思维
田径
催化
体察别人的需求　　　演讲
机械　　　　　　　　写作
艺术　　　　　　　　跳舞
与别人合作融洽　　　倾听
记东西　　　　　　　唱歌
决策　　　　　　　　幽默
制作东西　　　　　　与人分享
接纳他人　　　　　　音乐
预言将要发生的事情　琐事

⑩　　　每个人都有一种以上的才能。你擅长以上的哪些事情？或者把没有列举的东西写下来。

开始撰写你的使命宣言

鉴于你已经花时间完成了"伟大的发现"，在拟订使命宣言的问题上，你已经有了一个良好的开端。我在下面列举了四种帮你开始撰写自己的使命宣言的简单方法。你也许想尝试其中一种，或者以适合你的方式结合所有这四种方法。这些只是建议，所以你可以随心所欲地寻找自己的独特方法。

方法1：搜集名言。在纸上写下你非常喜爱的1~5条名言，然后，将这些名言概括起来就是你的使命宣言。对有些人来说，名言是非常激励人心的，这种方法对他们很有效。

方法2：随想随写。在15分钟里快速写下你的使命，不要担心自己写下了什么。写的过程中不要修改，只需一路写下去，不要停笔，把你的所有想法都写下来。如果你卡住了，就回想一下自己在"伟大的发现"中的回答，这应当能激发你的想象力。当你把脑子里的所有想法都写下来之后，再花15分钟时间修改和整理，让你随想随写的东西言之成理。

结果，在短短30分钟的时间里你就草拟了自己的使命宣言。然后，在接下来的几周里，你可以改写、增加内容、详细阐述，或者做其他所有能让它激励你的事情。

方法3：静思。抽出比较长的一段时间，比如整个下午，到你喜欢，而且能独处的地方去。深刻思考你的人生，以及你想怎样度过这一生。回想你在"伟大的发现"中的回答，从本书用作例子的使命宣言中寻找灵感。不要着急，用你觉得合适的任何方法拟订你自己的使命宣言。

方法4：懒家伙。如果你真的很懒，那就把美国陆军的口号"充分发挥你的潜能"作为你的个人使命宣言（嘿，我只是开个玩笑）。

青少年在撰写使命宣言时犯下的一个大错就是：他们花了过多的时间考虑如何让宣言完美无瑕，以至根本就没有动笔。如果你先写一个不那么完美的草稿，然后再做修改，那要好得多。

另一个大错是,青少年想让他们的使命宣言看起来和别人的如出一辙,这是行不通的。使命宣言形式多样:诗歌、歌曲、名言、图画、长篇大论、只言片语、拼贴的杂志图片,并不存在唯一正确的方式。你写使命宣言不是为别人,而是为了你自己。你写这个不是为了你的语文老师,也不会有任何人给你打分。这是你的机密文件,所以要畅所欲言!你应该向自己提出的最重要的问题是:"它是否会激励我?"如果你的回答是肯定的,那你就做对了。

一旦你写好了,就把它放在你能很容易看到的地方,比如日记本里或者镜子上。或者,你可以加以归纳简化,把它折起来,收在钱包里。然后,经常看一看,能记住就更好了。

以下是另外两个青少年使命宣言的例子,每一个的风格和长度都迥然不同。

惠特尼·诺奇斯卡的使命宣言——

关怀:世界、生活、他人、我自己

爱:我自己、我的家人、我的世界、知识、学习、生活

奋斗:捍卫我的信念、发展我的爱好、有所成就、做好事、忠于自己、抗拒冷漠的态度

岩石:像岩石一样坚韧,主动出击

切记!

这是凯蒂·霍尔的宣言。很短,但对她来说意味着一切:

竭尽全力。

三个注意事项

当你努力做到"先定目标后有行动",并且拟订个人使命宣言时,注意这些危险的障碍!

注意事项1:不好的绰号。你是否曾经

当我们想要更有人缘,或者成为"小集团"的一员时,我们往往会忽视更加重要的东西。

觉得别人已经给你起了不好的绰号？起绰号的是你的家人、老师还是朋友？

"你们这些从东区来的人都是这样，总是惹麻烦。"

"我就没见过你这么懒的孩子。你干吗不滚起来，变得像点样子？"

"刚过去的就是苏齐，我听说她是个不折不扣的邋遢鬼。"

我敢肯定，你的学校有自己的绰号。在我的学校，我们有"牛仔"、"智多星"、"笨蛋"、"小白脸"、"聚会常客"、"预科生"、"小毛孩"、"瘾君子"、"体育迷"、"戏子"，还有许多其他类别。我给归到了"体育迷"这一类。所谓"体育迷"，是说你参加体育活动，总是独自一人，没什么脑子。

绰号是偏见的一种丑恶形式。把"偏见"这个词拆开来是什么意思？没错！就是"凭预想评判"。这不是很有意思吗？如果你给别人起绰号，那你就是在凭预想评判他们。也就是说，在并不了解别人的情况下作结论。我不知道你怎么想，反正我无法忍受一个全然不了解我的人以不公正的态度评判我。

你我太复杂了，无法像百货店里的服装那样简单地按类别上架，就好像世界上只有几个不同类别的人，而不是无数的独特个体似的。

如果别人给你起了错误的绰号，你也能忍受。如果你自己也开始相信这些绰号，那可真就危险了，因为绰号就像个思维定式。你怎么看世界，你也就得到怎样的世界。例如，如果别人给你起了绰号说你懒惰，而且你自己也开始信以为真了，这就会成为一种自我实现的想法。你会按照绰号行事。你只需记住，你和你的绰号并不是一回事。

注意事项2："全完了"综合征。需要注意的另一个问题是，当你犯了一个或三个错误，对你的所作所为感觉很糟糕时，你对自己说："全完了。

我搞砸了。谁还在乎现在会怎样呢？"此时，你往往会开始自暴自弃，对一切都撒手不管了。

我只想说，不会全完了。许多青少年似乎都会经历这样一个时期：他们遭遇了失败，尝试并且做了许多他们不会为之骄傲的事情……几乎像是在试探生活的界限。如果你犯了错误，那是正常的。所有的青少年都犯过错误，所有成年人都犯过错误。只要尽快让头脑恢复清醒，你就没事了。

注意事项3：错误的墙壁。你是否曾经为了实现某个目标而不懈努力，但当你实现这个目标时，却觉得内心空虚？当我们想要更有人缘，或者成为"小集团"的一员时，我们往往会忽视重要得多的东西，比如自尊、真正的友谊和良心的安宁。我们往往忙于爬上成功的阶梯，从未花时间看看梯子是否靠在正确的墙壁上，未能确定目标是个问题。但是，如果确定了导致我们走错方向的目标，可能会带来更大的麻烦。

我曾经和一个了不起的球员一起打过橄榄球。他可谓是春风得意：他是队长，有着极其出色的体格。在每场比赛中，他的英雄行为和辉煌战果都让球迷兴奋不已。球迷们赞美他，男孩子崇拜他，女人仰慕他，他要什么有什么。

或者说，看起来好像是这样。

要知道，尽管他在赛场上熠熠生辉，但在球场外的行为可不怎么样。他知道这一点。我也知道，因为我是和他一起长大的。随着他的名气增大，我眼看着他背离了原则，迷失了方向。他得到了众人的称许，但却丧失了一件远为重要的东西：他的品格。如果你走上了错误的方向，你跑得多快和长得多英俊其实都不重要了。

你怎么知道自己的梯子是否靠在正确的墙壁上？停下来，马上花点时间问问自己："我所过的生活是否会把我引上正确的方向？"当你停下来的时候，一定要百分之百的诚实。问问你的良心，听听你内心的声音，它告诉了你什么？

我们在生活中并不总需要180度地调整方向，我们往往只需要做一些小调整。但是，小调整可能会使结果迥然不同。想象一下：如果你想从纽约飞往以色列的特拉维夫，结果却向北调整了1度，那么你就会来到莫斯科，而不是特拉维夫。

努力实现目标

一旦你确定了自己的使命，你就会想确立目标。目标比使命宣言更具体，能帮你把任务分解成很小的部分。如果你的个人使命是吃掉一整张比萨饼，那么你的目标就是如何把饼分成小块。

有时候，当我们听到"目标"这个词时，我们就会自怨自艾。它会让我们想起我们应该确立的所有目标，以及我们未能实现的那些目标。忘掉你过去可能犯过的所有错误吧，听从萧伯纳的建议，他说："我年轻时所做的事，十有八九是失败的。我不甘心失败，便加倍努力。"

以下是确立目标的五个关键。

第一个关键：考虑代价

曾经有多少次，我们在心血来潮时确立了目标，后来却发现，我们无力实现这些目标。为什么会这样？因为我们没有考虑代价。

假设你的目标是提高今年的学习成绩。这很好。但是，在你开始之前先考虑一下代价。它提出了什么要求呢？例如，要求你花更多的时间学习数学和语法，减少和朋友闲逛的时间，你有时要开夜车。如果要花更多的时间学习，你也许就不能再看电视，也不能再看你喜欢的杂志了。

好了，在考虑了代价之后，再想想好处。好成绩会给你带来什么？成就感？上大学的奖学金？好工作？现在，扪心自问："我愿意作出牺牲吗？"如果不愿意，那就不要这样做。如果你知道自己将半途而废，那就不要向自己作出承诺，因为否则你会从"个人银行账户"中提款。

比较好的办法是缩小目标。不要把提高所有科目的成绩作为目标，可以把目标确定为提高两个科目的成绩。然后，下个学期再另有突破。考虑代价总是会使你的目标变得更加切实可行。

第二个关键：落实到文字

有人说："如果不落实到文字，目标就只是个愿望。"没有什么可讨价还价的，落实到文字的目标的效力要大上10倍。

一个名叫塔米的年轻妇女告诉我，通过把目标落实到文字，她最终找到了合适的终身伴侣。塔米和一个名叫汤姆的男人维持了长达几年的感情备受折磨的恋爱关系，她感到自己无力自拔。她开始依赖他，感到痛苦不堪。有一天，一个特别朋友的来访，最终触发了她内心的念头：她需要改变。以下内容摘自塔米18岁时的日记。

就在昨天，我找到足够的力量和勇气离开了汤姆，摆脱了我在过去两年半所处的环境。为了找到获得成功的内在力量，我必须来一个180度的大转弯。我在头脑中构想，我在5年后希望身处什么地方，我希望有什么感觉。我想象自己自主自立，坚强得足以为自己的生活作出明智的决定，最重要的是，我要与某个人建立和睦正常的恋爱关系。我列举了自己希望的恋爱关系包含的特点。我想，我现在就该把它们写下来，以备将来参考。

恋爱/未来伴侣的特点：

1. 尊重

2. 无条件的爱

3. 诚实

4. 忠贞

5. 愿意支持我追求生活中的目标

6. 正义（精神禀性）

7. 风趣/有幽默感

8. 每天让我欢笑

9. 让我感觉自己是完整的个体，而不是四分五裂

10. 好父亲/善待孩子

11. 善于倾听

12. 愿意为我抽出时间，愿意让我过上最幸福的生活

既然我已经把这个清单记下来了，那么我就可以从中了解，未来可能会是怎样的。每当我阅读这份清单时，我就有了希望，它让我知道了怎样才能更好地生活。

塔米后来认识了一个很好的人，并且和他结了婚，这个人符合她的要求。幸福的结局确实是存在的。

正如塔米发现的那样，把目标落实到文字是很神奇的。如果要落实到文字，你就必须十分具体，而这在确立目标的过程中是非常重要的。正如女演员莉莉·汤姆林（Lily Tomlin）所说的那样："我总想成为个大人物，但我原本应该更具体些。"

第三个关键：做就是了！

我看过一个关于科尔特斯（Cortes）远征墨西哥的故事。1519年，科尔特斯带着500多人，乘坐11艘船只从古巴前往尤卡坦（Yucatan）海岸。在大陆上，他做了其他带队远征的人想都没想过的事：把船只付之一炬。科尔特斯阻断了所有退路，从而让所有人和他自己一心一意投入了这次行动，不成功便成仁。

《圣经》中说："天下万物都有定时。"有时要说"我尽量吧"，有时要说"我愿意"，有时要找借口，有时要把船只烧掉。当然，我们有时只能竭尽全力。但是，我还认为，付诸行动也有其时机。如果一个商业伙伴说："我尽量把钱还给你。"你是否还愿意借给他2000美元？如果在被问及是否愿意与你结为合法夫妻时，你的伴侣说"我尽量"，你还愿意结婚吗？

明白了吧？

我听过一个关于上尉和中尉的故事。

"中尉，请帮我'寄封信'好吗？"

"我尽量吧，长官。"

清一色"优"

"不行，我不想让你尽量。我想让你帮我'寄封信'。"

"我会做到，不行我就死，长官。"

"中尉，你误会了。我不想让你死，我想让你寄这封信。"

中尉终于明白了，说："好的，长官。"

（英文中，"寄信"也有"不折不扣服从命令"的意思。——译者注）

一旦我们全心全意要完成一项任务，我们完成任务的力量就会有所增强。文学家及哲学家爱默生（Ralph Waldo Emerson）说过："如果你去做，你就会有力量。"每当我一心要实现某个目标时，我似乎就会发现原以为自己并不具备那样的意志力、技巧和创造力，下定决心的人总会想出办法完成任务的。

我始终很喜欢默里（W. H. Murray）的下面这段话。它描述了当我们说"我会的"时，内心会发生些什么。

除非下定决心，否则我们就会犹豫，就有机会退缩，总是效率低下。基本的事实是，从一个人下定决心的那一刻起，上天就会庇佑他。正是由于人们没有意识到这一点，因此无数构想和绝妙计划才变成了泡影。一旦下定决心，各种原本不可能发生的事情都开始出现。这个决定引发了一连串的事件，种种对他有利的情况和意想不到的物质帮助都会出现。我对歌德的诗句产生了深深的崇敬：

无论你能做什么，

或者梦想自己能做什么，

都要付诸行动。

唯有在冒险犯难之中，

魔法和力量无穷。

按照（电影《星球大战》中）绝地武士（Jedi）的尤达大师（Yoda）的说法："要么做，要么不做，不要试。"

第四个关键：利用重大时刻

生活中的特定时刻蕴涵着动力和力量。关键是利用这些时刻来确立目标。有始有终或者有开端有结尾的事情会形成动力，例如，新年是一个新开始。另一方面，分手代表结束。我还记得，我在恋爱两年后与女朋友分了手，当时的感觉糟糕透顶。但是，我也记得，列出可以约会的女孩的新名单是多么兴奋。

在你准备确立新目标时，以下这些时刻能为你提供动力：

◎ 新学年

◎ 改变人生的经历

◎ 分手

◎ 新工作

◎ 新恋情

◎ 第二个机会

◎ 有人出生

◎ 有人去世

◎ 纪念日

◎ 胜利

◎ 挫折

◎ 搬到一座新城市

◎ 新赛季

◎ 毕业

◎ 结婚

◎ 离异

◎ 新家

◎ 升职

◎ 降职

◎ 新面貌

◎ 新的一天

痛苦的经历往往会形成动力。你是否熟悉凤凰涅槃的传说？每当活了

500到600年之后，美丽的凤凰就会自焚于火堆中，然后，它会从灰烬中飞起，获得新生。同样，我们可以从痛苦经历的灰烬中获得新生，挫折和悲剧事件往往是变革的起跳板。

学会借助关键时刻的力量，确立目标，并且在你有心情的时候下定决心。同时也要记住，这种心情终将消失。在你不情愿的时候仍然要坚持下来，这才是对你的勇气的真正考验。正如有人曾经说过的那样："所谓勇气，就是在做决定的心绪早已消散的情况下仍然贯彻到底的品格。"

第五个关键：用绳索串连起来

我的姐夫是个登山运动员，他曾经陪伴我和一位朋友登上了13776英尺高的大蒂顿山。真吓人！随着我们向上攀登，山变成了直上直下的。就在这个时候，我们"用绳索串连了起来"，也就是在攀登的过程中用绳索绑在一起，如果我们当中的一个人失足滑落，绳子可以救命。曾经有两次，就是靠着这根绳索的保护，我才没有下坠数千英尺摔死。相信我，我以前从来没有那么爱过绳子。通过相互帮助和依靠绳索，我们终于安全登顶。

如果你用绳索做串连，并且借助别人的力量，你在生活中的成就会大得多。假设你确立的目标是强身健体。现在想想看，你怎样才能用绳索作串连？哦，也许你可以找到一个抱有相同目标的朋友。你们两个可以一起努力，相互鼓劲。或者，也许你可以把自己的目标告诉父母，让他们提供支持。或者，你可以把自己的目标告诉田径教练或你的健身教练，让他/她给你一些建议，开拓创造性思维。与你的朋友、兄弟、姐妹、女友、父母、顾问、祖父母、牧师或者其他所有能找到的人"串连绳索"，你递出的绳索越长，你成功的可能性就越大。

在行动中实现目标

中学二年级的时候，我体重180磅。我的弟弟戴维上一年级，体重居然只有95磅。我们只相差1岁，可我的块头是他的两倍。不过，戴维具有惊人的意志力，为实现目标采取了不可思议的行动。以下就是他的故事。

我永远忘不了自己参加普罗沃高中一年级橄榄球队的试训时的情景。我身高5英尺2英寸，体重只有90磅，甚至比人们惯常知道的98磅重的低能儿还要瘦小。我找不到合身的橄榄球装备，都太大了。他们发给我最小的头盔，但为了适合我的脑袋，头盔两边还要各衬三个耳垫，我看上去就像一只头顶气球的蚊子。

我那时很害怕橄榄球练习，当我们和二年级学生练习正面阻挡的时候，我尤其吓得不行。我们面对面站成两排，相距大约10码，一边是一年级球员，一边是二年级球员。教练吹哨后，我们就开始撞击对手，直到教练再次吹哨为止。

我会数数我这一排的球员人数，算算什么时候轮到我，然后数数二年级的球员人数，看看谁会得到让我四处乱飞的美差。我最终遇到的对手似乎总是块头最大、心眼最坏的二年级球员。我经常想："我死定了。"我会拉开架势站好，等着哨响，转眼间就倒着飞了出去。

那年冬天，我在摔跤队98磅组试训。尽管我大吃了一顿之后全副武装地称重，但仍然达不到98磅。其实，我是队伍中唯一一个不必为摔跤而减轻体重的选手。我的哥哥认为我会是个出色的摔跤手，因为摔跤和橄榄球不同，可以让我与体重和我相当的人展开较量。但是，长话短说，我在几乎每场比赛中都以失败告终。

春季，我开始练径赛运动。可真是倒霉，我是队伍里速度最慢的选手之一。这也不足为奇——你该看看我那两条像铅笔一样纤细的腿。

一天，在径赛训练结束后，我再也受不了了。我对自己说："到此为止吧，我受够了。"那天晚上，我独自待在自己的房间里，写下了想要在中学期间实现的一些目标。为了在体育方面取得成功，我知道自己必须强身健体，所以我就先确立了这些方面的目标。我的目标是，到了上毕业班时，我要达到6英尺高，180磅重，能推举250磅重的杠铃。在橄榄球方面，我的目标是成为校橄榄球队的首发边接应球员。在径赛运动方面，我的目标是成为全州拔尖的短跑运动员。我还希望自己能成为橄榄球队和径赛队的队长。

你是否会说，美梦真不少？不过，当时我是在面对现实，90磅体重等等所有现实。但是，从一年级到毕业班，我一直坚持实施着自己的计划。

让我说明一下。作为增重行动的一部分，我定下的规矩是，永远不要让肚子有空着的时候。所以，我总在吃东西。每天吃8顿，早饭、午饭和晚饭只是其中3顿而已。我和普罗沃中学校队的首发中后卫卡里达成了一项秘密协议。卡里身高6英尺3英寸，体重235磅。他向我保证，如果我辅导他完成代数作业，他就让我每天和他一起吃午饭。这既是为了增重，也是为了寻求保护。

我下定决心要吃得像他一样多，所以每天吃午饭时，我都会买2份午饭、3杯牛奶和4个面包卷。我们坐在一起的样子肯定很滑稽！除了午饭之外，我还带着"速增重"蛋白粉。我把这种恶心的粉末拌在每杯牛奶里。每次喝下去的时候，我都几乎要呕吐了。

二年级的时候，我开始和好朋友埃迪一起努力，他也想变成一个大个子。他在我的食物清单中又增加了另一项要求：每天晚上睡觉前，吃10茶匙的纯花生酱，再喝3杯牛奶。我们要求自己每周增加2磅。如果我们在正式称重的那一天没有"增加体重"，我们就必须又吃又喝，直到增加了体重为止。

我妈看了一篇文章。文章说，如果小孩每晚在全黑的房间里睡10个小时，每天多喝两三杯牛奶，那么身高就会比正常情况下多增加1~2英寸。我对此深信不疑，严格加以执行。无论如何，我要达到身高6英尺的目标，而我爸的身高只有5英尺10英寸，这对我可不是什么有利条件。我说："爸，我想要咱们家最黑的那个房间。"我如愿以偿了。然后，我把毛巾塞在门缝里，挂在窗户上，一点儿光线都别想照到我！

接着，我定了个就寝时间表：我晚上大约8点45分上床，早上大约7点15分起床，这保证我每天能有10.5个小时的睡眠。最后，我还灌下了我能喝进去的所有牛奶。

我还开始举重、跑步、接橄榄球。每天，我至少要锻炼2小时。当埃迪和我在举重室里锻炼时，我们都会试试 XL 号的上衣，希望我们有朝一日能穿着正合适。起初，我只能举起75磅的重量，除了杠铃杆之外就没什么了。

随着时间一个月一个月地过去，我开始看到成果了。小小的成果，缓慢出现的成果，但确实是成果。上二年级时，我的身高是5英尺5英寸，体重大约为120磅。我高了3英寸，长了30磅，我比过去健壮多了。

有时候，我觉得自己是孤身一人与整个世界对抗。我尤其讨厌别人问我："你怎么这么皮包骨头的？你就不能多吃点儿？"我真想回敬一句："你这个白痴。你知道我在付出什么代价吗？"

上三年级时，我身高5英尺8英寸，体重145磅。我继续实施增重计划——跑步、举重、技巧训练。在径赛训练中，我的目标是永远不要漫不经心，每次短跑都要认真对待。我从未错过一次训练，即使生病时也不例外。然后，我的牺牲突然之间得到了回报。我真的变成了大个子，长个儿的速度也快极了。事实上，我长得太快了，胸前出现了白纹，就像被熊抓过似的。

到了从普罗沃高中毕业的那一年，我已经实现了身高达到6英尺的目标，体重距离180磅的目标只差5磅。我成为了校队的首发边接应队员，还当选为队长。

上毕业班的那一年，我在径赛方面得到的回报甚至更为丰厚。我再次当选为队长，成为了队里速度最快的短跑选手，也是全州速度最快的短跑选手之一。

那一年的年底，我体重180磅，能推举重量为255磅的杠铃，毕业班的女生称我为"最健美先生"。我对这个称呼是再喜爱不过了。

我做到了！我真的做到了！我实现了数年前的那天晚上在房间里确立的大多数目标。真的，正如拿破仑所写的那样："一个人的头脑能想到和相信什么，他的双手就能获得什么。"

变劣势为优势

注意戴维是如何利用确立目标的五个关键的。他考虑了代价，他把目标落实到文字,他和朋友埃迪以及其他人拧成一股绳儿,他在重要时刻(当他不愿再当个废物的时候)确立了自己的目标,他具有"做就是了"的韧劲。当然,我并不赞成以体格为中心,就像戴维一度所做的那样。我不能向你保证,只要意志坚强,你就能长得更高。我只想让你知道,目标能在你的生活中发挥多么重大的作用。

当戴维给我讲述他的故事时,我们会清楚地知道,当个90磅重的废物也许看似坏事,其实却会让人得福。他的明显弱点(骨瘦如柴)其实变成了他的优势(迫使他磨炼自己并加以坚持)。那些缺少自己所渴望的与生俱来的生理、社会或精神优势的人必须要付出更多的努力。这种逆水行舟的努力可能会造就他们通过其他任何方式都无法形成的素质和优势。劣势就这样变成了优势。

因此,如果你根本不具备你所渴求的美貌、肌肉、财富或头脑——那就要恭喜你了!你的条件也许更为有利!道格拉斯·玛拉赫(Douglas Malloch)的这首诗说得很清楚。

> 如果一棵树从来不必争取
>
> 蓝天、空气和阳光,
>
> 而挺立在毫无遮挡的雨中,
>
> 总能得到自己应得的一切和希望,
>
> 那它就永远不能成为森林之王……
>
> 栋梁之材不会轻松长成,
>
> 风越猛,树越壮。

让你的生活不同寻常

人生苦短。汤姆·舒尔曼(Tom Schlman)为经典影片《死亡诗社》(Dead Poets Society)撰写的剧本强调了这一点。韦尔顿学院是一所沉浸在传统中的寄宿学校。开学上课的第一天,新来的英语教授基廷先生带着全班的

25个男生来到大厅里，观看半个多世纪以前就读于韦尔顿学院的年轻人的黑白旧照片。

当学生们观看旧照片时，他对全班说："孩子们，我们都是蠕虫的食物。信不信由你，有朝一日，我们这个房间里的所有人都会停止呼吸，浑身僵冷，辞别人世。我希望你们……能好好看看这些来自过去的面容。你们曾多次从他们旁边走过，但我想你们并没有真正仔细打量过他们。

"他们与你们并非迥然相异，是不是？一样的发型，充满活力，就像你们一样。不可战胜，就像你们的感觉一样。他们可以随心所欲。他们认为，他们注定要成就伟业，就像你们当中许多人的想法一样。他们的双眼充满了希望，就像你们一样。他们是否一直在等待，直至他们已经无法从生活中获取原本有能力得到的哪怕是一点点的东西？因为你们看，先生们，这些孩子现在已经变成水仙花的肥料了。如果你们靠近倾听，你们就能听见他们小声讲述他们的教训。去吧，靠过去听听看。你们听到了吗？"

当孩子们好奇地靠近玻璃相框时，基廷教授在他们的耳边轻声说："抓紧。抓紧。抓紧时机。抓住今天，孩子们！让你们的生活不同寻常！"

既然你的命运尚未确定，为什么不让它超乎寻常，永载史册呢？

当你这样做的时候，记住，生活是使命，而不是谋生之道。谋生之道

他说，这次考试与他的使命宣言不一致。

是职业，使命是事业。谋生之道会问："我能得到什么？"使命会说："我怎样才能让局面有所改观？"马丁·路德·金（Martin Luther King Jr.）的使命是保障所有人的民权，甘地（Gandhi）的使命是解放3亿印度人，特蕾莎修女（Mother Teresa）的使命是让赤身裸体的人有衣穿，让食不果腹的人有饭吃。

这些都是比较极端的例子，未必只有改变世界的人才能肩负使命。正如教育家马伦·穆里森（Maren Mouritsen）所说的那样："我们当中的大多数人永远都不会成就大事，但是，我们可以用了不起的方式来完成小事。"

◇ 后面的章节更精彩 ◇

你听说过意志力。但是，你听说过抑制力吗？那就是下一章的内容！

幼童　学步

1. 确定你在事业上取得成功所需要的三种最为重要的技巧。你是否需要更加有条不紊、更加自信地在其他人面前侃侃而谈？是否需要强化自己的写作技巧？

我在事业上需要的三种最为重要的技巧：＿＿＿＿＿＿＿＿＿＿＿

2. 每天回顾自己的使命宣言，持续30天（需要这么长的时间才能形成习惯），让它引导你作出所有的决定。

3. 照照镜子，问自己："我是否想和一个像我这样的人结婚？"如果不想，那就努力培养你所缺乏的品质。

4. 去找学校的指导老师或者就业顾问，谈谈就业的机遇。接受才能测试，这将有助于你对自己的才能和兴趣爱好加以评估。

5. 就目前而言，你在生活中面临的关键十字路口是什么？从长期看，最佳道路是哪一条？

我所面临的关键十字路口：＿＿＿＿＿＿＿＿＿＿＿＿＿＿＿＿＿

最佳道路：＿＿＿＿＿＿＿＿＿＿＿＿＿＿＿＿＿＿＿＿＿＿＿＿＿

6. 复印"伟大的发现"，然后带一个朋友或家庭成员逐项完成。

7. 想想你的目标。你是否已经动笔把它们落实到文字？如果没有，就抽出时间加以完成。记住，如果不落实到文字，目标就只是个愿望。

8. 找出一个别人可能给你起了的不好听的绰号，想想你可以做哪些事情来改变这个绰号。

不好听的绰号：＿＿＿＿＿＿＿＿＿＿＿＿＿＿＿＿＿＿＿＿＿＿

如何加以改变：＿＿＿＿＿＿＿＿＿＿＿＿＿＿＿＿＿＿＿＿＿＿

我的训练计划

人生的十字路口

作为年轻人，先定目标后有行动对你很有好处，因为你正站在人生一个关键的十字路口。你现在选择的道路将影响你的未来。

朋友的问题

你选择的朋友真的会影响你的决定。朋友可能帮助你，也可能伤害你。他们会强烈影响你的态度、名誉、人生方向，因此择友须慎重。完成以下关于朋友的问题。

我最好的朋友和我的男朋友/女朋友分别是（写出他们的名字）：

我们喜欢一起做的事是：

我们共同的兴趣是：

性的问题

你已经知道你在性的问题上做的决定可能影响你的健康、你的自我形象、你的成长速度、你的名誉、你的终生伴侣、你未来的子女等等，不一而足。读完前面关于性的章节后，请回答下面关于性的问题（摘自美国健康和人类服务部的问卷）：

	是	否
做爱与你的道德观相符吗？		
你的父母赞同你现在与别人发生性行为吗？		
如果你是个孩子，你能承担起性行为需要的经济和感情付出吗？		
如果你和伴侣分手了，你会为曾经与他（她）发生过性关系而高兴吗？		
你能否确定自己进行性行为是完全出于自愿，没有人怂恿或诱使？		
你能否绝对确定你的性伴侣没有感染性传播疾病，例如艾滋病？		

如果其中有任何问题的答案是否定的，那么你最好再等一下。当你学到第七个习惯，就会从做出这个艰难决定中学到更多。

教育的问题

现在你在教育方面的决定也会对你的未来产生重要影响。你可以想走多远就走多远。但这在很大程度上取决于你决定上什么学校。回答下面的问题。

我所认识的一个重视教育和学习的人是：

采访你上面列出的这个人，问他（她）下面的6个问题：

1. 当你年少时，你"长大"后的理想是什么？

2. 当你年少时，你的求学计划是什么（大学或技校等）？

3. 你在哪里上的中学？在哪里上的大学？

4. 你在中学的经历对以后的人生产生了怎样的影响？

5. 你在大学的经历对以后的人生产生了怎样的影响？

6. 你是否希望自己当初的教育计划不是这样？如果是，你希望当初的教育计划是怎样的？

我想从对这个人的采访中吸取的建议是：

我"长大"后想做：

在学校好好学习会促成这个目标，因为：

我的教育计划（大学、技校等）是：

我打算上的大学、技校等学校的名字是：

可能影响我今后一生的中学经历是：

 发现你的才能

一个人要拟定个人使命宣言，重要的一步是发现你擅长什么。每个人都拥有某种才能，某种天赋，某种专长。关键是发现它是什么。

1. 选择3个你很熟悉的人。

2. 采访这3个人。让他们说出至少3项他们认为你拥有的才能。

3. 在下面列出这3个人各自的名字和他（她）所说的你的才能。

第一个人：

1. _____

2. _____

3. _____

第二个人：

1. _____

2. _____

3. _____

第三个人：

1. _____

2. _____

3. _____

4. 哪些才能是你以前没发现自己所具备的，把它们圈出来。

 开始撰写你的使命宣言

撰写使命宣言的方式就像世上的人一样多种多样。重要的是写下一些能激励你的话——提醒自己你的价值观、标准和人生目标的话，完成以下的问题：

写下一个著名人物的名字。

这个人看重的是什么？

什么激励着他？

你为这位名人选择的简短使命宣言是什么？

你最敬佩别人哪些品质？

 努力实现目标

目标比使命宣言更具体。使命宣言是你希望实现的，目标是你打算实现它的方法。回答以下问题：

我想要实现的一个目标是：

考虑到代价——我要实现它就必须放弃的一两件事是：

1. _____

2. _____

放弃这些事，我将得到的好处是：

落实到文字——我会把我的目标写在这个特别的地方：

为了实现这个目标，我需要做或需要牢记的一些具体事情是：

做就是了——我会尽全力实现这个目标,下面是我用来激励自己的话:

利用重大时刻——我利用一些纪念性时刻对人生所做的改变有(参考本章141页纪念性时刻列表):

通过在这些纪念性时刻做出改变,我了解了自己的以下方面:

用绳子串联起来——能帮我实现目标的主要人物是:

其他能帮助我实现目标的人是:

我希望能帮我实现目标的一位名人(以前的或现在的)是:

HABIT ③

习惯三：
重要的事情要先做

The 7 HABITS
Of Highly Effective
TEENS

第六章

习惯三：
重要的事情要先做

抑制力和意志力

The **7** HABITS
Of Highly Effective
TEENS

我在看"印第安那波里斯500赛车"时心想，如果他们早点儿出发，就用不着开那么快了。

——喜剧演员史蒂文·赖特（Steven Wright）

我正听着演讲录音，演讲者开始比较当今青少年面临的挑战和150年前青少年面临的挑战了。我兴趣盎然地听着。我赞同他所说的大部分内容，除了下面这句话："150年前的青少年面临的挑战是艰苦的工作，当今青少年所面临的挑战是缺少艰苦的工作。"

什么?! 我自言自语。缺少艰苦的工作？你胡扯什么？我觉得当今的青少年比以往任何时候都更忙碌，工作也更辛苦。我每天都亲眼看到这个事实。他们奔忙于学校、课外活动、运动队、俱乐部、学生会、体育活动、打工之间，还要帮助照顾弟弟妹妹，连喘气的时间都快没有了。缺少艰苦的工作？哈！给牛挤奶和修补栅栏并不比现代青少年全力应付内容多样的生活更加困难。

我们面对现实吧。你要做的事情很多，可就是没有足够的时间。放学后，你要排练，然后去打工，你还要准备明天的生物考试。别忘了给你的朋友打电话，最重要的是，你应该锻炼身体。你得遛遛狗。你的房间里乱七八糟。你该怎么办？

习惯三——重要的事情要先做——会对你有所帮助，也就是说，你要确定优先次序，然后安排自己的时间，这样就能把最要紧的事情最先完成，而不是拖到最后。但是，这个习惯并不仅仅是安排时间的问题。重要的事情要先做，你还要学会克服恐惧感，在艰难的时刻保持坚强。

在习惯二中，你确定了哪些事情最重要。接着，习惯三就是把这些事情放在生活中的首要位置。

我们当然可以制定详细清单以列举目标和良好打算，但困难在于付诸行动，把它们放在首要位置。所以，我说习惯三是关于意志力（敢于对最重要的事情说"是"）和抑制力（敢于对不太重要的事情和同伴的压力说"不"）的习惯。

前三个习惯，一个建立在另一个之上。习惯一是，"你是司机，而不是乘客"。习惯二是，"确定目的地，然后画出通往目的地的路线图。"习惯三是，"抵达目的地，别让障碍挡住你的去路！"

让生活包含更多的内容

装行李箱的时候，你是否曾注意到，如果你把衣服叠得整整齐齐，放得妥妥当当，会比你把衣服胡乱塞在箱子里的时候装下更多的东西？这真是令人惊讶。你的生活也是一样，你越有条理，你收纳的东西就越多——有更多的时间与家人和朋友在一起，有更多的时间学习，有更多的时间做自己的事情，有更多的时间料理当务之急。

我想向你展示一种惊人的模式，这种模式名叫"时间象限"，它能帮助你收纳更多的东西（尤其是重要的东西），它是由两种主要因素构成的："重要"和"紧迫"。

重要——你最重要的事情，你的当务之急，帮助你完成使命和实现目标的活动。

紧迫——紧急的事情，迫在眉睫的事情，需要马上予以关注的活动。

总的来说，我们把时间花在了四个不同的时间象限（如下图所示）。每个象限包含着不同种类的活动，以某种特定类型的人为代表。

时间象限

	紧迫	不紧迫
重要	1. 拖拉的人 ◎ 明天有考试 ◎ 朋友受伤 ◎ 上班迟到 ◎ 今天该完成的作业 ◎ 汽车抛锚	2. 轻重缓急分明的人 ◎ 制定计划，确立目标 ◎ 一周后该交的论文 ◎ 锻炼 ◎ 恋爱 ◎ 消遣娱乐
不重要	3. 唯唯诺诺的人 ◎ 不重要的电话 ◎ 干扰 ◎ 其他人的小问题 ◎ 同伴的压力	4. 懒散的人 ◎ 电视看得太多 ◎ 玩起电脑游戏就没够 ◎ 没完没了地逛商场 ◎ 浪费时间

也许你还没有注意到，我们生活在一个沉迷于紧迫感的社会。我们是"生活在现在"的一代。这就是为什么我们的手机上有互联网、为什么我们有即时消息、有速效节食减肥、有快餐、有微博、有短视频，还有网上购物。

紧迫的事情未必都是坏事。但如果我们把注意力过多地集中在紧迫的事情上，问题就来了，我们会把并不紧迫的重要事情推迟，比如提前动笔写报告，到大自然中走一走，或者花时间和远方的朋友视频聊天。所有这些重要的事情都会被紧迫的事情（比如发短信、电子邮件、截止日期，以及其他"迫在眉睫、不做不行"的事情）打断。

当我们深入了解每个象限时，问问你自己："我把大部分时间花在了哪个象限？"

第一象限：拖拉的人

我们从第一象限开始——事情既紧迫又重要。第一象限总是存在一些我们无法控制又必须完成的事情，比如照料生病的孩子，或者赶在重要的最后期限之前完成工作。但是，第一象限的许多麻烦也是我们自己造成的，因为我们拖拖拉拉，比如说：我们拖着不复习功课，然后为了应付考试而花整晚的时间死记硬背；或者，我们长时间忽视了我们的汽车，然后不得不把车送去修理。第一象限是生活的一部分，但是，如果你在第一象限投入了太多的时间，那么请相信我，你会"整天迫于压力"，极少能发挥自己的潜力。

明天考试

拖拉的人

认识一下第一象限中的拖拉者，也许你认识他。他的座右铭是："我很快就不再拖拖拉拉了。"除非到了前一天晚上，否则别指望他会写论文或者准备考试。别指望他会花时间给汽车加油，他通常光忙着开车了。

拖拉的人整天心急火燎，他喜欢把事情一拖再拖……直到出现危机为止。但他喜欢这样做是因为，直到最后关头才动手可以给他一种动力。事实上，除非火烧眉毛，否则他根本就不会行动，他在压力之下才能有所成就。

对拖拉的人而言，未雨绸缪是根本不可能的，因为这会毁掉在最后关头完成所有工作的兴奋感。

拖拉的人让我想起一位喜剧演员曾经说过的：

"我妈总是告诉我，我会变成个拖拖拉拉的人。"

我的回答是："等等再看吧。"

我能体察拖拉者的感觉，因为我上中学的时候就是个死记硬背的好手。我觉得自己整个学期都不学习是件很酷的事，然后，到了考试的前一天晚上就开始死记硬背，费劲地争取个好成绩。多蠢啊！当然，我的成绩不错，但我什么都没学到。上大学的时候，我为此付出了代价。从许多方面看，我现在还在为此付出代价。

有一个拖拖拉拉的青少年如是说：

我的做法就是：在期末之前始终懒懒散散，最后的两个星期却累得要死。分数发下来的时候，我往往能得3.7分或者3.8分，但我觉得自己不配得这个分数，因为别人都按时交作业，该干什么就干什么。他们并不紧张。我也想那样。

在第一象限投入过多时间的结果：

◎ 紧张而焦虑

◎ 筋疲力尽

◎ 表现平平

第二象限：轻重缓急分明的人

我们把这最好的情况留到最后再说。

第三象限：唯唯诺诺的人

第三象限代表了那些紧迫但并不重要的事情。典型的例子是：竭力讨好他人，满足他们的所有愿望。这个象限具有欺骗性，因为紧迫的事情都看似重要。其实，它们往往并不重要。比如，电话铃声响起，显得十分紧迫，但谈话往往并不重要，或者更糟，可能是个打电话搞推销的！第三象限中的活动对其他人而言都非常重要，但对你并不重要——都是你想拒绝，但由于担心冒犯别人而张不开口的事情。

认识一下第三象限中的唯唯诺诺的人，他真是无法拒绝任何事或者任何人。他竭力想讨好所有人，最终却往往让所有人都不高兴，其中包括他自己。他经常屈从于同伴的压力，因为他希望自己有人缘，不想受到孤立。他的座右铭是："明天，我会变得更加坚定——如果你同意的话。"

一天晚上，他的朋友意外来访，要他一起出去兜风到天亮，他就是没有足够的勇气回绝他们，他不想让伙伴们失望。明天上午有一次重要的考试，他需要温习功课，好好休息，但这都无关紧要了。

尽管他告诉妹妹，他会给她辅导数学，但在晚上的大部分时间，他还是忍不住打了个紧急电话，而这个电话其实并不那么重要。

他并不真的想参加游泳队，他更喜欢艺术。但是，他的父亲是个游泳健将，当然，他不想让父亲失望。

我想，我们所有人（包括我自己）的内心都有点第三象限的倾向。但是，如果我们对所有事情都唯唯诺诺，总也学不会把注意力放在重要的事情上，我们就很难有所成就。喜剧演员比尔·科斯比（Bill Cosby）说得很明白："我不知道成功的关键是什么，但失败的关键就是竭力讨好所有人。"第三象限是最糟糕的象限之一，因为它没有骨气。它变化无常，顺风倒。

在第三象限投入过多时间的结果：

◎ 以"讨好者"闻名

167

◎ 缺乏原则

◎ 感觉就像供别人擦脚的门垫

第四象限：懒散的人

第四象限就是浪费时间和没有节制的类别。这些活动既不紧迫，也不重要。

认识一下懒散的人，他待在第四象限里无所事事。他干什么都没有节制，喜欢看起电视没个完，睡觉没个完，玩电脑游戏没个完，上网没个完。他最喜欢的两种消遣包括：总是一打电话就是3个小时，每周末逛起商场来就没完没了。

他是个专业懒鬼。不管怎么说，一觉睡到中午还真需要技巧。他酷爱漫画书，事实上，他每个星期都要看上好几十本。他从来不工作，但他很年轻，身强体壮，所以干嘛要工作呢？当然，他最不惦记的就是上学。要知道，他宁可无所事事。

看电影，上网聊天，在线观看视频或者单纯闲逛放松都是健康生活方式的一部分。只有当你没有节制的时候，它们才会变成是浪费时间。你在越界的时候会有所察觉。如果你要放松一下，可以观看第一个电视节目，这没有问题。但是，如果接着看第二个、第三个，甚至第四个节目（你已经看过6遍的重播节目），一直看到凌晨2点，那么放松娱乐的夜晚就变成了浪费掉的夜晚。

生活在第四象限的结果：

◎ 缺乏责任感

◎ 罪恶

◎ 古怪

第二象限：轻重缓

急分明的人

现在回到第二象限。
第二象限是由重要但不
紧迫的事情构成的，比
如消遣娱乐、建立友谊、
锻炼身体、预先规划、
按时温习功课……这是

个绝佳的象限——我们希望身处其中的象限。第二象限的活动很重要，但
第二象限的活动紧迫吗？不！正因为如此，所以我们才难以开展这些活
动。例如，对你而言，找到一份合适的夏季工作也许十分重要。但是，离
夏天还有好几个星期，所以并不紧迫，你也许会一拖再拖地不去找工作，
直到为时已晚，所有的好工作突然之间都招满人了。如果你处在第二象限，
你就会预先进行规划，找到一份更好的工作，这不会占去更多的时间，只
需多一点规划。

认识一下轻重缓急分明的人。尽管他并不完美，但他基本够得上沉着
冷静。他会审视自己需要做的所有事情，然后分出轻重缓急，确保最重要
的事情最先完成，最不重要的事情最后完成。由于他有一个简单但重要的
习惯——预先规划，因此他做一切都驾轻就熟。他按时复习功课，提前动
笔写论文，他工作出色，而且避免了临阵磨枪会带来的紧张和精疲力竭。
他抽时间锻炼身体和恢复精力，即使需要把其他事情放在一边也在所不惜。
他的生活中最重要的人（比如朋友和家人）是第一位的。尽管很困难，但
对他来说，保持平衡十分重要。

他定期给汽车加油。他不会等到汽油用光了才给车加油。他喜欢看电
影，在网上冲浪，看悬念小说，但从来都是适可而止。

他学会了如何微笑着拒绝别人。一天晚上，他的朋友意外来访，请他

去参加晚会，他说："不，谢谢。我明天有个重要的考试。不过，星期五晚上怎么样？到时候咱们一块儿去吧。"他的朋友表示同意，并且暗暗希望自己也有说"不"的勇气。他明白，如果拒绝同伴的要求，最初会显得没有人缘，但人们最终会为此而尊重他。

生活在第二象限的结果：

◎ 把握自己的生活

◎ 平衡

◎ 表现出众

那么，你把大部分时间花在了哪个象限？第一、第二、第三还是第四？鉴于在现实生活中，我们都会在每个象限投入一定的时间，所以关键是要尽可能多把时间放在第二象限。如果要为第二象限抽出更多的时间，唯一的办法就是减少你在其他象限耗费的时间。你应该这样做：

少拖拉，从而减少花在第一象限的时间。你在第一象限总是会有许多事情可做，这是肯定的。但是，如果你能提早完成重要的事情，从而把拖拖拉拉的行为减少一半，你进入第一象限的次数就会少很多。少在第一象限耗费时间，压力就会有所减少！

拒绝第三象限的活动。无关紧要的事情会妨碍你做更重要的事情，所以要学会对这些事情说"不"。不要那么容易受干扰。竭力讨好所有人就像狗试图抓住自己的尾巴一样。记住，当你说"不"的时候，你其实是在对更重要的事情说"是"。

减少第四象限的懒散活动。不必杜绝这些事情，只要少做就行。你没有时间可浪费，把这些时间投入第二象限。你需要放松和恢复精力，但要记住，放松属于第二象限，过度放松就属于第四象限了。

除了在第二象限投入更多的时间之外，再看看另外两个建议：准备一本效率手册，每周制定计划。这两个建议能帮助你更好地安排时间，先完成重要的事情。

准备一本效率手册

首先，我大力推荐使用各种形式的效率手册。手册上有日历，还有空白的地方可以记下约会、作业、要做的事情和目标。如果你愿意，你甚至可以用螺旋装订的笔记本制作自己的效率手册。听到"效率手册"这个词，你们当中的一些人可能会想："嘿，我可不想再多带一本手册。"如果这就是你的烦恼所在，那么记住，效率手册可大可小。你可以找一本3磅重的，也可以找一本只有3盎司重的便携式小册子。

其他人也许会想："我不想把生活拴在效率手册上，我喜欢自由。"如果你这样想，那么记住，效率手册并不是要束缚你，而是要解放你。有了效率手册，你就不必担心忘事或者安排撞期了。它会提醒你什么时候需要交论文，什么时候要考试。你可以把所有的重要信息（比如电话号码、网址、出生日期）记在一起，而不是写在一大堆散碎的纸上。效率手册并不是你的主人，而是帮助你生活的工具。

每周制定计划

每周抽出15分钟时间，制定这一周的计划，看看它会带来什么样的改观。为什么每周制定计划？因为我们按周考虑问题，如果每天制定计划，目标就太小，如果每月做计划，重点又太过宽泛。一旦你拥有了效率手册，请在每周制定计划时遵循以下三个步骤。

第一步：确定你的大任务。

在每周结束或开始时坐下来，想想你在接下来的一周里要完成哪些工作。问问自己："本周我要做的最重要的事情有哪些？"我把这些事情叫作你的大任务。它们就像是小目标，应该与你的使命宣言和长远目标联系在一起。你会毫不惊讶地发现，它们大多属于第二象限。

你最终可能会列出像下面这样的大任务：

◎ 准备科学考试

◎ 把书看完

◎ 到场观看球赛

◎ 把求职申请写完

◎ 参加伊萨贝拉家的晚会

◎ 锻炼三次

确认大任务的另一种方法就是逐一考虑你在生活中的关键职责。比如你作为学生、朋友、家庭成员、职工、个人和你从事其他所有工作的职责。然后，就你的每项职责确定你想完成的最为重要的一两件事，根据你的职责来规划生活将有助于你保持平衡。

当你确认本周的大任务时，别失去控制。尽管你也许觉得自己必须完成40项大任务，但要注重实际，把自己的注意力集中在最多10~15件事上。

第二步：留出完成大任务的时间。

你是否看过大石头实验？找一个桶，里面装上半桶小鹅卵石。然后，你试着往桶里装几块大石头，放在鹅卵石的上面。但是，根本放不好。于是，你把桶倒空，从头开始。这一次，你先把大石头装到桶里，然后再装鹅卵石。这一次，放得都很合适！不同之处在于把大石头和鹅卵石放进桶里的先后次序。如果你先放进鹅卵石，大石头就放不好。但是，如果你先把大石头放进去，那么大石头和鹅卵石就都放得很合适。大石头就是你最重要的事情。鹅卵石则是占据了你的时间的所有日常琐事，比如家务、为打发时间而布置的工作、电话和干扰。这个故事的寓意是，如果你不先为大任务安排好时间，这些任务就完不成。

职责	我本周的大任务
学生	开始动笔写历史报告
朋友	马里奥的生日　多夸奖别人
家庭	带科琳去逛商场　给祖母打电话
工作	按时上班
我个人	去听音乐会　每晚写日记
辩论小组	完成研究工作　练习开始部分的陈述

在每周做计划时，先把大任务记在效率手册里，从而留出完成这些任务的时间。例如，你可能觉得，开始动笔写历史报告的最佳时间是星期二晚上，给祖母打电话的最佳时间是星期天下午。现在，把这些时间留出来，就像预约一样。如果你的大任务（比如"本周每天说3句夸奖别人的话"）并不需要用特定的时间来完成，就把它写在效率手册里面某个容易看见的地方。

如果你先为大任务留出时间，那么其他日常活动也会安排得很合适。即使安排不好，谁会在意呢？你宁可把鹅卵石而不是大石头放在一边。

第三步：规划其他所有事情。

一旦你把大任务安排好，就可以见缝插针地安排其他所有小事、日常工作和约会了，鹅卵石就该放在这里。你也许还想提前看看日历，记录将来的事件和活动，比如休假、听音乐会或者过生日。

日常调整

完成每周计划后，每天根据需要加以调整。你也许要时不时地重新安排一些大任务和小事，尽量按计划行事，但是，如果你没有完成自己计划中的所有任务，也没有什么。即使你只完成了1/3的大任务，也已经比你在没有预先规划的情况下多完成了1/3。

如果这种每周规划的方法显得太死板或者太复杂了，也不要勉强凑数，只需制订轻松的每周计划就可以了。例如，你也许发现自己本周只想完成两三个大任务，那就这样好了。

关键在于：只需每周提前规划，就能帮助你集中关注大任务，从而多完成许多工作。

真的奏效吗？

这种安排时间的方法真的奏效吗？当然。我本人曾经读过许多青少年的来信。他们在采纳上述建议后取得了巨大成功。以下是两个青少年的看法。他们理解了时间象限的概念，并且开始使用效率手册，每周制订计划。

雅各布：

我记得自己看着时间象限的图表说："好家伙，真是这样，我有很多事情就是赶在最后1分钟完成的。"比如作业。如果该交论文了，我就会赶在星期天晚上写完，以便星期一交上去。如果星期五有考试，我星期四就会旷课，为考试做准备。我经常陷入危机。

当我发现了哪些是重要的事情之后，我就开始分出轻重缓急，并且开始使用效率手册。如果我想去钓鱼，我会说："哦，另外这件事更重要，我得先把这件事做完，这样一来，也许我明天整整一天就都可以钓鱼了。"最终，我的学习效率提高了，在考试中取得了好成绩，所有事情都变得井井有条了。如果我早先能更有效地利用时间，我的生活就不会那么紧张了。

布鲁克：

我的压力减轻了，因为我不必时常提前几天就努力记住自己该做些什么了。如今，我只需把时间表拿出来，一切就都妥妥当当了。当我情绪不佳和感到压力时，我看看自己的时间安排就会意识到，我还有时间完成所有事情，尤其是那些适合我的事情。

少数无法循环利用的事物之一就是浪费掉的时间，所以，一定要珍惜每时每刻。英国女王伊丽莎白一世临终前说："我愿意用自己的所有财富换取一点时间。"

克服恐惧

安排时间并非习惯三的所有内容，它只是一半，另一半就是学会如何消除恐惧感和来自同伴的压力。在面临压力的情况下，坚持自己认为最重要的事情（比如价值观和标准）是需要勇气和毅力的。我曾经问过一些年轻人："你们认为什么最重要？"他们的回答包括"家庭"、"朋友"、"自由"、"刺激"、"成长"、"信任"、"上帝"、"稳定"、"归属感"和"外貌"。我接着又问："是什么妨碍了你们把这些东西放在生活中的首要位置？"毫不奇怪，最常见的两个回答是"恐惧感"和"同伴的压力"。那么，我们来谈谈如何解决这些问题。

舒适区和勇气区

重要的事情最先完成是需要勇气的，往往会使你跨越到舒适区以外。看看勇气区和舒适区的图表。

你的舒适区代表了你熟悉的东西、你了解的地方、你自在交往的朋友、你喜欢的活动。你的舒适区是没有危险的，这里很轻松，这里不需要你全力以赴，在这些界限内，我们感到安全而稳定。

另一方面，结交新朋友、在众人面前讲话或者恪守自己的价值观则会让你毛骨悚然。欢迎来到勇气区！这里有冒险活动、风险和挑战！我们能在这里找到所有让我们感觉不适的东西。在这里，等待着我们的是意外、压力、变革和失败的可能性。但是，这里还存在机遇，也是唯一能让你发挥全部潜力的地方。如果总是待在舒适区，你就永远做不到这一点，这是肯定的。

有问题要问吗？"舒舒服服地待在舒适区有什么错？"

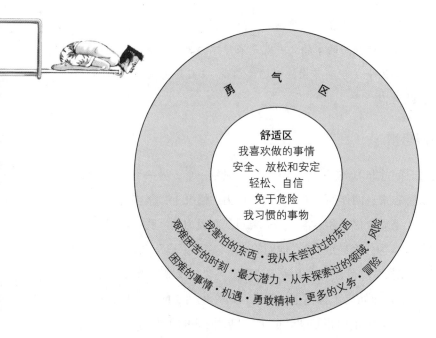

没有错！其实，我们有许多时候应该待在舒适区。但是，如果从来不冒险进入未知的领域，那绝对是错误的。你和我一样清楚，很少尝试新东西或难得发挥才能，只愿过着安逸但乏味的生活！谁想这样呢？冰球巨星韦恩·格雷茨基（Wayne Gretzky）说："如果你根本不试着进球，那么你的失误率就是百分之百。"为什么不相信自己、接受冒险，时不时地"空降"在勇气区呢？记住，毫无危险的生活所构成的危险是最大的危险。

永远不要让恐惧感为你做决定

这个世界上有许多不健康的情感，也许最糟糕的就是恐惧感。每当我想到我这一辈子由于恐惧感占了上风而未能实现的目标时，我的内心就痛苦不已。上中学时，我狂热地爱上了一个名叫谢里的漂亮女孩，但我从来都没有约她出去过，因为我的恐惧感告诉我："她可能不喜欢你。"我记得自己在一次训练后退出了七年级的橄榄球队，因为我害怕比赛。我永远都不会忘记，我曾经想要参加一个学生组织的竞选，但由于害怕在全校师生面前讲话而打了退堂鼓。在我这一生中，有我未能选修的课程，我未

176

能结交的朋友，我未能为之比赛的运动队——所有一切都是因为这些丑恶而实实在在的恐惧感。我很欣赏莎士比亚在《一报还一报》（*Measure for Measure*）中的说法：

> 怀疑最误事，
>
> 我们失去或可获得的利益，
>
> 只因怕去尝试。

我父亲说过一句令我终生难忘的话。他说："肖恩，永远不要让你的恐惧感为你作决定，你要自己作决定。"多了不起的想法！想想那些面对恐惧采取行动的人完成的各种英雄业绩，想想纳尔逊·曼德拉（Nelson Mandela），在消灭南非压迫性的种族隔离制度的过程中，他发挥了重要作用。曼德拉由于高声抨击种族隔离制度而蹲了27年监狱，然后才当选为南非第一位非白人总统。如果由于恐惧，他从来都不敢反抗这一制度，情况会怎样？或者，看看苏珊·安东尼（Susan B. Anthony）的顽强勇气。她开展了长期的斗争，最终才让妇女获得了美国宪法规定的投票的权利。或者，看看二战期间的英国首相温斯敦·丘吉尔（Winston Churchill），他领导自由世界反抗纳粹德国。如果他在战争中由于自我怀疑而表现得优柔寡断，情况会怎样？当然，无论是名人还是普通人，所有的伟业都是在面临恐惧时完成的。

> 我们征服的不是高山，而是我们自己。

面临恐惧采取行动谈何容易，但你过后总会高兴自己这样做了。

上大学四年级的时候，我还差几个学分，所以我扫了一遍课程表，想找一门课来填满课时。当我看到声乐课当中有"单独声乐辅导"时，我想："为什么不跨出舒适区试试看呢？"

我特意选了单独辅导，而不是班级辅导，因为我不想在其他学生面前唱歌，显得自己傻乎乎的。

生，还是死。

"面临恐惧采取行动"

一切都很顺利，然而，到了学期结束时，我的声乐教师带来了一个惊人的消息："顺便问一句，肖恩，你决定给其他同学唱什么歌了吗？"

我惊恐万状地问："什么意思？"

"噢，课程要求中说，你至少要给其他上单独声乐辅导课的学生演唱一次。"

我强调说："这可不太好。"

"哦，没什么大不了的。你没问题。"

唉，对我来说这可是大问题。只要想到在一群人面前唱歌，我就感到浑身难受。我想："我怎么才能躲过去呢？"但是，我不能让自己这么做，因为在过去的1年里，我向不同的群体发表演讲，建议他们永远不要让恐惧感为他们做决定。如今……轮到我了。

我不断在脑子里重复着："勇敢点，肖恩，你至少要试试看。"

可怕的一天终于到了。当我走进"行刑室"（我就要在这里进行首次表演）时，我不断地试图说服自己："镇静点，肖恩，没那么糟糕。"

但是，情况越来越糟。我发现屋子里的所有人几乎都是音乐或戏剧专业的学生，于是越发胆怯了。我的意思是，这些人是真正会唱歌的，他们从小就参加音乐剧和合唱演出。当第一个被点名的学生演唱了歌剧《悲惨世界》中的歌曲后，我更害怕了，因为他唱得比原版的百老汇音乐剧还要好，这家伙真了不得。不过，班里的人还是给他挑了毛病，有人说："我觉得你的声调有点平。""哦，不！他们会怎么看我呢？"

"肖恩，该你了。"

现在轮到我了。

当我站在全班面前时，距离舒适区已经300万光年了，我不停地对自己说："勇敢点！我真不敢相信自己在干这个。勇敢点！我真不敢相信自己在干这个。"

我哆哆嗦嗦地说："我演唱的曲目是《窈窕淑女》选曲《在你居住的街道上》。"

随着伴奏者开始演奏前奏，所有目光都集中到了我身上，我禁不住想："怎么回事？我怎么落到了这个地步？"从每个人脸上的微笑看，他们似乎真要把我当回事了。

我唱道："我经常走过你居住的街道……"

我还没唱到第二行，学生们脸上的兴奋表情就变成了痛苦。我紧张得要命，觉得全身绷得就像刚从甩干机里拽出来的牛仔裤，每个字都是挤出来的。

歌快唱完的时候有个很高的高音，即使在练习的时候，我也很难达到这个高音。这时，我恐惧地等待着。但是，快唱到这个音的时候，我想："见鬼，冒个险吧！"

我不记得自己是否达到了这个高音。我只记得，有几个学生窘极了，尽管他们鼓足了勇气，但仍然无法再直视我。

我唱完之后赶快坐了下来。一片寂静，谁都不知道该说什么。

"棒极了，肖恩。"

我耸耸肩道声"谢谢"，就好像我真相信似的。可是，你知道吗？尽管这段经历险些要了我的命，但当我离开那个房间，独自穿过空空的停车场走向自己的汽车时，我真为自己感到骄傲，我产生了强烈的成就感。说实话，我根本不在乎别人对我的高音有何看法。我熬过来了，我为此而自豪。正如登上珠穆朗玛峰的第一人埃德蒙·希拉里（Edmund Hillary）所说的那样："我们征服的不是高山，而是我们自己。"

所以，下次你想要：

◎ 结交新朋友

◎ 抗拒同伴的压力

◎ 改变旧有的习惯

◎ 培养新的技能

◎ 参加运动队的试训

◎ 参加话剧试演

◎ 邀心上人外出

◎ 换工作

◎ 参与

◎ 坚持真我

或者，即使你想要在众人面前唱歌的时候……做就是了！即使你所有的恐惧感和疑虑都尖声告诉你："你糟透了"，"你会一败涂地的"，"别费劲了"。永远不要让你的恐惧感为你作决定，你要自己作决定。

获胜意味着每次跌倒都要爬起来

我们都会不时感到恐惧，这没什么。俗话说："觉得害怕也还得干。"我学到的消除恐惧感的方法之一，就是随时记着这样一句话：获胜就意味着每次跌倒都要爬起来。我们应该少担心失败而多想一想：如果我们甚至不愿尝试，那会错过多少机会。无论如何，我们最崇拜的许多人都曾多次遭遇失败。

例如，棒球明星贝贝·鲁思（Babe Ruth）有过1330次三击不中出局的经历，爱因斯坦到了4岁才会说话，贝多芬的音乐老师说："他根本不可能成为作曲家。"化学家巴斯德（Louis Pasteur）的化学成绩"平平"，火箭科学家沃纳·冯·布劳恩（Wernher Von Braun）九年级时的代数不及格，在创建核化学和永久改变科学的进程之前，化学家居里夫人贫困潦倒。上中学二年级的时候，迈克尔·乔丹（Michael Jordan）被中学篮球队除了名。

以下是一位男子的生平大事。他曾多次失败，但总是不屈不挠。看看你能否猜出这是谁。此人：

◎ 22岁经商失败

◎ 23岁竞选州议员失败

◎ 25岁经商失败

◎ 26岁恋人死去

◎ 27岁精神崩溃

◎ 29岁竞选州议长失败

◎ 34岁争取国会提名失败

◎ 37岁进入国会

◎ 39岁失去再次竞选议员的提名

◎ 46岁竞选参议员失败

◎ 47岁竞选美国副总统失败

◎ 49岁竞选参议员失败

这个人就是亚伯拉罕·林肯，他在51岁时当选为美国总统。每次跌倒，他都会爬起来，最终实现了自己的目标，得到了所有国家和所有人民的尊重和敬仰。

在艰难时刻保持坚强

诗人罗伯特·弗罗斯特（Robert Frost）写道："两条路在林中分了道，我选了较少人走的一条，此后的差别有万里之遥。"我渐渐开始相信，在某些艰难的时刻（也就是出现岔路的时刻），如果我们保持坚强，今后生活中的差别就会有"万里之遥"。

> 两条路在林中分了道，我选了较少人走的一条，此后的差别有万里之遥。
> ——罗伯特·弗罗斯特 美国诗人

那么，究竟什么是艰难的时刻呢？艰难的时刻就是做正确的事情与做比较容易的事情相冲突的时刻。它们都是重大考验，是生活中至关重要的时刻。我们应对这些时刻的方式可能真会改变我们的未来。这些时刻分为两种：有小有大。

小小的艰难时刻每天都会出现，包括闹钟响了就起床，控制自己的脾气或者约束自己做家庭作业。如果你能战胜自己，在这些时刻保持坚强，日子就会过得顺当得多。例如，如果我在艰难的时刻十分软弱，睡到很晚才起床（床垫战胜意志），那么情况会越来越糟，变成当天许许多多小失败中的第一个。但是，如果我按计划时间起床（意志战胜床垫），这往往就会成为许许多多小成功当中的第一个。

与小小的艰难时刻相比，重大的艰难时刻在生活中也会不时出现，包括选择好朋友、抗拒不良同伴的压力以及在遭遇重大挫折之后重整旗鼓：你也许被运动队除了名，也许被恋人抛弃了，也许你的父母离婚了，或者，也许你的家中有人去世了。这些事情都会造成重大后果，而且往往会在你全无防备的时候突然出现。如果你认识到，这些时刻是会出现的（确实会），那么你就会为此做好准备，像斗士那样正视一切，最终取得胜利。

在这些紧要关头拿出勇气来！不要为了一个晚上的快乐、一个周末的刺激，或者一个令人畅快的复仇时刻而牺牲未来的幸福。如果你曾经想过要做什么实在愚蠢的事情，记住莎士比亚的这些话（哇，一章里引用了两次莎士比亚）。

纵然如愿以偿，又有何所得？

梦幻，泡影，或是一时快乐。

谁肯哭一星期，买片刻欢乐？

或出卖灵魂换取一件玩具？

谁肯为一颗葡萄把树弃舍？

这些诗句讲的就是为了短暂的欢乐牺牲自己的未来。谁会愿意为了一个玩具而放弃自己的余生呢？或者，谁愿意用一个星期的痛苦换取一分钟的欢乐？或者，谁愿意为了一粒葡萄而毁掉整根葡萄藤？只有傻瓜才会这样做。

克服来自同伴的压力

面对同伴的压力时，会出现最艰难的时刻。当所有朋友都点头称是的时候，说"不"是需要巨大勇气的。不过，抗拒同伴的压力就是我所说的"抑制力"，这会使你的"个人银行账户"中增加一大笔存款。

一位中学的辅导老师讲了这样一件事：

上课前，一年级的一个女孩流着眼泪冲进了我的办公室，"她们恨我！她们恨我！"

她刚刚被自己的一伙朋友抛弃了。她们要她滚开，因为她前一天"太模范了"，没有逃学坐车到芝加哥去。她说她起初是想去的，但后来又想到，如果学校打电话告诉妈妈，说她的女儿没有上学，妈妈会多么伤心。她觉得自己不能这样对待妈妈，因为妈妈为她作出了那么多的牺牲。她不能让妈妈失望！

她站起身来说："不，我不能这么做。"所有人就不高兴了。她以为到了第二天就没事了，但并非如此——她们都要她去找新朋友，因为她太模范了，不该跟她们混在一起。

经历了眼泪和痛苦之后，她开始意识到，她的内心感觉良好，只是很孤独，因为朋友们不接受她了。不过，尽管被外界所抛弃，但她接受了自己，获得了自尊，感到问心无愧。这是人生中的重要一课，也是她勇于坚持自身原则的时刻。

有时候，同伴的压力非常大，唯一的抗拒办法就是彻底离开你身处的环境。如果你与流氓团伙、兄弟会或联谊会，或者一群密友混在一起，就更应该这样做。对希瑟来说，改变环境就是最好的解决办法。

尽管我长期以来一直知道，我应该换一批朋友，但我就是不知道该怎样做。我"最好的朋友"总是鼓励我去做她所做的事情，比如随便发生性关系和吸毒。过了没多久，学校里的人就开始叫我"荡妇"了。我还想和她，以及我的其他朋友保持友谊，因为我总是想着我们共同度过的快乐时光。然而，到了晚上，我和她们一起外出的时候，我们就会干一些不该干的事情。我知道自己在沉溺于不该做的事。

我决定改变整个环境，摆脱所有这一切。我问妈妈，我是否可以到姑姑那里去住，以便重新开始，找一些比较规矩的朋友。她同意了，从此我就搬去和姑姑一起住了。

现在，在新朋友的身边，我怎么想就怎么说，我更多地表现出了真我。

我不在乎人们对我有何评价。如果他们不喜欢我，随便他们！我就是这样，我不会为了与他们合群而改变自己，我要为了自己而改变自己。

如果要克服同伴的压力，你就必须更多地关注你对自己怎么看，而不是你的同伴对你怎么看。正如波希亚·纳尔逊（Portia Nelson）的这首短诗告诉我们的那样：

一周中的任何一天，

我会选择对别人"坦诚相见"，

同时聆听我自己的心声……

而不是随声附和，

却忽视了自己的良知和灵魂。

为什么同伴的压力如此难以抗拒？因为你迫切想有一种归属感。正因为如此，所以为了成为俱乐部的一员，青少年往往愿意接受野蛮的捉弄程序；为了成为流氓团伙的一员，他们愿意陷入毒品和暴力的泥沼。有时候，我们只需一个"催醒电话"就能摆脱这一切，瑞安就是这样：

对我来说，同伴的压力和穿着最时髦的服饰真是非常重要。后来，我得了肾病，病得很厉害。买一大堆衣服实在很傻气，因为这些衣服过不了几个月就不会再流行了。我决定要做更重要的事情。我开始花更多的时间和家人在一起，而不是频频和朋友外出。我不再担心他们怎么看我，而是要开始展示真我了。

问心无愧

个人银行账户

有利的压力

并非所有的同伴压力都是坏事，其实，许多压力对人很有好处。如果你能找到一个对你施加积极压力、要你发挥最佳水平的朋友，那么一定要尽力与他/她保持友谊，因为这对你具有特殊的意义。

如果你发现自己想要坚持自己的原则，结果却不断屈从于同伴的压力，那么你可以做以下两件事。

首先，充实你的个人银行账户。如果你缺乏自信和自尊，你又怎么会有力量去抗拒呢？你能做些什么？你可以从今天开始逐步充盈你的个人银行账户。向你自己作出承诺，并且信守这个承诺；帮助需要帮助的人；开发一种才能，让自己得到恢复和更新。最终，你会有足够的力量去开拓自己的道路，而不是跟着别人的脚印走（你也许想重新看看关于"个人银行账户"的那一章）。

其次，撰写你的使命宣言，确立目标。如果你尚未决定自己的价值观，你又怎么可能捍卫这些价值观呢？如果你知道自己认同什么目标，那么说"不"就会容易得多。例如，如果你认同取得好成绩和上大学的目标，那么拒绝旷课就容易得多（你也许想重新看看关于习惯二的那一章——先定目标后有行动）。

成功的普遍要素

最后，先完成重要的事情需要原则，安排时间需要原则，克服恐惧感需要原则，在艰难的时刻保持坚强以及抗拒同伴的压力需要原则。一个名叫艾伯特·葛雷（Albert E. Gray）的人花费多年时间对成功人士加以研究，想要弄清让他们获得成功的特殊因素。你知道他发现了什么？哦，不是为成功而着装，或是吃麦麸，或具备积极的精神态度。相反，他有了以下这个发现，认真读一读：

所有成功人士都有这样一个习惯：他们做着失败者不愿做的事情，他们也未必喜欢做这些事情。但是，与好恶相比，他们更看重实现目标的重要性。

这是什么意思？意思是说，成功人士愿意不时地鼓起勇气，做他们不喜欢做的事情。他们为什么要做这些事情？因为他们知道，这些事情会引领他们实现自己的目标。

换言之，无论愿意与否，你有时必须动用特殊的人性工具——意志力来完成一些事情。你以为举办音乐会的钢琴家总是陶醉于每天数小时的练习吗？下定决心要自力更生上完大学的人喜欢从事第二职业吗？

我记得自己看过一个故事。故事的主人公是一个全美大学摔跤冠军。有人问他，他在职业生涯中最难忘的是哪一天。他回答说，最难忘的是临时取消训练的那一天。他讨厌训练，但为了更远大的目标——发挥自己的最佳水平，他愿意忍受这一切。

最后的叮咛

围绕七个习惯，我们对数千人进行了调查。猜猜哪个习惯最难践行？你猜得不错！就是习惯三。

如果你不知道从哪里着手把习惯三付诸实践，就看看幼童学步，它们将帮助你起步。

青少年时期可能是一生中最激动人心和最具冒险性的时光，所以，珍惜每个时刻吧，就像这首诗歌真切告诉我们的那样：

要体会1年的价值，

去问问没通过升学考试的学生。

要体会1个月的价值，

去问问生下早产儿的母亲。

要体会1个星期的价值，

去问问周刊的编辑。

要体会1天的价值，

去问问要养活6个孩子的短工。

要体会1个小时的价值，

去问问等待见面的情侣。

要体会1分钟的价值，

去问问没赶上火车的可怜虫。

要体会1秒的价值，

去问问事故中幸存的人们。

要体会1毫秒的价值，

去问问奥运会上获得银牌的人。

◇ 后面的章节更精彩 ◇

接下来，我们将谈论构成人生的因素。我想，你会对这些因素感到惊讶。接着往下看吧！顺便说一句，你已经把本书看完一半了，可喜可贺！

幼童 学步

1. 确立目标：连续30天使用效率手册，坚持实施计划。

2. 确定你把绝大部分时间浪费在了什么地方。你真的需要花两个小时打电话、在网上冲浪或者收看那部重播的情景喜剧吗？

我最浪费时间的地方：_____

3. 你是个"讨好者"，对所有事和所有人都唯唯诺诺吗？如果是，那么从今天开始，在正确的时候要有勇气说"不"。

4. 如果你1周后有一次重要的考试，不要拖拖拉拉，等到前一天才开始温习。别浪费时间了，每天复习一点。

5. 想出一件你长期拖拉，但对你非常重要的事情，本周留出时间完成这件事情。

我一直拖拖拉拉的事情：_____

6. 列出你在今后1周中的10项最重要的大任务。现在，在你的时间表里留出时间完成这些任务。

7. 找出一种妨碍你实现目标的恐惧感。马上决定跳出你的舒适区，不要再让这种恐惧感战胜你。

妨碍我的恐惧感：_____

8. 同伴的压力对你有多大影响？找出对你影响最大的某个人或某些人。问问自己："我做的事情是我自己想做的，还是他们想要我做的？"

对我影响最大的人：_____

我的训练计划

看看你是第几象限的人

如果你在第一象限（紧迫和重要的任务）花太多时间，就会变得精疲力竭和焦虑不安，可能无法把事情做得尽善尽美。

现在，诚实回答下列表格中的问题。

	是	否
经常吃快餐等垃圾食品，或者干脆不吃正餐，因为没有时间坐下来正儿八经吃顿饭。		
考试的前一天晚上开始死记硬背。		
经常在约会、练习或上学时迟到。		
不擅长做计划或者安排时间。		
没有压力就没有动力。		
经常在做一件事的时候想着另一件事。		
对周围的慢性子感到不耐烦；讨厌等待或者排队。		
总是奔忙于几个地方和几件事之间。		
几乎没有什么时间留给自己（或者把时间节约下来留给自己）。		
经常希望自己早点想到和做到某些事情。而通常情况下，总是迟了一步。		
错过朋友和家人的生日派对。		
经常漏做功课或者错过约会。		
总分		

"是"的分数：

10~12分：绝对在紧迫感上存在问题。

7~9分：是个中度拖拉的人。

1~6分：可能具有某种程度的过度紧迫感倾向，但可以控制得住。

第三象限代表了那些紧迫但并不重要的事情。如果你在第三象限花过多时间，就可能缺乏原则。

在下表左栏里列出两项最优先考虑的事情，右栏列出你为了完成最重要的事情而拒绝从事的活动。

最重要的事情	为完成最重要的事情拒绝从事的活动
拿到奖学金	课后活动
	社交活动
	看电视
_____	加班加点打工
_____	_____
	_____

第二象限是由重要但不紧迫的事情构成的，比如消遣、建立友谊、锻炼身体、预先规划和温习功课等。这是个绝佳的象限——我们希望身处其中的象限。

1. 完成下面的评估。

2. 在空格里填上总分。

3. 利用分数表，查找"分数"栏里每一象限的总分对应的百分比。

4. 在时间象限栏里填上每一象限的百分比。

1. 一天里有多少次解决问题? 1 2 3 4 5

2. 一天里有多少次提高学习技巧? 1 2 3 4 5

3. 一天里有多少次放下手头的事情与顺道路过的朋友出去玩? 1 2 3 4 5

4. 一天里有多少次看电视、打游戏或者在网上冲浪? 1 2 3 4 5

5. 一天里有多少次应对紧急状况? 1 2 3 4 5

6. 一天里有多少次与兄弟姐妹或者其他家人在一起? 1 2 3 4 5

7. 一天里有多少次做一些其他人希望我做的事情? 1 2 3 4 5

8. 一天里有多少次外出闲逛、与人聊天? 1 2 3 4 5

问题1和5（第一象限）□　　　　　问题2和6（第二象限）□

问题3和7（第三象限）□　　　　　问题4和8（第四象限）□

得分表格

分　数	%
10	45
9	40
8	35
7	30
6	25
5	20
4	15
3	10
2	5

时间象限

	紧迫	不紧迫
重要	① % 紧迫。我必须去做，否则会发生不好的事情。	② % 对我的梦想和生活目标十分重要。
不重要	③ % 看似紧迫，但如果我不做，也没什么大不了的。	④ % 不那么重要，也不紧迫。浪费时间的事情。

 准备一本效率手册

你可能拥有一个不错的目标清单和良好的意愿，但把它们付诸实施——放在第一位去实施——才是真正困难的一部分。

首先，完成下面的表格，写出你认为平均每周你在每个项目方面应该花多少小时。

任务	花费的时间
上课	
参加宗教活动	
做家教	
参加课外活动（上课后班，体育活动等等）	
做家庭作业	
穿衣打扮/卫生保健	
就餐	
约会	
睡觉	
娱乐消遣	
与家人在一起	
与朋友在一起	
学习	
旅行	
志愿活动	
工作	
其他	

在一天里，我实际上有很多的事情要做，以至于让我应接不暇吗？

占据时间最多的事情是（上学、看电视、阅读、外出）：

每天占据时间最多的事情对我来说都是最重要的。是或否？

最浪费时间的那件事是：

既然生活中有这么多你必须要做的事情，使用效率手册或者某种日历就是个不错的主意。你必须找个地方写下你的任务、约会、要做的事情清单、特殊日期、目标，或者某些你会遗忘的事情。

每周制定计划

每周在开始或结束时抽出15分钟时间，看看在接下来的一周里要完成哪些工作。问问自己："本周我要做的最重要的事情有哪些？"这些就是你在接下来一周的大任务——它们就像是小目标，应该与你的使命宣言和长远目标联系在一起，并引领你实现自己的长期目标。

阅读本书"准备一本效率手册——每周制定计划"部分。

我在接下来一周的大任务是：

我将把它们列入我的一周日程（描述你的计划）：

检查你的角色

围绕各种角色安排生活将有助于你保持平衡。为每天规划时间，把要扮演的角色考虑在内，然后把时间花在对你来说最重要的领域，从而取得非凡的成就。

我在生命中扮演的角色是（例如，学生、朋友、家人、雇员和辩论队成员）：

1. 在下面表格的左栏里列出你最重要的角色。

2. 问问你自己："如果我本周必须做一件事，给这一角色带来些好的改变，这件事会是什么？"

3. 在右栏里填上会使左栏角色不同凡响的一件事。

角色	会带来不同后果的一件事
学生	为科学测验做准备
家人	给祖母打电话

永远不要让恐惧感为你做决定

当你认为你可能会屈服于自己的恐惧感时，想想这句话："永远不要让你的恐惧感为你做决定。你要自己做决定。"面临恐惧采取行动谈何容易，但你过后总会高兴自己这样做了。现在，审视一下你自己：

让我感到舒适的一些事情是：

对我来说易如反掌，但可能对他人而言困难重重或者让他们感到害怕的事情是（例如，交朋友和溜冰等等）：

我害怕这些事情：

对我来说需要有足够的勇气去做的事情是：

如果我直面恐惧，可能发生的最糟糕的事情是：

如果我直面恐惧，可能发生的最好的事情是（想象一下，如果你卸下重负，感觉会有多好）：

一些阻挠我进入勇气区的事情是（参阅本书"克服恐惧"部分）：

在我的勇气区之外，但我今天打算采取行动的一件事是：

🖊 成功的普遍要素

回忆一下前文"成功的普遍要素"中艾伯特·葛雷的话，然后回答。

我想实现但需要大量艰苦努力或者牺牲的目标是（比如成为音乐会钢琴演奏者和发现黄金等）：

要达成目标而需要采取的五个步骤是（例如，要成为音乐会钢琴演奏者，你的清单也许包括每天苦练、举行独奏会、牢记乐谱、参加竞赛和学习）：

1. _____
2. _____
3. _____
4. _____
5. _____

第三部分

公众领域中的成功

第七章

关系银行账户

生活的组成要素

The **7** HABITS
Of Highly Effective
TEENS

有一句我非常喜欢的名言说：**"每个人在临终之际都希望他没有把那么多时间花在了工作上。"**

我常常问自己："那么，他们希望花更多的时间干什么呢？"我想，答案可能是："希望把更多的时间用在同所爱的人在一起。"是的，这就是情感关系，是生活的组成要素。

与……的关系	得分				
与朋友的关系	1	2	3	4	5
与兄弟姐妹的关系	1	2	3	4	5
与父母监护人的关系	1	2	3	4	5
与女友/男友的关系	1	2	3	4	5
与老师的关系	1	2	3	4	5

你在情感关系方面做得怎样？如果必须对你对待最重要的情感关系的表现打分，你会有怎样的成绩呢？

　　你的成绩或许不错，或许不好。不管怎么说，这一章旨在帮助你改善这些重要的情感关系。但是，首先让我们快速回顾一下前面讲过的内容。

　　在"个人的成功"部分，我们了解了个人银行账户和习惯一、二、三。在"公众领域中的成功"部分，我们将学习情感关系银行账户和习惯四、五、六。正如我们已经说过的，处理好情感关系的关键首先是完善自我，至少是一定程度地完善自我。你不一定要做得完美无缺，你只需要不断取得进步。

　　为什么控制好自我对于成功地与别人相处那么重要？因为任何关系中最重要的是"你是什么"。正如爱默生所说，"你那么扯着嗓子朝我叫嚷害得我什么都听不清，你以为你是什么？"如果你正在试图建立良好的情感关系，大概你从自身就可以找到答案。

　　"个人的成功"部分会教你变得独立，以至于你可以说："我会对自己负责，我能够创造自己的未来。"这是一个很大的成绩。"公众领域中的成功"会教你与他人相互依存，也就是帮你与其他人和睦相处，最终你可以说："我是一个会与人默契合作的人，我会对人们产生影响。"这是一个更了不起的成就。总之，你与人相处的能力在很大程度上决定着你的事业是否成功，以及个人生活是否幸福。

　　现在再谈谈情感关系。让我们用一个实际的方法来想想情感关系问题，我称情感关系为"情感关系账户"。在前面的章节我们讲了"个人银行账户"，它代表你对自己的信任和信心程度。同样的，"情感关系账户"体现着你对亲友的信心和信任程度。

　　情感关系账户很像银行存款账户。你可以存款（感情投资）来改善你的情感关系，或者提款来损耗你的情感关系。牢固和健康的情感关系是长期不断的感情投资的结果。

　　尽管情感关系账户同银行存款账户有相似之处，但是它们有三个不同之处。

　　1. 你可能把钱存在银行里的一两个账户里，而你同你认识的所有人都有情感关系，也就是说，你有很多情感关系账户。设想一下，你在街上偶然与一位年轻人相遇。你微笑着跟他打招呼，那你就新开了一个关系账户。如果你与他相遇却视而不见，那你同样开了一个账户，不过，是"负账"而已。情况就是这样。

2. 同银行账户不一样，一旦你同别人建立了关系账户，你就永远无法结账。这就是为什么与多年不见的朋友突然相逢，会像从前一样亲切，感情没有一丝淡化。同样，这也是有的人积怨多年的原因。

3. 在银行账户里，10美元就是10美元。在情感关系账户里，存款往往会膨胀，而提款会造成亏空。这就是说，你需要不断地对自己的一些最重要的关系进行感情投资，经常向这种关系账户里储存感情，这样才能保持和发展这些关系。

那么，如何能建立良好的关系或修复破裂的关系呢？这很简单，要不断地进行感情投资。这就同吃一头大象一样，一次一口。感情投资的大小没有什么定论。如果我同你的关系账户里亏空了5000美元，那我就需要向这个账户里存入5001美元，以便结成良好关系。

我曾经问几个青少年这样一个问题："在你的情感关系中，最重要的是什么？"他们提供了下面几种回答：

◎ "家人的不断支持。"

◎ "朋友、老师、心上人或上司的一句问候，譬如'你好帅'或'你太棒了'。仅仅几个字，效果非同一般。"

◎ "朋友为我过生日。"

◎ "向别人夸耀我。"

◎ "我犯错后，他们原谅我、帮助我、爱我。"

◎ "听完我写的诗，朋友对我说我太棒了，说我应该写书。"

◎ "早晨正出门上学，妈妈和姐姐从加利福尼亚打来电话，祝我生日快乐。"

◎ "哥哥总是带我去和他的朋友们一起打曲棍球。"

◎ "点点滴滴。"

◎"我有四个好哥们儿，我们愿意凑在一起，希望大家都很好，很开心，就是这样。"

◎"每当克里斯说：'嗨，你好，利安！'我就感觉异常振奋。"

◎"我的一个朋友说，他认为我很诚实，不做作，这意味着别人都会承认这一点。"

你瞧，关系账户中的"存款"有许多种，但是下面六种似乎总是非常重要。当然，相反，也有相应的六种"提款"。

存款	提款
信守诺言	违背诺言
做出小小的友善行为	封闭自我
对人忠诚	散布谣言、辜负信任
善于倾听	不愿倾听
勇于承认错误	傲慢无礼
给出明确的期望	给出错误的期望

信守诺言

"肖恩，我不想再提醒你了。我的汽车后备箱里有几个垃圾袋，请把它们扔掉。""好的，爸爸。"

作为一个愣头愣脑的男孩子，不知不觉我竟忘记了扔掉爸爸福特车里的垃圾袋。周六下午我有个重要约会。我问爸爸我是否可以用一下他的车，但他说不行，因为那不是他的车，那是朋友的车。但是我觉得他忙忙叨叨，不会发现，所以就偷偷开走了福特车。

我的约会很愉快，我很开心。但是，在回家的路上，我撞上了一辆小轿车。人都没事，而两辆车事实上却都完蛋了。我永远忘不了我给老爸打的那个电话，那是我一生中最可怕的一个电话。

"老爸。"

"怎么了？"

"出事了。"

"你怎么了？你没事吧？"

"我撞车了，人没事。"

"你开的是哪辆车？"

"你的车。"

"混账！！！"我虽然把电话举到6英寸远，可我还是感到了他的痛。

我把车拖到了福特车的专门修理厂。由于是周六，修理厂说他们只能等周一修。没想到，到了周一，修理厂的经理给老爸打了个电话，拒绝修理这辆车。他说，当工人打开后备箱时，里面的垃圾（我忘记扔掉）散发着刺鼻的臭味，你是无论如何也想象不出我老爸当时是多么的生气。

在后来的几周里，我夹着尾巴做人。爸爸那么生气，并不是因为我撞了车。他暴跳如雷，是因为我违背了两个诺言。一是，"老爸，我不会开走你的车。"二是，"爸爸，放心，我会扔掉垃圾。"这可是"巨额提款"！后来，我花了很长很长的时间才重新建立了我与老爸之间的情感关系账户。

信守诺言对于建立相互信任至关重要，你必须说到做到。如果你对妈妈说你会在晚上11点前回家，或者说你今晚做饭，那么你就要信守诺言，那相当于向你的账户里"存款"。你要谨慎许诺，一旦许诺就要尽力信守诺言。如果你发现自己因某种特殊原因（有这种情况）无法兑现诺言，那么一定要向对方讲清理由。"妹妹，真对不起，我今晚不能去看你的演出。我没想到有个辩论会，但是明天我一定去。"如果你是真诚的，而且尽力守信，一旦遇到特殊情况，人们会理解你的。

如果你与父母的情感关系账户不佳，你要在父母面前履行承诺，因为如果得到父母的信任，一切都会变得轻松愉快。关于这一点，我就不必过多地啰唆了。

做出小小的友善行为

也许你也有过事事不顺的一天，你觉得沮丧极了。就在这时候，有人走到你身边，对你说了几句宽慰的话，顿时你的心境全变了。有时候，最不起眼的小事——一句问候，一个字条，一句赞美，一个拥抱——就会产生巨大的效果。如果你想拥有友情，那就努力从点点滴滴做起，因为在情感关系中，点点滴滴都非常重要。马克·吐温说过："一句赞美可以支撑我三个月。"

我的朋友勒农曾给我讲过，她哥哥在他们之间的关系账户里存储1000美元的故事。

在我上九年级的时候，上大三的哥哥汉斯似乎是一个当红明星。他不仅人长得酷，球又打得好，许多女孩都愿意跟他约会。我们家里常常挤满了他的朋友，他们个个都是帅哥。我多么希望他们有一天会想念我，是那种不把我仅仅当作朋友汉斯的"小妹妹"的想念！

就要举行同学舞会了，汉斯请全校最漂亮的女生瑞贝卡跟他一起去，瑞贝卡同意做他的舞伴。汉斯租了燕尾服，买了鲜花，同哥们儿一起租了一辆面包车，订好了酒店。结果，出现了意外。在舞会即将举行的傍晚，瑞贝卡得了重感冒，不能做汉斯的舞伴。可是，另外找一个舞伴有些来不及了。

汉斯本来可以发脾气，感到惋惜，责备瑞贝卡，甚至可以认为她不想做他的舞伴而装病。不管怎么说，他本该觉得自己很倒霉。然而，汉斯不是这样。他不仅表现出积极向上的一面，而且，他让另外一个女孩度过了终生难忘的一个夜晚。

他邀请了我，是的，邀请我，他的小妹妹，做他的舞伴，一起参加学校舞会。

你能想象出我的喜悦吗？妈妈急忙帮我梳妆打扮。可是当载着俊男靓女的面包车来到我家门口时，我开始想打退堂鼓了。他们会怎么想呢？但是汉斯冲我微笑，跟我拥抱，然后，骄傲地扶我上车，好像我是舞会的皇后。他并没有提醒我要装成大人，他并没有歉疚地对大家作出解释，他根本不在意我穿着素净的短裙而其他女孩都穿着漂亮的晚礼服。

舞会真的是棒极了。我肯定，汉斯早已买通大家，让每位帅哥都至少请我跳一个舞，因为我整晚都没得空坐下。有些帅哥甚至还假装为抢着跟我跳舞而吵架，我真是太开心了。汉斯也是，他的朋友们在忙着跟我跳舞的时候，他在忙着招架那些靓妹。事实上，那天晚上，对我来说，一切都是那么美好。我想，那是因为汉斯愿意让我作为他的骄傲。那是我生命中最美妙的一个夜晚。我想学校的每个女孩都喜欢上了我的哥哥，因为他是那么酷，那么善良，那么自信，他带着自己的小妹妹参加舞会。

日本人常说："一句好话暖三冬。"试想，汉斯的这一举动会给妹妹带来多少年的温暖！

你不必刻意地四处找机会帮助别人。一个学过"情感关系账户"课程的年轻人小李讲了这样一件事。

我是大学的学生会主席，我决定尝试一下我学过的关于情感关系账户的内容。我给学生会其他成员都写了一张简短的字条，有些人我并不太熟悉。我说我感谢他们所做的一切。写字条大约花了我5分钟时间。

第二天，收到字条的一个女孩走到我身边，突然拥抱了我一下。她感谢我给她的字条，随手递给我一封信和一个巧克力棒。她在信中说昨天她开心极了。本来很疲惫，心情极差，正是我写的小小一张字条改变了她的心情，帮助她愉快地完成曾让她感到厌烦的事情。不可思议的是，在给她字条之前我根本还不太熟悉她，我猜想她也并不太喜欢我，因为她从来都没有真正地关注过我。真是出人意料！我简直不敢相信一个小字条竟然对她那么重要。

帮助别人并不一定总要一对一，你也可以跟大家一起进行"感情存款"。我记得读过一篇文章，讲的是芝加哥附近的乔利埃特镇专科学校全体师生在这方面的一次义举，十几岁的女孩罗莉做梦也没有想到大家把返校节女王的桂冠给了她。

罗莉同大家不一样，她是接受特殊教育的残疾生。她每天坐轮椅上学，因为得了大脑性麻痹症造成口齿不清，行动不便。

在得到全体同学提名后，罗莉进入只有10人的决赛圈。最后，评委会宣布罗莉赢取了女王桂冠。整个学校齐声高喊，"罗莉！罗莉！"第二天，到她家里送花祝贺的人仍络绎不绝。

当有人问罗莉打算把这顶王冠戴多久时，她回答说："永远永远！"

如果你希望别人善待你，那么，你就要善待别人。想想你的感情投资对别人是多么重要，而不要光想着别人为你付出。在你看来，一个可爱的礼物可能是感情投资，但对别人来说，听几句动听的话语可能也是感情投资。

如果你有令人愉悦的话，那么，不要让它烂在肚子里，慷慨地说出来。正如肯·布兰查德（Ken Blanchard）在《一分钟经理》（*The One Minute Manager*）一书中写道："再好的想法，如果不讲出来，就等于零。"不要等到来不及了，空留遗憾。

对人忠诚

我永远难忘中学二年级时，我和我的朋友埃瑞克一起去看过的一场中学篮球比赛。我开始拿一个总坐在替补席上的选手开玩笑。他是个不错的家伙，跟我也很好，但许多人都开他的玩笑，于是我觉得我也可以这么做。埃瑞克笑了笑。就在我嘲笑了那家伙一阵后，我凑巧转过身去。天哪！他的弟弟就坐在我后面。他听到了一切。我迅速转回身，一声不吭地看完了后面的比赛。我觉得自己像个大傻瓜，1英尺高的大傻瓜。那个晚上，我确实上了有关忠诚的重要一课。

你能进行的最大的感情投资之一就是对别人忠诚，不仅是当着他们的面，尤其是在他们不在场的时候更要如此。当你在背后议论别人时，你是在以两种方式伤害自己。

首先，你会让每一个听到你的话的人都退避三舍。如果你听到我在格雷格不在场时说他的坏话，那你觉得我在你不在场的时候会对你做些什么呢？你会觉得我也会议论你。

其次，当你讲别人坏话或议论别人的时候，你无形中疏远了被你攻击的人。你感觉到有人在你背后诋毁你吗？你听不到，但你可以感觉到。这很奇怪，但这是真的。如果你当面一套，背后一套，不要以为他们感觉不到，世上没有不透风的墙。

说闲话是青少年，尤其是女孩的一大毛病。男孩通常会用其他方式攻击别人（我们称之为拳头），而女孩则用语言。为什么嚼舌头是个普遍的问题？其一，这是一种强烈的感觉，你玩弄别人的声誉于自己的股掌之中；其二，我们闲聊是因为我们感到不安全、害怕和受到威胁。这就是为什么闲聊的人通常喜欢捉弄那些长相出众、想法独到、自信或某方面突出的人。但是，诋毁别人而突出自己不是很愚蠢吗？

闲聊和谣言可能比其他任何坏毛病加起来都更多地破坏了名誉和关系。我的朋友安妮讲述的一个故事就突出显示了它们的危害。

中学毕业的那个夏天，我和最好的朋友塔拉分别和两个出色的男孩约会。他们是好朋友，我们也是，我们四个经常在一起。有个周末，塔拉和我的男朋友萨姆都随家人外出了。塔拉的男朋友威尔打来电话说："嗨，既然塔拉和萨姆都出去了，又没什么事做，我们去看电影吧。"

我们只是以朋友的身份出去的——威尔明白，我也明白。当然，有人在电影院里看到了我们，误解了我们。在一个小镇里，事情总是传得很快，塔拉和萨姆回来后，我还没来得及和他们说上话，事情就传出去了。没有任何挽回的余地。当我打电话问候他们时，他们的回应就像是从北极吹来的一阵冷风。没有解释，没有交流。我最好的朋友和我的男朋友选择了相信那些恶心的谣言，他们非常生气。那个夏天，我得到了有关忠诚的最惨痛的教训。我永远难忘那个夏天，那个永远无法挽回的夏天。时至今日，我最好的朋友仍然不相信我。

从上面倒霉的事情中，我似乎认识到，一点点忠诚就能解决许多问题。

那么，如何做一个忠实的人呢？

忠实的人会保守秘密。当别人告诉你一些事情并要求"只能你知我知"时，那么就对天发誓：只有你和他知道，不要四处散播每一个细节，就像你的身体功能不受控制一样。如果你喜欢听秘密，那么就守口如瓶，这样你才能听到更多的秘密。

忠实的人不嚼舌头。你有没有想过退出一群人的闲聊，因为你担心有人要开始说你的闲话？不要让别人觉得你说别人闲话，要像躲避狂犬病一样避开闲聊。这并不意味着你不能谈论别人，而是要用一种有益的方式来谈论。记住，智者谈论主张，弱者谈论别人。

忠实的人维护别人。下一次碰到一群人谈论另一个人时，不要参与其中，而要维护那个人。你这样做时不要去刻意标榜自己是正直的。中学三年级学生卡蒂讲述了这样一个故事。

一天，在英语课上，我的朋友马特开始谈论我邻居家一个跟我并不亲密的女孩。他的朋友请她出去跳过舞，于是他就说"她下贱"，"不要脸"。

我转过身说："抱歉，吉米和我一起长大，我觉得她是我遇到的最可爱的女孩之一。"说完后，连我都对自己感到吃惊，实际上我正设法跟她相处。虽然吉米从不知道我替她说话，我对她的态度还是改变了，我们真的成了好朋友。

马特和我仍然是好朋友，我想他知道他可以把我看作是一个忠实的朋友。

去除闲聊的毛病需要勇气。但是，在最初的尴尬之后，人们会钦佩你，因为他们知道你忠实可靠。此外，还要忠实于家人，因为这种关系将维系一生。

像《小熊维尼》（Winnie-the-Pooh）中所表现的，人们需要从他们的关系中感受到安全和安心。

小猪悄悄走到小熊身后。

"小熊。"他小声说。

"什么事，小猪？"

"没事。"小猪拉起小熊的手说，"我只是想感觉到你的存在。"

善于倾听

倾听是你所进行的另一笔最大的感情投资。为什么？因为大多数人都不愿倾听，而倾听可以治愈伤痛，就像15岁的托尼讲的那样。

那年年初，我同父母的交流出现问题。他们不听我的，我也不听他们的，那种局面是"我是对的，你就是错的"。我很晚回家，然后就上床睡觉。早上吃过早饭就上学，不说一句话。

我去找表姐，对她说："我要和你谈谈。"我们开车在镇上转，就只有我们两个人。她听我又哭又叫了两个半小时。她确实帮了我不少，因为她只是听我诉说。她乐观地认为一切都会好转，并建议如果我努力，这对赢回父母的信任会有好处。

后来，我试着从他们的角度看问题。我们不再处于对立状态，一切又恢复正常。

人们需要有人倾听，就像需要食物一样。如果你花时间听他们诉说，你会创造惊人的奇迹，会建立伟大的友谊。在习惯五中我们会谈到更多关于倾听的话题：首先努力去理解别人，然后才能争取被别人理解。这是后话。

勇于承认错误

在你大声叫喊、反应过度或犯了愚蠢的错误时说声"对不起"，就能很快弥补情感关系账户的透支。但是，走到朋友面前说"我错了"、"我道歉"、"对不起"需要勇气。向你的父母承认你错了尤其困难，因为你觉得你比他们懂得多。17岁的勒纳告诉我们：

我从以往的经历得知对父母道歉多重要。如果我承认我的错误并道歉，他们会原谅我的任何过错，而且不再追究，但这样做并不容易。

我想起最近一天晚上发生的事。妈妈指责我做了一件她不赞同的事，我不承认；相反，我表现得好像他们是傻瓜，并当着妈妈的面摔门进了房间。

一进房我就觉得不对。我可能一直就知道自己做错了，并且态度粗暴。我该待在房里睡觉，让事情过去，还是应该上楼道歉？过了两分钟，我上楼，径直走向妈妈，用力拥抱了她，告诉她我对自己的行为感到非常抱歉。这是我所做过的最好的事。事情立刻就过去了，就像根本没有发生过一样。我感到轻松和高兴，如释重负。

不要让你的骄傲和懦弱妨碍你向他人道歉，因为那不像看起来那么可怕，它会让你事后觉得开心。此外，道歉让人们消除敌意。当人们被冒犯时，他们的反应通常是拿起武器，保护自己。但是，当你道歉后，就能消除他们想揍你的念头，让他们立刻丢下刀枪。

既然你我在以后的日子里还会继续犯错，那么道歉就是一个不错的习惯。

给出明确的期望

"我觉得我们应该和其他人在一起。"你的男友或女友可能这么跟你说。

"但我觉得我们两个是在一起的。"你可能这么回答。

"嗯，不一定。"

"那么你以前说你对我的那些感觉，又是什么意思？"

"我不是真心的。"

你有没有看到过有人因为别人不明确的期望而受到伤害？我们往往想夸奖和取悦别人，但我们的期望常常不现实或不明确。

想让你老爸高兴，你可能会说："哦，老爸，我周末帮你修车。"但现实是你整个周末都已经排满了，根本没有一点时间。结果，你让你老爸失望了。一开始你就现实一点可能会更好。

要取得别人的信任，我们要避免发出不清楚的信息，或暗示一些不真实或根本不可能发生的事。

杰奎琳说："我觉得很愉快，杰夫。我们下周再说吧。"她真正的意思是："我很愉快，让我们只是做朋友吧。"但是，由于错误的期望，杰夫还是会约她出来，她也仍然要拒绝他说："也许下周吧。"如果杰奎琳对待约会问题诚实一点的话，每个人可能都会好受一些。

每当你找到一份新工作、建立一种新关系，你最好花时间考虑你对每个人的期望值。许多问题的产生是由于一个人这样想，而另外一个人那样想。

你的老板可能说："我要你这个周二晚上加班。"

你可能回答说："对不起，我这个周二晚上必须替我妈照看小弟弟。"

"你应该在我雇用你的时候就告诉我，现在我该怎么办？"

要通过实话实说和事先想好的明确期望来建立信任。

个人挑战

我想把一项个人的挑战留给你。找出一种对你一生非常重要却受过重创的关系。可能是你同父母之间的关系，也可能是同兄弟姐妹或朋友之间的关系。现在，你可以努力重建这种关系，开始进行感情投资。一开始，对方可能会疑心，想知道你要干什么，"你怎么了？想从我这里得到什么吗？"耐心点，坚持住。记住，要花几个月时间才能重新建立遭到损害的关系。慢慢地、一笔一笔地存款，他们会看到你是真诚的，你是真的想跟他们做朋友。我不认为这很简单，但我向你保证这样做很值得。

◇ 后面的章节更精彩 ◇

如果你喜欢各取所需的自助餐（谁不喜欢），一定会喜欢下一章的内容。

幼童　学步

信守诺言

1. 下次晚上外出时，和老妈老爸说好几点回家就几点回家。

2. 作出承诺前，静思片刻，想好你是否能说到做到。不要轻易就说"今晚我给你打电话"，或"今天我请你吃午饭"之类的话，除非你能做到。

做出小小的友善行为

3. 这周给一个露宿街头的孩子买个汉堡包。

4. 给你一直想表示感谢的人写个字条，表达谢意。

我想感谢的人是：＿＿＿＿＿＿＿＿＿＿＿＿＿＿＿＿＿＿＿

对人忠诚

5. 确定什么时候、什么情况下最难避免闲聊，是中午在衣物间同某个朋友在一起的时候吗？制定出避免这种情况的计划。

6. 试着在一整天里都只说关于别人的好话。

善于倾听

7. 今天不要只顾说话，花一天时间倾听别人诉说。

8. 想想家里某个人，妹妹、哥哥，或是爷爷，你从来都没有好好地听他（她）说话，花些时间认真倾听。

勇于承认错误

9. 今晚，上床睡觉前，给你冒犯了的人写个简短的字条，表明歉意。

给出明确的期望

10. 想想这样一种情况：你和其他人抱有不同的期望值，共同制定一个计划以便取得一致。

他们的期望：＿＿＿＿＿＿＿＿＿＿＿＿＿＿＿＿＿＿＿＿

我的期望：＿＿＿＿＿＿＿＿＿＿＿＿＿＿＿＿＿＿＿＿＿

我的训练计划

在前面的章节我们讲了"个人银行账户"。它代表你对自己的信任和信心程度。同样地，"情感关系账户"体现着你对亲友的信心和信任程度。下面我们分别从六项存款和提款进行练习：

 信守诺言

信守诺言对于建立相互信任至关重要。你必须说到做到。如果你没有做到，就要考虑弥补。

我没有信守的诺言是（描述这一事件）：

我现在与这个人建立了互相信任。是或否？

如果是，我通过什么办法重新建立了这种信任（描述你的行动）：

如果否，我可以通过什么办法重建信任（描述你的行动）：

有人对我没有信守的承诺是（描述你这一事件）：

违背诺言让我感到：

 做出小小的友善行为

你的善行非常简单，却带来了巨大的感情账户成果。我可以为他人做的一个简单的友善行为是：

有人为我做过的一个简单的善行是（描述这一行为以及你的感受）：

我愿意改善的关系是：

我愿意为那个人做的小善行是：

花几分钟在另外一张纸上飞快地写出你今天可以免费为你碰到的人做的所有简单的善行。

 测试你的忠诚

对人忠诚对维护牢固的关系至关重要。传播流言和不保守秘密对某人的声望是个极大的损害。

圈出最能描述你的答案：

1. 如果我听到我的朋友在谈论某个我认识的人的趣事时，我暗想：

a. "我怎么知道这件事是不是真的？我需要让那个人享受怀疑的好处。"

b. "这个谈话让我感到不舒服。我的确喜欢我们正谈论的那个人，希望对其忠诚。我想我应该说出自己的看法。"

c. "我不确定这个说法是不是真的，但我的确喜欢眼下成为这一群体的一分子。我决不会说出我的感受，破坏气氛。"

d. "我想我需要离开。"

2. 当我听到有人为我正在谈论的人辩护时，我心想：

a. "哦，人人都想看一出好戏。"

b. "我佩服他能够挺身而出。我应该明白最好不要讲人坏话。"

c. "他只不过嫉妒他现在不是中心人物。"

3. 我认为流言蜚语是：

a. 无伤大雅的玩笑——与我的朋友一起打发时间的方式。

b. 对不在场的人不公平。我可不想别人在背后议论我的是非！

c. 打破沉默的方式，不知道该说些什么。

4. 如果有人告诉我某件事，并对我说"只是你知我知"，我：

a. 尊重他们的要求，不向别人透露半句。

b. 如果他们真的希望它成为秘密，就不应该告诉任何人，包括我在内。

c. 只告诉我最好的朋友，但让他们也保守秘密。

5. 我认为流言造成：

a. 不信任。如果我听到我的朋友背后议论他人，我会想如果我不在场，他们是否会议论我的是非。

b. 忠诚。如果朋友不在场，我就不尊重他们，我怎么算得上朋友呢？

c. 缺少信任。我认为，在我的个人问题上我无法信任我的朋友。如果他们无法保守秘密怎么办？

d. 没有负面效应。人人知道这只不过是飞短流长——谁会在这件事上较真呢？

你听过这样的说法吗？"智者议论主张，弱者谈论别人。"参考上面你的答案，你的情况如何？你认为你有改善的余地吗？有时候，人们聚在一起就喜欢谈论他人是非，因为这似乎是最容易挑起话头的主题。但这不一定是真的。想想你们共同感兴趣的话题，然后开始交谈。你会发现，你们的谈话更有意义，人人能够放松心情，不会担心伤害到他人。

评估倾听者

倾听可能是你在他人情感关系账户中投入的最大一笔存款。听听别人说什么，表明你在乎他们。倾听和关心周围的人给你带来永久的友谊。

我可以通过对方的动作来判断出他的注意力没在我身上，也没在听我说话（描述他或她的动作）：

当我听人讲话时，我通过一些动作来向他或她证明我在听（描述你的动作）：

我认为，用心倾听可以积极影响情感关系账户。是或否？

使我和某人之间的情感关系账户受到影响的一件事是（描述当时的情景）：

练习道歉

当你做错时，说声"对不起"就能很快弥补情感关系账户的透支。在你反应过度、大喊大叫或犯了愚蠢的错误时，最应该做的事就是道歉。因此，下次你做错事的时候，试着去道歉。结果会让你欢欣鼓舞。

我为之道歉的那件事是（描述当时的情景）：

道歉之后，我感到（描述你的感受）：

某人向我道歉的那件事是（描述当时的情形）：

在他或她道歉之后，我感到（描述你的感受）：

我很难开口说抱歉。是或否？

如果是，之所以难于开口是因为：

如果否，道歉之所以很容易是因为：

 给出明确的期望

通过给出明确的期望，我们能够避免发出含糊不清的信息，或暗示一些不真实或根本不可能发生的事。

我没有给出明确期望的一件事是（在下面描述这件事）：

这件事的结果是：

HABIT

习惯四：
双赢的想法

第八章

习惯四：双赢的想法

生活就像一顿各取所需的自助餐

The **7** HABITS
Of Highly Effective
TEENS

如果不是让大家的生活都变得轻松一些的话，那么我们生活的目的是什么？

——乔治·艾略特（George Eliot），美国诗人

我曾在一所糟透了的商学院读过书，这所学院奉行的是声名狼藉的强制性分等级制。每个班有90个学生，而有1/10的学生，也就是有9个学生将会被列为三类学生。三类学生不过只是一种"考试不及格"的好听说法罢了。换句话说就是，无论班里学生的成绩如何，总有9个人只能不及格。如果你不及格的次数太多的话，你就会被赶出学校。这种压力大得吓人。

可问题在于班里的每个人都很聪明，因而同学之间的竞争非常激烈，这也影响到我（请注意，我没有说"迫使我"）和我的同学们，大家的表现非常可笑。

就像我在高中和大学所做的那样，我的目标已不再是为了取得好成绩，我发现我自己的目标变成了不成为9个不及格的三类学生中的一个。我已

不再是为了获胜而学习，而是为了不失败而学习。这使我想起了以前听到的一个故事：两个朋友在前面跑，一头大熊在后面追。一个人回头对另一个人说："我知道我没必要比熊跑得快，我只要比你跑得快就行了。"

一天我坐在课堂中，忍不住四处东张西望，想数数哪几个人比我还笨。当有一个学生说了句傻话时，我头脑中立刻会蹦出这样一个念头："好啊，这家伙死定了。还有8个。"有时我发现我不想让学习小组中的其他同学知道自己最高明的想法，因为我担心他们会偷走我的想法，结果受表扬的是他们而不是我。这些想法折磨着我的心，让我觉得自己真是很渺小，心眼还没个针尖大。问题在于我脑子里想的是争强好胜，而争强好胜的想法总是让你的心中充满了消极的念头。好在还有一条更好的出路，那就是双赢的想法，也即习惯四。

> 拥有并不能使你骄傲，骄傲只能源于比别人拥有更多。

双赢的想法也是一种人生哲学，一种表示我可以获胜，你也可以成功的精神力量。双赢并非光是我高兴，也不是只有你高兴，而是我们两个都开心。双赢的想法是与他人和睦相处的根本。首先你心中要想到我们都是平等的，不存在谁好谁坏的问题，而且也没必要分出好坏来。

现在你可能会说："说真的，肖恩，不是那么回事，那是一个血淋淋的和充满竞争的世界，没人能永远获胜。"

我不同意这种说法，那并不是生活的真实面貌。真正的生活并不是竞争，或是要比别人强，或是十次要有九次获胜。在商业竞争、体育比赛和学校中

嗨，汤姆，我知道我没必要比熊跑得快，只要比你跑得快就行了。

可能是这样，可这只不过是我们所建立起的习惯罢了，人与人之间的关系可不是这样的。正如我们在上一章中所了解的那样，友谊是构成生活的要素。如果说："你们俩当中谁棒？你还是你的朋友？"想想这有多傻呀。

让我们来探讨一下这种被称为双赢的奇思妙想。以我的经验，做到这点最好的方法是看看双赢的反面是什么。双赢不是争强好胜，也不是逆来顺受，更不是两败俱伤。在对待生活的态度上，人们有许多相同却又很愚蠢的做法。坐到车上，系上安全带，让我们相互看看。

我赢你输——刻着图腾的柱子

"妈妈，今天晚上有一场精彩的比赛，我想用用车。"

"对不起，玛丽，晚上我要开车去买食品，你可以搭朋友的车。"

"可是妈妈，老搭朋友的车多丢人呀。"

"听着，你一个星期都在抱怨家中一点吃的也没有。对不起了，我只有今天晚上有时间去买吃的。"

"别说对不起。如果你真觉得对不起，就让我用你的车。你太不公平了，一点都不关心我。"

"好好，你用车吧，不过明天没东西吃的时候可别向我唠叨。"

玛丽赢了，妈妈输了，这就是所谓的我胜你负。可玛丽真的赢了吗？也许这次她是赢了，可妈妈心里怎么想呢？下次如果妈妈有机会报复时会怎么做呢？这就是为什么"我胜你负"归根到底并不划算的原因所在。

争强好胜是一种人生哲学，这种人生哲学就是胜利之果是如此之诱人，你吃得多了，剩给我的就少了，所以我要想法保证我先得到我的那一份，或是我得到比你大的一份。我胜你负就是竞争，我叫它"图腾柱综合征"。"我不在乎我怎样，只要在图腾柱上我的位置比你高就行。"同赢得胜利、成为最棒的和按自己的意志行事相比，亲情、友情和忠诚都是第二位的。

争强好胜充满了骄傲。用作家刘易斯（C. S. Lewis）的话说就是："拥有并不能令你骄傲，骄傲只能源于比别人拥有更多……这是一种使你引以为荣的比较，一种超越他人的快乐。"

你在想争强好胜这个问题时不要把它想得太坏，因为我们从小受的就是这种教育，对那些在美国长大的人更是如此，而亚洲人的人生哲学更倾向于合作。

为了说明我的观点，让我们看看一个普通的男孩罗德尼吧。罗德尼经历的第一次竞争是在三年级的时候，当他参加每年一度的田径比赛时很快就发现只有前三名可以得奖，罗德尼从未在比赛中得过奖，但却很高兴，因为他至少因参与而得了奖，直到有一天，他最好的朋友告诉他说"这些奖根本不算什么，因为人人都有份"时，他才恍然大悟。

罗德尼上中学后，他的父母没钱给儿子买最新款的牛仔裤和时髦的鞋子了，罗德尼只好穿旧服装和旧鞋子。可他总是忍不住留心那些有钱朋友的穿着打扮，感到抬不起头来。

到高中时罗德尼拉起了小提琴，还参加了学校的乐队，但让他泄气的是乐队中只有一个人能当第一小提琴手。他对被分配担任第二小提琴手感到失望，但让他欣慰的是他还没落到担任第三小提琴手的地步。

在家里，罗德尼一直是妈妈最喜欢的孩子。可是他的弟弟恰巧在田径比赛中也得了许多奖，现在已取代他而成了妈妈的心肝宝贝。于是罗德尼为了自己在学校中发奋读书，如果他能在学习上超过弟弟的话，他还有可能再讨得妈妈的欢心。

经过4年的高中生活后，罗德尼准备上大学，为此他参加了SAT测试（学术能力测试），成绩中等，这意味着他比一半人聪明，但又不如另一半人，遗憾的是他的成绩还不足以让他进入他想上的大学。

罗德尼上的是一所对学生强制性分等级的大学。一年级的化学课共有30名学生，罗德尼了解到只有5个学生是A类，5个是B类，其他的不是C类就是D类。发奋之下罗德尼没有掉到C类和D类学生的行列里，幸运地挤进了B类学生中的最后一名。

而罗德尼的故事还没完……

要在当今这个世界中出人头地，那么罗德尼和我们大家在成长的过程中将生活看作是一场竞争，事事都要争先，还有什么奇怪的吗？我们经常发现我们自己环顾左右，想看看我们在图腾柱上处于什么位置，还有什么奇怪的吗？幸运的是，你和我都不是失败者。我们有能力积极主动，超越这个争强好胜的环境。

争强好胜的人生哲学有多种表现形式，以下就是其中的一些。

◎ 出于自私的目的而在感情和肉体两方面利用他人

◎ 为了自己出人头地而牺牲他人的利益

◎ 散布别人的流言蜚语（踩着别人的肩膀往上爬）

◎ 总是固执己见，从不考虑别人的感受

◎ 当周围的人遇到好事时嫉妒不已

争强好胜的人生哲学最终会搬起石头砸自己的脚。你可能会爬到图腾柱的顶部，但你却会感到高处不胜寒，身边一个朋友也没有。演员莉莉·汤姆琳说过："老鼠之间激烈竞争的问题在于，即便赢了你还是一只老鼠。"

你胜我负——逆来顺受的可怜虫

一个孩子写道："首先，我是一个与世无争的人。对任何事情我宁愿责怪自己也不愿和别人争个不休。我经常发现自己在说：全怪我，是我弱智……"

你认为自己会认同这段话吗？如果认同，你就落入了逆来顺受的圈套。

逆来顺受表面上看上去不错，可它同争强好胜一样危险。这是一种逆来顺受综合征。逆来顺受者说："你怎么对待我都行，你可以在我身上擦脚，谁都可以对我这样做。"

逆来顺受是弱者。由于是一个与世无争的人，他容易受人欺负，容易成为一个老好人，容易屈从于他人，容易对父母言听计从，而不去设法让他们了解自己的感受。

由于这种逆来顺受的人生哲学，你会发现自己的期望不高，一次又一次地降低自己的标准。为了适应压力而让步就是逆来顺受。也许你本不想逃学，可在一些家伙的强迫下你让步了。结果怎样？你输了，那些家伙赢了，这就是所谓的逆来顺受。

一个名叫珍妮的女孩曾向我诉说过她对逆来顺受的困惑，在解脱出来之前这种困惑整整折磨了她1年。

别提要求。

擦鞋垫

有一天妈妈对我冷嘲热讽，于是我和妈妈之间的麻烦开始了。她对我说："哎唷！你今天真是粗鲁无礼呀。"我仔细地琢磨了妈妈的话后，当即决定不再向妈妈敞开我的心扉，也不再和她顶嘴了。我开始假装尊重她，服从她的权威。因此每当她对我说什么事时，即便我心里不同意，我也只是说："好的，你说怎么样就怎么样。"有一半的时候妈妈甚至不知道我心里有事，因为我不愿告诉她。

当妈妈对我交什么样的朋友和晚上几点回家都管时，我总是说："你怎么说我就怎么做。"按妈妈的要求去做很容易，因为我从没感到她认真考虑过我的意见和建议。

可是很快我对这一套就烦了，我心中的怨气越来越大。一天晚上我刚刚同妈妈说完学校作业的事，她漫不经心地说了一句"噢，这很好啊"后，转过身又去擦地板了。

我心想："难道你真的不在乎吗？"可我什么也没说，扭头而去。妈妈根本不知道我不高兴了。如果我告诉她与她的交流对我有多么重要的话，她本愿意和我好好谈一谈的。可是我显得很想逆来顺受，妈妈怎么说我就怎么做。

最后，我的怨气终于爆发了："妈妈，不能再这样了，我再也受不了你了。你想让我干什么我就干什么，因为听你的话总比反抗你容易。好了，我受够了！"我说出了心里的话，让妈妈知道我埋藏在心底的感受，妈妈很吃惊。

发泄完心中的怒火之后，我和妈妈愣了好一会儿。这时我们都感到我们的关系完全不同了，变得越来越亲密。现在我们无话不谈，我总是把我的想法告诉妈妈。

如果你将逆来顺受作为你对生活的基本态度的话，那么人们就会欺负你，你真成了低三下四的人。你还要将你的想法深深地埋藏在心底，这样你的心理是不健康的。

当然，你难免会失败。如果问题对你并不重要，这时逆来顺受也没什么不好，比如说你和姐姐在捉迷藏时意见不一致，或是妈妈不喜欢你拿叉子的样子。在这些小事上不妨让让别人，别人会记住这些的。你要注意的就是在大事上坚持你的原则。

如果你受欺负而又无法脱身的话，那你只好逆来顺受了。欺负人是一个伤害与顺从之间循环往复、永无尽头的过程，情况永远不会有所改善，对你来说无论如何都不会有胜利的一天，你应该赶快从中脱身，不要以为被人欺负是你的错或是你就该受欺负。那是可怜虫的想法，没有人天生该永远受欺负。

两败俱伤——坠入万劫不复

持两败俱伤想法的人会说："小子，如果我完蛋的话，你也要和我一起完蛋。"毕竟，有了伙伴，不幸也不那么令人难受了。战争便是两败俱伤的最好例子。好好想想吧，谁杀的人多谁就赢得了战争，可听上去并不像他最终真的胜利了。报复也是一种两败俱伤，通过报复，你可能以为你赢了，可实际上你真正伤害的却只是你自己。

当两个争强好胜的人碰在一起的时候，往往会出现两败俱伤的结果。如果你不惜一切代价要获胜的话，另一个人也会这样干，结果你们两个都会成为失败者。

当一个人消极地看待别人时也会出现两败俱伤的结果，这种情况在与我们最亲近的人身上最有可能出现。

"只要让我弟弟失败，我才不管结果会怎么样呢。"

"如果我得不到杰夫，那我也决不让我的朋友萨拉得到他。"

在这个问题上你要是不谨慎的话，友情就会变成两败俱伤的结局。这种事你见得还少吗？两个好人开始交往，他们的关系发展得很顺利，这就是双赢。可如果他们的感情变得越来越深，产生相互依赖的心理的话，他们就开始产生对对方的占有欲，变得相互嫉妒起来。他们老是要待在一起，感受对方，就好像拥有对方一样，以获得安全感。最终这种相互依赖会给两人带来最坏的结果，他们开始吵吵闹闹，相互"报复"，结果陷于两败俱伤的悲剧之中。

双赢——各取所需

双赢就是一种人人都是胜利者的想法，就是一种既宽容又坚忍不拔的想法。我不会踩着你的肩膀向上爬，但我也不会对你卑躬屈膝。你关心他人，希望他们成功。但你也关心自己，也希望自己成功。双赢就是海阔天空，认为存在着许多成功的机会。这并不是你的成功或是我的成功，而是我们两人的成功。谁得到的好处多一点并不重要，这好比是一顿各取所需的自助餐，人人都有份。

我的一位朋友唐·梅韦斯讲述了她是如何发现双赢想法的好处的。

高二时我是学校篮球队的女篮队员。虽然我才是个高二学生，但是球打得相当不错，身高也足以成为大学篮球队的首发队员了。我有一个好朋友帕姆，也是个高二学生，也被选为大学篮球队的首发队员。

我比较擅长中远距离投球，常在10英尺外投篮，一场球打下来我能投四五个这样的球，而这也得到了大家的赞赏。但不久后，帕姆变得显然不喜欢我在球场上成为观众注意的中心，于是决心有意让我得不到球。无论我有多好的投篮机会，帕姆都不再将球传给我了。

一顿各取所需的自助餐

一天晚上，在一场激烈的比赛之后，由于帕姆在比赛中一直不给我球，我像以往一样都快气疯了。我和爸爸谈了很久很久，什么都对爸爸说了，表示了我对帕姆化友为敌的愤怒。长谈之后，爸爸告诉我说，他认为最好的办法就是我一得到球就传给帕姆。一得球就传给帕姆，我认为这是爸爸给我的最愚蠢的一个建议。可爸爸只说这样做一定有用，说完他就走了，把我一个人留在厨房的餐桌边自己去想。我才没费那个工夫，我知道这样做根本没用，将老爸的傻建议丢在了一边。

很快就要打下一场比赛了，我决心让帕姆在比赛中出出丑。我做了周密的策划，并开始着手实施让帕姆丢脸的行动。当我第一次拿到球时，我听到爸爸在观众席上大声叫喊，他的嗓音低沉，尽管我在打球时非常专心，不知道身边发生的事，但是我总是能听到老爸低沉的嗓音。我一拿到球，老爸就大叫："把球传给帕姆！"我犹豫了一下，还是做出了我知道是正确的举动。虽然我也可以投球，可我看见了帕姆，将球传给了她。帕姆愣了一下，然后转身投篮，手起球落，2分。我在回防时突然产生了一种从未有过的感觉：为另一个人的成功而由衷地感到高兴。更重要的是，我知道我们的比分领先了。赢球的感觉真好！上半场我继续同帕姆合作，一有机会就将球传给她。下半场我依然积极与帕姆配合，除非适于别人投篮或由我直接投篮更好。

这场比赛我们赢了。在以后的比赛中，帕姆开始向我传球，而且也像我一样一有机会就传给我。我们的配合变得越来越默契，两人之间的友谊也越来越深。在那一年的比赛中，我们赢了大多数比赛，而我们两人也成了家乡小镇中的传奇人物，当地报纸甚至专门写了一篇有关我们两人默契配合的报道。总的来说，我在比赛中的得分也比以前多了。

你看，双赢总会给人们带来更多的好处，这就好像是一顿无尽的美餐，让你享用不尽。正像唐所看到的那样，希望别人成功使你自己充满了快乐。通过比赛中的配合，唐并未因此而得分减少，相反最终却得了更多的分。实际上，与为了私人恩怨而拒绝配合比起来，她们两人都投进了更多的球，赢得了更多的比赛。

你可能在双赢这方面能比你所认为的做得更多。以下是双赢人生哲学的范例。

◎ 你最近因工作出色而得到了提拔，你应与所有那些帮助你取得这些成绩的人分享荣誉与赞扬。

◎ 你刚刚被提拔担任学校的一个重要职务，你决心不让这种"优越感"抬头。你对学校中的每一个人都一视同仁，无论他们是孤僻的人还是大家不喜欢的人，你都平等对待。

◎ 你最好的朋友刚刚被一所你想上的大学录取，而你却未能如愿。虽然你对自己的处境感到尴尬，可你却真诚地为你的朋友感到高兴。

◎ 你想到外面去吃晚饭，可你的朋友却想去看电影。你们俩决定租一部片子，将饭买回家一边吃一边看电影。

如何设想双赢

你该怎么办？你的朋友被大学录取而你却没有，你怎么才能高兴起来？邻居的女孩有许多漂亮衣服而你却没有，你怎么才能不感到自卑？怎么才能找到可以使你们两个都成为成功者的办法？

我可以提供两个线索：首先办好自己的事，其次避免两个恶魔附身。

首先办好自己的事

一切首先取决于你。如果你是一个没有安全感的人，自己的事还没做好，那将难以想象双赢。你会感到受到别人的威胁，难以为别人的成功而高兴，难以和大家分享荣誉与赞扬。没有安全感的人容易产生嫉妒心。道格与女友的对话典型地展示了一个没有安全感的人的形象。

"艾米，刚才和你说话的那个人是谁？"道格问道。

"那个男的是我从小一起长大的好朋友。"艾米回答说。

"我不想你和他在一起鬼混。"道格发火了。

"道格，他只是我的一个老朋友，我们是小学同学。"

"我不管你和他认识多久了。你不该对他那么好。"

"那有什么，他不过是遇到了一些麻烦，需要找个朋友说说。"

"你听不听我的话？"

"那好吧，道格。如果你是这样想的，我不再和他说话了。"

你可以看出只要道格是个没有安全感的人，在情感上依赖女友，要他心胸开阔有多难吗？道格应从自己身上找原因。当他学会增进与别人的关系，承担起生活的责任并做好计划时，他的自信和安全感会增加，这时他会乐于和别人在一起，而不会感到受到别人的威胁。个人安全感是双赢想法的基础。

避免两个恶魔附身

有两种习惯像肿瘤一样从内心折磨着你。这两种习惯是一对难兄难弟，它们就是竞争和攀比，有这两种习惯是不可能产生双赢想法的。

竞争

竞争完全可以是有益的，竞争可以促使你进步、实现你的目标和发挥你的主观能动性。没有竞争，我们就永远不会知道我们可以达到什么目标。在商场上，竞争可以使经济繁荣，奥林匹克运动会的光荣就是出类拔萃和竞争。但是竞争也有不利的一面。在《星球大战》这部影片中，天行者卢克得知一种被称之为"力"的能量盾，它是所有生命的来源。后来，卢克在与邪恶的黑武士交锋时，又得知这种力有"阴暗面"。黑武士说："你不知道阴暗面的力量。"竞争也一样，它有光明的一面，也有阴暗的一面，而这两方面都非常强大，不同之处在于：当你同自身竞争时，或是竞争中对你提出的挑战使你最大限度地发挥出自身的潜能，从而使你成为最强者时，竞争就是有益的。而当你将你的自尊与获胜联系在一起，或是当你利用竞争使别人屈服时，竞争就变成了坏事。

让我们找到一个双赢的解决办法吧！

我在读蒂姆·高尔韦（Tim Galwey）撰写的一本名为《网球内幕》（The Inner Game of Tennis）的书时，发现书中对竞争的描写非常精彩。蒂姆写道：

当竞争被用来塑造自我形象、用来与他人对比时，人性中最阴暗的一面便显露出来了：原本很平常的恐惧与挫折感被大大夸张了。好像只有成为最强者，只有获胜才能得到他们所追求的爱与尊重。从小就受到用这一标准衡量自己的教育的孩子们，长大成人后常常内心充满了难以抑制的成功冲动，他们一定要比别人强。

一位著名的大学教练曾说，一名运动员所具有的两个最糟糕的特点是害怕失败和求胜欲太强，或者说是不惜一切代价取胜。

我永远也忘不了一次沙滩排球赛中，我所在的球队输给了我弟弟的球队，赛后我们两人之间发生了一场争论。

我说："我简直不敢相信你们能赢我们。"

弟弟说："有什么不敢相信的，你以为你就比我强吗？"

"我认为我就是比你棒，你看，我在体育方面比你更有天赋。"

"可是你对一个运动员好坏的看法太狭隘了。坦率地说，我认为我比你棒，因为我跳得比你高，跑得也比你快。"

"是吗？"

"当然了！"

我们冷静下来后，都感到自己非常可笑。我们都被心中的阴暗面迷惑住了，而这种阴暗面会给你的心灵留下永远的创伤。

让我们用竞争作为衡量我们自己的基本标准，但是不要在恋人、朋友、身份、地位、声望、人们的关注程度和好恶上竞争，让我们享受生活吧。

攀比

攀比同竞争是一对孪生兄弟，同时也是一种毒瘤。拿自己与别人比，除了只带来不好的消息外一无是处。为什么呢？因为人都是不同的，在社会方面、精神方面和肉体方面都是不同的。比如说每个人都有每个人烤蛋糕的方法，我们不可能将烤炉的门开着，以便看到我们的蛋糕与邻居的相比发得多么好，或是我们的蛋糕根本就没发起来。虽然有人喜欢杨树，有人却喜欢竹子，杨树刚种下去的时候像棵草，而竹子在前4年中好像一点儿也不长，到第5年时却一下子长到90英尺。

第1年　　第2年　　第3年　　第4年　　第5年

我曾听过这样一种说法：生活就像是一个跨越障碍的大训练场，在这个训练场中每个人都有自己的跑道，而这些跑道相互被高墙隔断。每个人的跑道都是为自己成长而量身定制的，如果能翻过墙看看旁边的人跑得怎么样，将他所要越过的障碍与你要越过的障碍比较一下，又能有什么好处？

将你的生活基础建立在与他人比较之上绝不是好事。如果我是从我的GPA（平均积分点）成绩比你高，或是我的朋友比你的朋友讨人喜欢中获得安全感的话，一旦有人的GPA成绩超过了我，或者那个人的朋友更受欢迎，那又该如何呢？比较会使我们有风吹海浪的感觉，我们像海浪一样忽起忽落，情绪忽高忽低，忽而信心百倍，忽而充满恐惧。唯一有益的比较就是自己与自己的潜能比较。

我很喜欢作家保罗·邓恩（Paul H. Dunn）在一场名为"自卑的感觉"（On Feeling Inferior）的演讲中说过的话：

我注意到每天我们都会有丧失自尊的时候，这是难免的。随手拿起一本杂志，你都会看到照片中的人比你健康，比你苗条，比你衣着入时。再看看周围的人，总有人显得比你聪明，有人比你更有自信，还有人比你更有天赋。实际上每天我们都会想到我们缺乏某些才干，我们会犯一些错误，我们做的所有事情都不是尽善尽美。由于这些，很容易会产生我们不仅没有达到事物的基本标准，而且在某些未知的方面甚至还做得很差的想法。

如果你的自尊和尊严感不是基于你的心、你的思想或是你的灵魂的质量，而是基于其他什么事物的话，你的自尊的基础将是不牢固的。我和你都有力所不能及的时候，所以我和你都不是最富有、最聪明和最能说会道的人。可那又怎样呢？

我曾采访过一个叫安妮的姑娘，她曾有数年之久身陷攀比这个罗网中难以自拔，但最终她还是从中解脱出来了。她对那些也身陷其中无法脱身的人说：

我高一那年遇到了麻烦。学校里大多数同学都挺有钱，你的穿着打扮就是一切，今天谁又穿了什么衣服就是大事情。同学中对穿着打扮有些不成文的规定，比如说一件衣服只能穿一次、从不要穿与别人一样的衣服等等。牛仔裤一定要是名牌，价钱要贵，服装必须颜色款式都不同。

高一时，我有一个男朋友，他是个三年级学生，又不讨我父母的欢心。最初我们的关系很好，可是后来他让我感到难堪。他总是说些这样的话："你怎么看上去和她一样？""你怎么变得这么胖？""如果你换换打扮就对了。"

我相信了男友的话，开始注意周围的女孩，分析我为什么不如她们的原因。尽管我有一大堆衣服，但是由于我无法确定该穿什么衣服，男友还是对我说三道四。我甚至到商店中偷衣服，因为我希望我有最时髦和最好的衣服。再后来，我和谁在一起就照着谁的穿着打扮自己，喜欢什么就穿什么，可我总是觉得比不上别人。

为了解决这个问题，我开始暴饮暴食，然后再吃泻药。大吃大喝使我舒服，而泻肚又是我的一种奇怪的控制体重的办法。虽然我并不胖，但我非常怕发胖。很快，吃了泻，泻了吃成了我生活中的一个重要组成部分。我开始一天吐三四十次，在学校我也这样，在浴室里吐，到处都吐。这是我的一个小秘密，我不能告诉父母，因为我不想让他们担惊受怕。

我记得有一次几个非常讨人喜欢的人约我一起去看棒球。他们比我大1岁，都是16岁。我高兴极了，妈妈和我一起为我出门穿什么衣服最合适忙个不休。我在窗前等了好几个小时，但他们却根本没来接我。我感到特别失落，认为"他们不来接我是因为我不够酷，长得不漂亮"。

最后这些想法快把我逼疯了。一次我在台上表演时突然大脑变得一片空白，昏了过去。在更衣室醒过来后，一眼看见妈妈在身边，我扑到妈妈怀里低声说："帮帮我。"

承认遇到麻烦是我开始恢复的第一步，但我用了数年之久才真正摆脱这场噩梦。现在回想起来，我简直不敢相信我会陷于那些想法而无法自拔。我经历过那么多本该高高兴兴的事，而我却是那么的痛苦。我曾是一个聪明伶俐、才华横溢和苗条的姑娘，可我却陷于攀比的世界中而不能自拔，感到我还是不够好。我想大喊一声："再不要自我折磨了，太不值得了。"

我能脱离苦海的关键是我遇到了一些真正与众不同的朋友，是他们让我感到，我重要就是因为我就是我，而不是因为我穿得怎么样。他们对我说："你并不需要靠衣服来装扮自己，与你这个人相比，衣服根本不算什么。"我开始改变了，但却是为了自己，不是因为别人告诉我只有改变自己才值得人爱而被迫改变自己。

这个故事的闪光之处在于：不去攀比，打破陋习。攀比就好像吸毒和酗酒一样，让你沉迷其中而不能自拔。你不必长得像个模特，穿得像个模特。你知道什么是真正重要的。不要陷身于这种游戏中而不能脱身，不要在你的花季年华为了讨得别人的欢心而忧心忡忡，因为生活才刚刚开始。

双赢精神所结的硕果

绝不要低估一个人有了双赢想法所产生的成果，以下是安迪的经历。

最初我并不懂得双赢的真谛，不过我开始将这种想法运用于毕业后的工作中，并为其效果吃惊。现在我已实践这种想法有两年之久了，这个习惯效果之大的确令人吃惊，我真希望我能早些懂得它就好了。它使我懂得如何运用我的领导才能，以及对工作采取一种"让我们来使工作变得更为有趣，让我们在工作上我与老板双赢"的态度。现在每个月我都要同经理坐在一起，然后告诉她我在公司看到的一切未做而我愿做的小事。

上次我同经理见面时，经理对我说："我总是在想我们如何把这些漏洞堵上，我对你主动寻找机会和一心做出成绩的精神印象深刻。"并给我每小时加了1美元的工资。

相信我，这种双赢的本质是有感染力的。如果你是一个心胸开阔、乐于帮助别人成功和愿意与他人分享荣誉的人的话，那么你就不愁没有朋友。好好想想，你喜欢那些对你的成功感兴趣而又希望你成功的人吗？这会使你愿意对他们作出回报，对吗？

双赢的想法适用于任何情况，从解决与父母的重大冲突到决定由谁来遛狗，都可以运用这一想法，正如乔恩以下所说：

我和姐姐总是为谁遛狗、谁洗盘子吵个不停，我们都想遛狗而不想洗盘子，可是总得有人洗盘子。于是我们商定我洗盘子，姐姐擦干盘子，然后一起去遛狗。我很高兴问题就这么解决了，因为现在我们做完了我们必须要做的事，而且两人一起干更有意思。

有的时候，无论你怎么努力都无法找到一种双赢的解决办法。或许有的人非常争强好胜，你甚至连理都不想理他。出现这种情况时，不要委屈自己，也不要欺负别人，而是应该争取双赢或是根本就不让这种事发生。换句话说就是，如果你找不到一个对你们双方都有利的解决方法，那就根本不去做。比如你和朋友无法决定晚上干什么，那就不要做可能让你们中某个人不高兴的事，而是索性各自回家，另找一个晚上大家再聚。也许你和你的男友或女友不能形成双赢的关系，最好的办法可能是分手。这肯定比我赢你输、我负你胜，或是最糟糕的结果——两败俱伤要好。

从父亲处得到双赢教诲的男孩布赖恩讲了这样一个故事。

去年我和我的朋友史蒂夫在暑假时想挣点儿钱，于是我们找了份擦窗户和养护草坪的活儿，我们认为用"碧绿又干净"的字眼来形容我们的事业是够酷的。

史蒂夫的父母有一个朋友想找人帮他擦擦窗户，没费什么事我们就争取到了这份活儿。

我们用爸爸的电脑设计了一个小小的计划书，我们将其称为双赢协议。我们到干活的地方后，先围着房子转了一圈，将要擦的窗户测量了一下，记下一个大概。我们将要擦的窗户注明了价钱，并留了客户签名的地方。如果我们的活儿干得不好的话，我们知道他们下回就不会再找我们了。等我们干完活儿后，我们带着他们检查我们的成果。我们希望让他们知道我们对工作是有责任心的，这使得我们赢得了客户的信任。

我们有了一笔小小的"碧绿又干净"基金。我们一挣到钱就将钱平分，还留出一部分来买擦窗户的用品。只要我们的客户高兴，他们的窗户被擦干净了，他们就是赢家。可我们也赢了，因为对15岁的孩子来说，我们可以用这种方式挣点儿零花钱。

注意这使你有什么感受

形成双赢的想法不是一件容易的事，但是你可以做到这点。如果你现在有1/10的时候能想到双赢的话，那你就一点点增加，2/10，3/10，长此以往，坚持不懈。最终这将会成为你的一种精神习惯，你不用刻意去想，它自然而然就成了你思想的一个组成部分。

或许双赢想法最令人意外的收获是它所带给你的美好感受。我最喜欢的一个表现双赢思想好处的故事是雅克·吕塞朗（Jacques Lusseyran）在他的自传《光明在心中》（And Therer Was Light）中提到的一段经验。为这部自传撰写前言的《抛物线》（Parabole）杂志的编辑这样概述吕塞朗的故事。

"吕塞朗1924年生于巴黎，15岁时德国占领了法国，16岁时他组织并领导了一个地下抵抗组织……这个地下抵抗组织开展运动1年里就从最初的52个男孩发展到600人。看上去这已经很了不起了，但请注意吕塞朗从8岁起就完全失明了。"

虽然他的眼睛完全失明了，但是吕塞朗可以用心看东西。他写道："我看到了光，虽然我是个盲人，但是我依然能看到光……我可以感觉到光在升起，在向四面八方扩散，停留在物体上，使它们显形，然后又飞驰而去……我生活在光流之中。"他将这种他所依赖的光流称为"我的秘密"。

然而有时吕塞朗的光也会离他而去，他的心中混沌一片，这正是他产生争强好胜念头的时候。他这样说道：

在和小伙伴玩时，如果我突然想急于获胜，无论怎样也要成为第一时，立刻我就什么也看不见了，简直就如坠云里雾中。

"我再也受不了嫉妒和敌对情绪了，因为只要我一产生这些念头，眼前就漆黑一片，动弹不得，成了废人一个。眼前立刻出现一个黑洞，我在里面无助地挣扎。可是只要我心情愉快，心态安宁，同别人交往时充满自信，并从好处想别人时，我的眼前就一片光明。真是奇怪，在我还很小时就学会了热爱友情和与人和睦相处。"

对你是有双赢想法还是另有想法的真正考验是你的感觉如何，争强好胜和逆来顺受会使你无法作出正确的判断，并使你心中充满消极的感觉，你无法承受这样做所带来的后果。而另一方面，正像吕塞朗发现的那样，双赢的想法将会使你心中充满了快乐和安宁，会使你信心百倍，甚至还会让你眼前一片光明。

◇ 后面的章节更精彩 ◇

在以下的一章中我将向你透露秘密，让你以积极的方式深入父母的内心。继续往下看！

1. 指出你在生活中最想攀比的领域, 也许是相互攀比服装, 也许是相互攀比长相, 也许是相互比较朋友, 也许是相互对比天赋。

我最想与他人攀比的地方 : _____

2. 如果你参加的是体育比赛, 表现出你的体育道德来, 比赛后对对方队员表示赞赏。

3. 如果有人欠你钱, 别不敢以友好的方式提醒他还钱, 你可以这样说: "你忘了上周向我借过10美元吗? 我有急用。"要采取双赢态度, 而不要咄咄逼人。

4. 不要在乎输赢, 与别人玩玩扑克、滑板或者电脑游戏, 目的就是使大家都高兴。

5. 你不久将参加一个重要的考试吗? 如果是, 组成一个学习小组, 与大家分享你最高明的想法, 你会取得更好的成绩。

6. 如果下次你周围的某个人取得了成功的话, 应由衷地为他高兴, 而不是感到受到了他的威胁。

7. 认真考虑一下你对生活的总的态度, 你的生活态度建立在什么基础之上。是争强好胜、逆来顺受、两败俱伤, 还是双赢?

8. 认真考虑一下你认为是双赢楷模的人, 你敬佩他们身上的哪些优点。

这些人是 : _____

我从哪些方面敬佩他们 : _____

9. 你同异性的关系是逆来顺受的关系吗? 如果是, 那么你应确定该做些什么来改变这种关系让你也赢, 或是根本不再继续这种关系, 从这种关系中解脱出来。

我的训练计划

持"双赢"想法是一种生活态度。这种想法就是说，我可以赢，你也可以。这并不是你的成功或是我的成功，而是我们两人的成功。"双赢想法"是通过帮助他人前进从而自己前进的基础。

持"双赢"态度的人通常：

◇ 为他人的成功感到高兴。

◇ 帮助他人成功。

◇ 深思熟虑。

◇ 乐于与他人分享赞誉。

◇ 把生活看成是一顿各取所需的自助餐。

那么，如何获得双赢呢？

首先办好自己的事

竞争是生活的一部分。在中学里，竞争无处不在——在体育场上，辩论大赛上，学校选举中等等。尽管你不可能赢得每场竞争，但如果即使在失败的情况下也能"办好自己的事"，你就是个赢家。当你将你的自尊与获胜联系在一起，或是当你利用竞争使别人屈服时，竞争就变成了坏事。

我参与竞争的事情是：

对我来说，竞争在什么情况下是有害的：

选择你在上面列出的两种竞争场合，在下面的表格中列出来。确定你在每一场合中如何能够"办好自己的事"，而不管是输是赢。

竞争	办好自己的事
1.	_____
	_____
2.	_____
	_____

保持有益的竞争

认真思考你的日常活动,看看有多少次你从攀比和竞争的角度想问题。问你自己这些问题,并诚实回答。圈出最能描述你情况的答案。

1. 如果有人测验得了高分,我想:

(a)对她来说太好了! 她肯定把很多时间花在了学习上。

(b)她当然考得不错;除了学习之外,她没有别的事情可以打发时间。

(c)我决不可能考得那么好。我不够聪明。

2. 在商店里排队等着交款时,我看着面前的名流杂志,心想:

(a)哇! 他们付出巨大努力才取得如此成就。对他们来说太棒了。

(b)他们之所以功成名就是因为他们有钱雇人训练他们,为他们准备一日三餐,有钱美容,有钱健身。

(c)即使拥有全世界的财富,我也不可能如此成功,因为我长得不好看。

3. 在体育馆,我看到一些大学运动员在玩棒球,心想:

(a)我想知道他们是否会让我同他们一起玩,好学习一些新技巧。

(b)他们实际上没有那么棒。我打赌鲍迪队闭上眼睛就能打败他们。

（c）他们决不会让我同他们一起玩。他们打得很棒，而我却很笨拙。

如果你每道题的答案都是"A"，你就成功地避开了两个恶魔——攀比与竞争。

如果你每道题的答案都是"B"，这是种有害的竞争态度。你过度考虑"我赢你输"或者"你胜我负"了。

如果你每道题的答案都是"C"，你把太多时间花在把自己与他人比较上面了。你处于"两败俱伤"的境地。

努力争取双赢

如果你是正常的，你就会与你父母卷入拔河般的情感战争，或者与兄弟姐妹、亲朋好友陷入僵局，如果双方观点相反的话。在局面势同水火时，提出这些问题："我们如何才能做到双赢？我愿意努力争取双赢，你呢？"

你认为你的父母会感到吃惊吗？你认为他们会做出什么样的反应？

你的朋友或者兄弟姐妹会怎么想或者说什么？他们从一开始会不信任你吗？为什么是或者为什么不？

把他们的脸画下来，或者把当时的情形和结果写下来。

阅读前面"你胜我负"中关于珍妮的故事。用你的感觉来测试下次与你的家人和朋友打交道时，你是否拥有"双赢的想法"。

HABIT

习惯五：

先理解别人，
再争取别人理解自己

241

第九章

习惯五：

先理解别人，

再争取别人理解自己

你有两只耳朵，却只有一张嘴

The **7** HABITS
Of Highly Effective
TEENS

试别人的鞋子前先要脱掉自己的鞋子。

比如说你到一家鞋店去买一双新鞋，售货员会问："你想买什么样的鞋？"

"噢，我想买……"

他打断你的话说："我想我知道你喜欢什么样的鞋。人人都穿着这种鞋，相信我的话没错。"

售货员匆匆拿来一双你所见过的最难看的鞋，然后对你说："看看这双鞋怎么样？"

"可是我真的不喜欢。"

"人人都喜欢的，这是目前最热销的式样。"

"我想找双别的样子的。"

"保证你会喜欢的。"

"可是我……"

"听着，我已经卖了10年的鞋了，好坏我一眼就看得出来。"

有过这样的经历后，你还想再去这家鞋店吗？肯定不会了，你是不会相信那些在了解你的需要前就给你答案的人的。可是你是否知道我们在谈话时也经常犯这种错误？

"嗨，梅利莎，怎么样啊？看来你的情绪不高，出什么事了？"

"科琳，你不会明白的，你会认为这太傻了。"

"不会的。告诉我怎么了，我听着呢。"

"噢，我不知道。"

"说吧，你可以的。"

"好吧……我和蒂龙闹矛盾了。"

"我早就告诉过你不要和他搞到一起去，我就知道这事早晚都会发生。"

"问题不在蒂龙。"

"听着，梅利莎，如果我是你的话，我会忘了他的，该怎么着还怎么着。"

"可是科琳，我不这样想。"

"相信我的话。我知道你的想法。去年我也遇到过同样的问题，你还记得吗？那几乎折磨了我整整1年。"

"别再说这事了，科琳。"

"梅利莎，我只不过是想帮帮你，我真的想搞明白。现在接着说，告诉我你到底怎么想的。"

这就是我们固有的一种倾向，我们总是希望像超人一样从天而降，在搞清问题之前就为别人把问题解决了，我们不会倾听别人的话。正如美洲印第安人的一句谚语说的那样："听别人说，要不然你的耳朵就成了摆设。"

可以用一句话来概括交流和影响别人的关键所在：首先努力理解别人，然后再争取别人理解自己。换句话说就是，先倾听别人，然后你再说。这是习惯五，很起作用。如果你能学到这个简单的习惯——从别人的角度看问题，然后再提出你的意见，一个理解的新世界就会展现在你的面前。

好呀……解决问题的人来了。

人们内心深处最大的渴望

为什么这种习惯是交流的关键所在？因为人们内心深处最大的渴望是被人理解。人人都想被人尊重，自身的价值得到别人的承认，承认唯一的、不可克隆（至少目前不可克隆）的自己。

人们在感受到真正的爱和理解前是不会向别人敞开心扉的。一旦感受到了这些，他们会把一切都告诉你。以下就是一个患有厌食症女孩的故事，这个故事向我们展示了理解的力量所在。

认识朱莉、帕姆和拉冯时我是一个极端的厌食症患者，大学一年级时她们和我住在同一间宿舍。高中时期的后两年我的精力都集中在锻炼和节食上，并为我减去的每一点体重而欣喜不已。18岁时，身高5英尺8英寸的我体重仅95磅，简直就是一副骨头架子。

我的朋友不多，长期的营养不良使我脾气暴躁精神痛苦，身体虚弱得甚至都无法与别人随便聊天，学校中的社会活动就更谈不上了。我觉得自己与我所认识的孩子毫无共同之处。不过一些真正的朋友依然坚持与我交往，并想帮助我，可我却不听他们的劝告，认为他们是在嫉妒我。

爸爸妈妈为了让我吃东西，甚至不惜给我买一大堆新衣服作为奖励，他们喋喋不休地要我当着他们的面吃东西。如果我没听他们的话，他们就拉着我去找医生和专家。我那时的情绪糟透了，认为我这一辈子算是没指望了。

上大学后，幸运的是我同朱莉、帕姆和拉冯成了一个宿舍的室友，这三个姑娘让我又鼓起了生活的勇气。

我们住的是一套用空心砖隔开的小公寓，我古怪的饮食习惯和神经质的锻炼方式在她们面前显露无余。我想她们一定会认为我看上去很古怪、面带菜色、身上又青又肿、头发稀稀拉拉、臀部又尖又瘦、形销骨立。连我自己看到我18岁的照片时，都对我那丑陋的模样感到吃惊。

可她们却不这么认为，她们从不把我当作怪物看待，从不对我说教，从不强迫我吃饭，从不对我说三道四，从不吓唬我，我简直都不知道怎么办了。

我很快感到除了厌食之外，我和她们没有任何不同之处。我们一起去上课，一起找工作，晚上一起慢跑，一起看电视，周末一起外出，我的厌食症再也不是中心话题了。相反，我们常在晚上一起畅谈我们的家庭，我们的抱负和我们尚不确定的未来。

我惊奇地发现我们之间有那么多的共同点，我第一次真正感受到了别人的理解。我感到人们终于将我作为一个正常人对待，而不是首先看到我的问题。在这三个姑娘眼中，我不再是一个需要治疗的厌食症患者，而是她们中的一员。

当我和她们之间的认同感越来越多时，我开始观察她们。她们健康快乐、充满魅力、聪明伶俐，偶尔也吃点小甜饼当点心。我想如果我和她们有那么多共同之处，为什么我不能也一天吃3顿饭呢？

这三个姑娘从未对我说过我该怎么治好自己的厌食症，她们只是每天向我做着无声的示范，她们的确做到了理解我，而不是先努力校正我的毛病。一年级上半学期结束时，我已和她们一起共进晚餐了，我感到她们欢迎我。

想想这三个姑娘对这位患厌食症姑娘的影响，因为她们努力去理解她，而不是对她评头论足。一旦这个姑娘感受到了别人的理解，她立刻就打消了戒心，接受了别人的影响，这是不是很有趣？试想一下如果同宿舍的姑娘们对这个女孩说三道四的话，那结果会怎样呢？

"如果人们不了解你对他们有多在乎，那么他们也不在乎你对他们有多了解。"你听到过这种说法吗？这话对极了。设想一下这样一种情况：若一个人连了解你和听你倾诉的时间都不愿花费，你愿意听他们的话吗？

在大学打棒球时有一段时间我手臂二头肌疼得厉害。这是一种说不清道不明的毛病，我试着用各种各样的办法治疗——冷敷、热敷、按摩、举重和服用消炎药，可都没作用。于是我求助于一位经验丰富的运动教练。没等我把话说完，他就说："我以前遇到过这种毛病，每个棒球运动员都会出现这个毛病。"我还想再向他说说病情，可他已认为他都知道了，我真想说："等等，让我把话说完，医生。我想你不明白我的毛病在哪儿。"

你也许猜到了，这位教练实际上使我痛上加痛。他根本不听我说，我也根本没感到他明白了我的情况。我对他的建议失去了信心，以后不论受了什么伤，无论如何都不再找他了。我对他的指导也失去了信任，因为他根本不问病情就做出诊断。我不在乎他知道多少，因为他没有让我知道他在乎。

你应该拿出一点儿时间去听别人说，不要急于下结论，不要急于提出建议，你可以表明你确实在乎。以下这首小诗《请你听我说》，说出人们是多么希望让别人倾听他们的心声。

当我请你听我说，

你却开始提建议，

你并不了解我的心。

当我请你听我说，

你却说我不该那样想，

你践踏了我的感情。

当我请你听我说，

你已着手解我心锁，

你真是让我扫兴。

你在我眼中是那么陌生，

请听我说！我只要你听我，

请你什么也别做，只是听我说。

五种倾听别人意见的坏习惯

要想了解别人，你就必须倾听别人的意见。真奇怪！问题在于我们大多数人都不懂得如何去倾听别人。

试想一下，你正在考虑明年选修什么课程，打开课程表，看看可以选哪些课程。

"哦，哦……让我看看……几何、创作、演说、英国文学、倾听，等等，倾听？还有倾听的课？不是开玩笑吧？"

是不是有点儿奇怪？其实大可不必，因为倾听是沟通的四大基本形式之

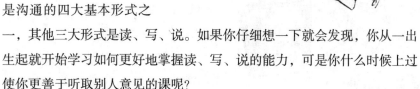

一，其他三大形式是读、写、说。如果你仔细想一下就会发现，你从一出生起就开始学习如何更好地掌握读、写、说的能力，可是你什么时候上过使你更善于听取别人意见的课呢？

别人说话的时候我们很少去注意听，因为我们常常急于做出反应、妄

加判断，或是以我们自己的思维定式琢磨他人的话。我们在倾听时经常会表现出以下五种坏习惯：

◎ 走神

◎ 假装在听

◎ 时听时不听

◎ 听话只听声

◎ 以我为中心地听

走神指的是在别人说话时心里却在想着别的事情，也许别人的话中有许多非常重要的内容，可我们却只想着自己的问题。人人都会有走神的时候，但如果你老是走神的话，你就会因此而名声在外。

假装在听的现象更为普遍。虽然我们并没有去注意别人在说些什么，但是我们却装出一副在认真听的样子，时不时还在关键之处发出一些"噢"、"啊哈"、"酷"、"高见"等看似见解深刻的感叹。讲话的人常常会从中得到暗示，认为他或她并不重要，他们的话不值得听。

我的女朋友会把什么都告诉我。

听上去很酷啊。

假装在听

时听时不听指的是你只听你感兴趣的部分。比如你的朋友想告诉你他那当兵的弟弟才华横溢，他在弟弟的阴影下感到多么自卑时，而你只听到了"军队"两个字，嘴里却说："噢，军队！近来我一直在想着军队的事。"由于你只说自己想说的事，而不是别人想说的事，很可能你永远都无法和别人结成长久的友谊。

听话只听声指的是我们实际上只注意别人在说什么，却忽略了讲话者的形体语言、感情或是他的话外音。

结果，我们没有真正了解他的意思。你的朋友可能问你："你认为罗纳尔多怎么样？"你却回答说："我认为他够酷。"可是如果你敏感一些，注意她的形体语言和说话的语调，你就会听懂她的真正意思是："你认为罗纳尔多会喜欢我吗？"如果你是听话只听声，你就很难了解别人内心深处的情感。

以我为中心地听指的是我们总是从自己的观点出发，而从不考虑别人的意见，却希望别人从我们的观点出发来考虑问题。这就是为什么会出现诸如"噢，我清楚地知道你的想法"这类句子的原因。我们并不清楚他们怎么想，我们只知道我们怎么想，我们只是在设想他们和我们想的一样，就好像那位鞋店的售货员认为他喜欢的鞋你就一定会喜欢一样。以我为中心地听，常常只是一场显得高人一筹的游戏，在这场游戏中，好像对话是一场竞赛一样，我们总想比别人都高明。"你认为你过得很糟吗？那根本不算什么，你该听听我的遭遇。"

当我们只从我们自己的角度出发去听别人的话时，我们常常会作出下述反应，从而使别人不愿敞开心扉。我们所说的这些不良反应有三种：下结论、提建议和刨根问底。让我们来一一审视吧。

下结论。有时我们在听别人说话时，我们会暗暗对说话者和他们所说的话下结论。如果你急于下结论的话，你就没有认真听别人的话，不是吗？谁都不希望别人对自己下结论，他们只想别人听听他们的意见。在下面的这段对话中，请注意倾听者耳朵里听别人说的是多么的少，而心中所下的结论又是多么的多（听者的结论以括号括出）。

彼得：昨天晚上我和凯瑟琳玩得真开心。

卡尔：哦，好呀。（凯瑟琳？为什么你想和凯瑟琳出去玩？）

彼得：我简直不知道她有多棒。

卡尔：哦？真的吗？（又来了，在你的眼里哪个女孩都棒。）

彼得：我正考虑请她听演唱会！

卡尔：我还以为你会邀请杰茜卡呢。（你疯了吗？杰茜卡比凯瑟琳要漂亮多了。）

彼得：我原来是那么想来着，不过现在我想请凯瑟琳。

卡尔：行啊，那就去请她吧。（肯定明天你就会改主意。）

卡尔太急于下结论了，根本不去听彼得的话，结果失去了与彼得增进关系的机会。

提建议。指的是根据我们的经验提出建议，就是你经常从长辈那里听到的"我在你这个年龄时如何如何"诸如此类的话。

有一个感情丰富而又希望别人听她诉说的女孩对她哥哥说："我一点儿也不喜欢我们的新学校。从一进这所学校我就感到很孤独，我希望能找到一些新朋友。"

女孩的哥哥并不明白妹妹的想法，而是根据自己的生活经验劝说道："你应该多交些朋友，像我一样参加体育活动，加入俱乐部。"

妹妹根本不想听哥哥善意的劝告，不论这些劝告多么好也不想听，她就是想向别人倾诉。只有当她感到被人理解了，她才会听别人的劝告，哥哥的话算是白费了。

刨根问底。在别人还不打算与你分享感情前你就努力去挖掘这些感情，这就是刨根问底。你是否这样做过？做父母的就经常对孩子们这样做。你老妈总是出自善意努力了解你的生活，可是你还没有做好交流的准备，老妈的做法就显得有点儿过分了，于是你更不愿向她敞开心扉了。

"宝贝儿，今天在学校怎么样？"

"挺好。"

"考试怎么样？"

"还行。"

"朋友们怎么样？"

"不错。"

"晚上打算干什么？"

"没想呢。"

"最近碰见过讨人喜欢的女孩儿吗？"

"没有，妈妈，让我一个人待一会儿。"

没人愿意像个犯人一样被审问。如果你问了许多问题而别人不太情愿回答时，你可能就犯了刨根问底的毛病。有时人们不想让别人了解内心的秘密，不想说话。要学会做一个善于倾听的人，在适当的时候表示出愿意听人诉说的意向。

真正的倾听

幸运的是你我都没有表现出这五个倾听的坏习惯，是吗？也许偶尔出现过一两次。好在还有可导向真正交流的更好的倾听形式，我们称之为"真正的倾听"。这是一种我们希望付诸实践的习惯。不过要做到真正的倾听，你需要做三件不同的事。

首先，用你的眼睛、耳朵和心去听。

仅用耳朵听是不够的，因为对话中语言的比例仅占7%，其他的为形体语言（占53%）以及我们说话的方式，也即我们说话的语调和表现的情感（占40%）。例如，注意你只要将重音放在不同的字上便改变了句子的意思。

我并不是说你的态度有问题。

我并不是说你的**态度**有问题。

我并不是说你的态度有问题。

要想听懂别人话中真正想说的意思，就必须听懂他们没有明说的意思。无论人们外表显得多么坚强，可大多数人的内心都是脆弱的，

7%语言

53%
形体语言

40%
语调和
情感

有一种希望被人理解的强烈愿望。以下这首《请你……听懂我的心》，表现了人们的这种愿望。

不要被我迷惑，不要被我的面具迷惑。因为我戴着面具，戴着无数面具。没有一个是我的本来面目，但我不敢摘下面具。伪装是一门艺术，这是我的第二天性，但不要被它迷惑。

人们以为我无忧无虑，无论人们怎么想，我都快乐而安详。自信是我的名字，冷静是我的对策。风平浪静而我应付自如，不用任何人的帮助。可是不要相信这些，请不要相信。

我与你聊天消磨着时光，语气好像平和安详。我把一切都告诉了你，可却又什么都没说清，我没有向你敞开我的心。我不过是套话照例说，请不要被外表迷惑。请用心去听，听懂我的内心。什么是我想说，什么是我为了生存必须说可又不能说。我不喜欢隐瞒自己，可我又确实隐瞒了自己。我不喜欢我所做的游戏，它是那么的肤浅和卑鄙。

我真希望能，发自内心诚待人，找回我自身。但是你应帮助我，向我伸出你的手，在我希望和需要的时候。每当你亲切的笑容向我诉说，鼓舞多多，每当你真的在乎而努力理解我，我的心头就有清风掠过。风儿是那样的轻柔，那样的无力。但那就是一阵风，过后了无痕迹。带着你的敏感和同情，你的清风给予我生命，我会获得成功，但对你并不轻松。无价值的信念竖起的高墙，面对着的是爱的力量；高墙轰然倒塌，爱是我的希望。请用你温柔的手打破这高墙，因为我是一个孩子，而孩子敏感非常。

你或许会想我到底是谁。我是每一个男人，我是每一个女人，我是每一个孩子……我是你遇到的每一个人。

其次，从别人的角度出发。

要成为一个真正倾听的人，你不能先入为主，需要从别人的角度出发。用罗伯特·伯恩（Robert Byrne）的话说就是："要知道别人鞋子的气味，你就得穿上别人的鞋子走上几公里。"你应该以别人的眼睛去看世界，以别人的感受去感受世界。

让我们暂且认为世界上的每个人都戴着有色眼镜，没有两个眼镜的色调是一模一样的。我和你站在河岸边，我戴的是绿色镜，你戴的是红色镜。

我说："啊，看水多么绿呀。"

你却说："绿？你疯了，水是红的。"

"哟，你色盲啊？水绿得不能再绿了。"

"你这白痴，水是红的。"

"绿的！"

"红的！"

很多人都把对话看作是竞争：我的观点与你的观点针锋相对，我们两个不可能都对，其中总有一个是错的。但在现实生活中，由于我们从不同的观点看待问题，我们可能都是对的。此外，想赢得对话是愚蠢的。结果常常是逆来顺受或两败俱伤，彼此间友谊受到了伤害。

我妹妹曾听到她的朋友托比讲过这样一个故事，请注意从不同的角度出发会产生什么不同的结局。

到学校去最糟糕的事就是乘坐公共汽车。我的意思是我的大部分朋友都有车（尽管可能是辆旧车），可是我们家却没钱为我买辆车，因而我只好搭公共汽车或是搭别人的车。有时我会在放学时打电话给妈妈，让她来接我。但等妈妈的车要很长很长的时间，等车等得我都快疯了。我记得有好多次我都朝妈妈大喊大叫："你干什么去了？难道你一点儿不在乎我等你等好几个小时吗？"我从没注意到妈妈的感受或是她在干些什么，想到的只是自己。

一天我偶尔听到妈妈对爸爸说起这件事，妈妈哭着说她多希望能给我

啊，我想我现在明白了……

买辆车，她为了挣更多的钱工作得多么努力。

突然之间我所有的想法都变了。我将妈妈看作是一个有血有肉、感情丰富，并且对我有着无限亲情的真正的人。我发誓再也不能对妈妈不好了，我开始和妈妈更深入地交流，一起商量出我找一份零工、自己挣钱买车的办法。妈妈还自愿开车送我上下班，我真希望我能早一点了解妈妈的心思。

最后，运用反射法。

想想你是一面镜子。镜子会怎么样？镜子不会下结论，也不会提建议，镜子只会反射。反射法很简单：用自己的话复述别人的话和感想。反射不是模仿，模仿是像只鹦鹉一样原封不动地重复别人的话：

"汤姆，我现在在学校糟透了。"

"你现在在学校糟透了。"

"我所有的课程都不及格。"

"你所有的课程都不及格。"

"不要重复我的话，你有毛病啊？"

在以下的方式中，反射就与模仿不同：

让我们看看日常的对话，搞清楚反射法的作用。

你的爸爸可能会对你说："不行！你今天晚上不能用车，儿子。这是最后一次了。"

模仿	反射
重复别人的话	重复别人的意思
原封不动地重复别人的话	用自己的语言
态度冷淡，漠不关心	态度热情，富有同情心

典型的脱口而出的回答可能是这样的："你从不让我用车。我老得搭别人的车，烦透了。"

这样的回答往往最终是两人大吵一场，事后谁都不愉快。

相反，试一试反射法，用自己的语言重复别人的话。让我们再看看：

"不行，你今天晚上不能用车，儿子。这是最后一次了。"

"爸爸，我看得出你对我的要求很烦。"

"当然很烦。你的成绩最近一直在下降，你没资格用家里的车。"

"你很担心我的成绩。"

"是的。你知道我对你上大学抱着多大的希望。"

"上大学对你非常重要，是吗？"

"我没有机会上大学，我因为没上过大学而挣不了大钱。我知道钱并不是一切，可目前的情况，钱却能有所帮助，我只是希望你能过上好日子。"

"我明白。"

"你完全有能力上大学，可你却不好好读书，这点让我快疯了。如果你答应今天晚上回家后把作业做了，我想你可以用家里的车。我就这一个要求，你答应吗？"

你注意到结果了吗？通过运用反射法，这个男孩解决了这个难题。爸爸对他用家里的车的要求不太在意了，他更关心孩子的未来和对学习漫不经心的态度。当父亲感到儿子明白学习成绩和大学对他的重要性时，他对儿子用车的敌意也就烟消云散了。

我不能保证反射法总是能取得如此理想的效果。经常会，但也不总是会出现比这要复杂的局面。爸爸可能会这样说："我很高兴你明白了我的意思，儿子。现在做作业去吧。"不过我敢保证，反射法会增加你的情感关系账户的存款，而且与你采取以牙还牙的态度相比，这样做的效果要好得多。如果你还是不信的话，我可以和你打赌试一试，我认为你会有意外惊喜。

弃权者。如果你运用了反射法而又不是真心想理解别人的话，他

们心中会明白这点，感到受到捉弄。反射法是一种为人处世的技巧，是冰山一角。你想了解别人的态度和愿望才是隐藏在水面下的冰山本体。如果你态度正确，但不具备这一技巧的话，那也没问题，不会有反面作用。如果你的态度对头，又具备了这种技巧的话，你将成为一个非常好的交流使者。以下是你在设法运用真正的倾听技巧时可以运用的一些反射法的习惯用语。请记住，你的目的是用你自己的语言复述别人的话和情感。

◎ "按我的领会，你认为……"

◎ "那么，按我的理解……"

◎ "我明白你是觉得……"

◎ "你认为……"

◎ "这么说，你的意思是……"

重要提示：在一定的时间、地点条件下才需要真正的倾听。你在谈论一个重要的或敏感问题时要运用真正的倾听技巧，比如说你的朋友的确需要帮助，或是如果你与一个所爱的人沟通出现问题的话。这种沟通需要时间，你又不能催促他们草草了事。然而，你不必在漫谈或是日常无关紧要的对话时运用这种技巧：

"请问洗手间在哪儿？我肚子不舒服。"

"你是说你担心不能及时找到洗手间吗？"

真正的倾听作用非凡

让我们再看看前面那个需要哥哥认真听她诉说的妹妹的对话，从而说明真正的倾听是多么的不同。

妹妹说："我一点儿也不喜欢我们的新学校。从一进这所学校我就感到很孤独，我希望能找到一些新朋友。"

哥哥可以有以下各种回答：

"给你饮料？"（根本没听妹妹说的什么。）

"听上去不错。"（假装在听。）

"说到朋友，我的朋友巴特……"（听的只是只言片语。）

"你所要做的就是结识新朋友。"（提建议。）

"你做得还不够。"（下结论。）

"你的学习有问题？"（刨根问底。）

但是如果哥哥聪明的话，他会试试反射法：

"你觉得你现在在学校的日子很不好过。"（反射法。）

"真是糟透了，我是说我没有朋友。而且琼斯对我也很不友好，我都不知道该怎么办了。"

"你感到很烦恼。"（反射法。）

"当然。我过去一向都很讨人喜欢，可现在，突然谁也不认识我了。我一直努力与别人交朋友，看来没什么用。"

"看得出你很失落。"（反射法。）

"是的，可能听上去我好像有点心理问题。不过，谢谢你听我在说。"

"没什么。"

"你认为我该怎么办？"

美洲印第安人谚语：请听别人说，要不然你的耳朵就成了摆设。

通过倾听，哥哥同妹妹的关系更加牢固了。此外，妹妹现在也愿意听哥哥的劝告了。现在是哥哥设法让妹妹理解他的意思，同意他的观点的时候了。

一个名叫安迪的人说：

过去我非常喜欢我的女朋友，但是我们的沟通存在问题。我们相处了1年，但随后开始发生矛盾，经常吵嘴，我很害怕失去她。后来我学会首先自己倾听，然后再说话，以及如何应用情感关系账户的办法来让关系更加亲密，并身体力行。现在我明白了，过去我总是试图去翻译她的话，从没真正倾听她所说的话。这些方法挽救了我们的关系。两年过去了，我们还在一起。由于我和女友都相信习惯五，因而我们的关系比大多数情侣的关系都更为牢固。在大事上我们运用这个习惯，在诸如决定一起到外面吃晚饭这类的小事上我们也运用它。每次我和女友在一起时，我都真心地对自己说："闭上你的嘴，努力去理解她。"

与父母沟通

沟通本身就很不容易。但是，若能让爸爸妈妈一起来沟通，你就抓住了问题的关键所在。十几岁时我与父母虽然相处得很好，可有时我觉得我们的心并不相通，觉得他们并不理解我，不把我作为一个独立的人来尊重，而只把我同其他的孩子一样看待。但是，无论你与父母的关系有时看上去是如何的疏远，只要你愿与他们沟通，生活就是美好的。

如果你希望改善与父母的关系，就应试着像朋友一样听听他们怎么说。虽然把你的父母当作普通人来看待显得有点儿怪怪的，可这值得一试。我们总是对父母说："你不明白我。没人明白我。"可是你曾想到你也不理解你的父母吗？

你知道，父母也有压力。你在为你的朋友和你即将到来的考试担心时，他们也在为如何与他们的老板相处和怎么养活你操心。和你一样，父母也有工作不顺心和伤心的时候，他们也有为付一大堆账单发愁的时候。

我们的使命是探索人类是如何度过一天的。

妈妈很少有机会自己出去轻松轻松，爸爸可能会因为他的车不好而受到邻居嘲笑。为了实现你的梦想他们不得不作出牺牲，而他们自己可能也有许多未了的心愿。父母也是人，他们也有喜怒哀乐，也有感情受到伤害的时候，就像你和我一样，他们也不总是意见一致，也有闹矛盾的时候。

如果你能抽出点时间来理解他们，听听他们的想法，将会出现两种令人难以置信的结果：首先，你会得到父母更多的尊重。我记得19岁时第一次看爸爸写的一本书，爸爸是一个成功的作家，人人都说爸爸的书写得好，但是我在19岁前从没看过爸爸写的书。看完爸爸的书后，我想："噢，爸爸真聪明。"可以前我一直以为我比爸爸聪明。

其次，如果你抽出点时间了解父母，听听他们的想法，你的想法和做法也就更有可能得到他们的理解和同意。这并不是投机取巧，而是一条定律。如果他们认为你理解他们，他们也更愿意听听你的想法，他们会更灵活，会更相信你。一位母亲曾告诉我说："如果我的女儿们只知道我一天到晚忙得团团转，可在家里一点也不帮我的忙，我为什么要给她们那么多特权呢？她们根本不懂怎么运用特权！"

那么，你如何能更理解你的父母呢？先问他们一些问题，最后问候你的老爸老妈："你今天怎么样？"或是，"和我说说你对你的工作喜欢在什么地方，不喜欢在什么地方？"或是，"家里有什么事要我帮忙吗？"

你还可以开始向父母的情感关系账户做小额存款。要做到这点你可以问问自己："父母认为怎么做才是他们情感关系账户的存款？"站在他们的立场，从他们的观点，而不是你的观点出发考虑问题。情感关系账户的存款可以是主动帮助洗洗碗，倒倒垃圾，或是遵守诺言准时回家，或是，如果你不和父母住在一起的话，每个周末给他们打个电话。

争取让别人理解自己

我曾见过一项有关人们最怕什么的调查结果，"死"在调查中排第二，你永远也想不到排在第一的是什么。人们最怕的是"在众人面前讲话"，人们宁愿去死也不愿当着众人讲话，是不是很有趣？

无疑，当着众人讲话要有点勇气，可一般来说大声讲话也要有点勇气。在习惯五的后半部分，也就是"争取让别人理解自己"，与前半部分同样重要，只不过对我们的要求有所不同罢了。"先努力理解别人"，要求的是思考，而"再争取让别人理解自己"要求的是勇气。

只运用习惯五的前半部分——先努力理解别人——是不行的，这是一种逆来顺受的态度。这是一种忍气吞声综合征。这种态度很容易造成失误或失败，特别是同父母的关系上更是如此。"我不会将我的想法告诉妈妈，妈妈不会听的，她从不明白。"这样我们将自己的想法深深地隐藏在心里，而父母依然不知道我们的真正想法。这种态度不好。请记住，没有说出的想法不会消失，这些想法只是暂时被你藏在心里，以后会以更可怕的方式爆发出来。

此外，如果你愿意听别人说，别人听你说的机会也会更大。在下面的故事中，请注意凯莉是如何运用习惯五的前后两个部分的。

一天我病了，没去上学。爸爸妈妈担心我在外面玩得太久而睡眠不足。我没有找一大堆借口，而是设法理解他们的想法。我同意他们的意见，但是解释说，我想在学校的最后1年中过得愉快，这包括与朋友们在一起玩。父母愿意从我的角度考虑这个问题，最后我们达成了妥协，那个周末我在家里待了1天以便休息。如果我不是先理解父母的话，我认为他们是不会对我那么宽容的。

给出反馈信息是谋求让别人理解的一个重要组成部分。如果做得好的话，会成为情感关系账户的存款。如果某个人的裤子拉链没有拉上的话，请给出反馈。相信我，别人一定会非常欢迎这些反馈。如果你的一个好友脾气暴躁（并因此而闻名的话），你以为他或她就不会欢迎这种体贴而真诚的反馈吗？你是否有过这样的经验，同男（女）友约会回家后却发现，整个晚上一直有一块肉嵌在你的牙缝里？你带着恐惧回想起你在那天晚上的每一个微笑。你难道不希望你的约会伙伴给你一个反馈信息吗？

如果你同某人的关系非常好的话，你可毫不犹豫地给出反馈信息。我的弟弟乔舒亚是一个高三学生，他对此有同感。

有哥哥或姐姐的好处在于他们会给你反馈信息。

每当我在学校打完棒球或篮球回家时，爸爸妈妈都会在家门口迎接我，一起回顾整个球赛。妈妈总是对我的运动天赋赞不绝口，而爸爸则认为我的领导才能引导球队取得了胜利。

当姐姐珍妮进了厨房加入我们的谈话时，我总是问她我打得怎么样，她会说我打得很一般，如果我想要保住首发位置的话，我最好使自己的动作更协调一些。她希望我在下场比赛时能打得更出色，别让她难堪。

由于珍妮与乔舒亚这对姐弟的关系非常好，因此他们可以有话直说，不必拐弯抹角。你在作出反馈时请记住这两点。

第一，问问自己：“这种反馈是否真的对他有好处，或者我这样只是为了让自己高兴、出于报复？”如果你的本意并非是真心为了对方的话，那么在这种时候、这个地方给出这种反馈可能是不合适的。

第二，给出“我怎样怎样”而不是“你怎样怎样”的信息。换句话说就是，用第一人称给出反馈。说“我担心你的情绪有点不对劲”，或者是“我认为你在后来的比赛中不太注意配合”。而如果用第二人称“你”的话，带有一些威胁性。因为这样一来，你的意见似乎像是贴标签——“你太自私。”“你的脾气太坏。”

好了，这看来是很好的总结。我对这个习惯也没有更多要说的了，但是最后还是重复一遍开始时我所说到的意见：你有两只耳朵，却只有一张嘴——它们的使用也应与此相应。

◇ 后面的章节更精彩 ◇

在以下的章节中，你会发现1+1有的时候等于3，到时候我会告诉你。

幼童　学步

1. 当你交谈时，你能保持和他/她对视多长时间？

2. 到商城去找一个座位坐在那里，观察人们如何彼此交流，观察人们如何运用形体语言。

3. 你今天与人交流时尝试对一个人用反射法，对另一个人用模仿方式，只是开玩笑。比较一下结果。

4. 问一下自己："倾听时的五种坏习惯哪一种在我身上最成问题？是走神？假装在听？时听时不听？听话只听声？还是以我为中心地听？"现在，试着度过没有这种坏习惯的一天。

我最需要改掉的不良倾听习惯是：_____

5. 本周找个时间问老妈或老爸："今天怎么样？"敞开你的心扉，真正地倾听，你会对了解到的东西大吃一惊。

6. 如果你特别健谈，那就休息一下，用一天的时间倾听，只是在该你说话的时候再说话。

7. 下一次当你发现自己想把感情深藏起来的时候，不要这么做。相反，用一种负责的方式将感情表达出来。

8. 想象一下你的富有建设性的反馈真的有助于他人的情景，找个适当的时候尝试一下。

能从我的反馈中获益的人：_____

我的训练计划

研究你的感觉

"习惯五：先理解别人，再争取别人理解自己"，这一习惯使你能够同他人有效交流，因为人们内心深处最大的渴望是被人理解。人人都想被人尊重，自身的价值得到别人的认可。想想这一说法。

我希望父母理解我的两三件事是：

1. _____

2. _____

3. _____

我希望老师理解我的两三件事是：

1. _____

2. _____

3. _____

我希望朋友们理解我的两三件事是：

1. _____

2. _____

3. _____

我希望兄弟姐妹理解我的两三件事是：

1. _____

2. _____

3. _____

我认识的一个备受某种问题困扰的人是：

我如何能让他或她在我的身边感到舒适、被认可和被理解呢？

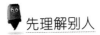 先理解别人

五种倾听别人意见的坏习惯

要了解别人，你就必须倾听别人的意见。奇怪吧！问题在于我们大多数人都不懂得如何去倾听别人。我们常常急于做出反应、妄加判断，或是以我们自己的思维方式琢磨他人的话。我们在倾听时经常会出现以下五种坏习惯：

1. 走神：在别人说话时，心里却在想着别的事情。

我在讲话，而别人却在走神的那次是：

这让我感到：

我发现自己在听某个人说话时也常常走神。是或否？

如果是，什么时候？那个人是谁？

2. 假装在听：虽然我们并没有去注意别人在说些什么，但是我们却装出一副在认真听的样子。当你认为那个人想要你的反应时，你会发出"啊哈"、"真酷"、"是的"、"噢"等感叹。

某人假装在听我讲话的那次是：

这让我感到：

我发现自己常常假装在听某人讲话。是或否？

如果是，什么时候？那个人是谁？

3. 时听时不听：你只听你感兴趣或者与你有关的部分。你只听到具体的几个词，然后说你想的事，而不是听别人到底想告诉你什么。

某人在听我讲话时，时听时不听的一次是：

这让我感到：

我发现自己常常对别人这样。是或否？

如果是，什么时候？那个人是谁？

4. 听话只听声：你只注意别人在说什么，却忽略了讲话者的肢体语言、感情色彩或者他的话外音。结果，你没有真正了解他的意思。

在我倾诉时，某人听话只听声：

这让我感到：

我发现自己通常对某人也是这样。是或否？

如果是，什么时候？那个人是谁？

5. **以自我为中心地听**：你总是从自己的观点出发。你说："哦，我明白你的意思"或者"我清楚知道你的想法"。那么，你不会确切知道他或他的感受到底是什么，你听的时间不够长，不能表现出你的在乎。以自我为中心地听，常常只是一场显得高人一筹的游戏。"你认为你过得很糟吗？那根本不算什么，你该听听我的遭遇。"

某人在听我讲话时，只是以自我为中心地听的那次是：

这让我觉得：

我发现自己常常对某个人这样做。是或否？

如果是，什么时候？那个人是谁？

去一个人流如潮的地方，如购物中心或者学校。在那里你会看到许多人互相交谈。花20分钟时间，观察人们交谈的情形。写下你通过观察得出的结论。

观察1	地点
	情形

有人用心倾听吗？是或否

观察2	地点
	情形

有人用心倾听吗？是或否

真正的倾听

要做到真正的倾听，你需要做三件不同的事：

◇ 用你的眼睛、耳朵和心去听。

◇ 从别人的角度出发。

◇ 运用反射法（用你自己的语言去反映别人的感受）。

确保只有在谈论一件重要或敏感的事情时才运用这些技巧。如果你在漫谈或是日常无关紧要的对话时运用这些技巧，别人就会以为你有病或者不够真诚。

首先，用你的眼睛、耳朵和心去听。

试着用你的眼睛、耳朵和心灵去听。不要只注意人们说出来的话；观察他们的身体语言，听他们的语气，体会他们的感受。

在家里、商场或者学校的礼堂里，观察人们的身体语言。描述不同的身体语言，并写下你认为它们代表着什么。

身体语言形式代表什么

_____	_____
_____	_____
_____	_____
_____	

其次，从别人的角度出发。

要想理解他人，就要试着并乐于从他或她的角度出发看问题。

1.假设自己是当地电视台的一名记者。

2.利用下面提供的问题，采访一位家长或者一位老师。

在采访中作记录，并在问题下面的空白处写下被采访者的回答。

家长或者老师的姓名：_____

1. 如果你可以为自己买一样东西，钱不是问题，你会买什么？为什么？

2. 如果你可以改变你自身的一样东西，那会是什么？

3. 你最喜欢的电影是什么？为什么？

4. 你最珍贵的记忆是什么？

5. 你最害怕的是什么？

6. 总是令你快乐的一件事是什么？

7. 如果你有第二次机会，你会改变哪个决定？

8. 上次让你笑岔气是什么时候？

最后，运用反射法。

如果某人跟你说下面这些话，你如何运用反射法回答他？在下面写下你的答案。

"这是我读过的最糟糕的报纸。"

反射回答：

"你绝对不能过了午夜还呆在外面。"

反射回答：

"我不太认识那个新来的小姑娘。"

反射回答：

"我的父母最近让我发疯。"

反射回答：

"今天的午餐真是美味可口。"

反射回答：

争取让别人理解自己

习惯五的前半部分要求付出大量努力，因此许多人忘记了后半部分——"然后争取让别人理解自己"。"先努力理解别人"要求的是思考，而"再争取让别人理解自己"要求的是勇气。只实践习惯五的前半部分是一种逆来顺受的态度。而这种态度很容易造成失误或失败。

对正和你讲话的那个人给出反馈信息是谋求让别人理解的一个重要部分。如果做得好的话，会成为情感关系账户的存款。

你的生活中有过你需要给出反馈信息但却害怕这么做的时候吗？当时是什么情形？对方是谁？

提出三个可能的方法给出反馈信息，既不会吓着你自己，也不会吓着对方。

对方：_____

1. _____

2. _____

3. _____

实践这三种你可以给某人反馈信息的方法。如果某人看上去态度诚恳，马上尝试一下这样的做法。

HABIT 6

习惯六：

协作增效

1+1=3

第十章

习惯六：协作增效

"高明"的方法

The **7** HABITS
Of Highly Effective
TEENS

只身一人，我们能做的少而又少；并肩协作，我们能做的很多很多。

——海伦·凯勒（Helen Keller）

你是否曾看到雁群排成
人字形飞到南方去过冬？它们为
何要这样飞行？科学家们已经得到了
一些令人惊讶的答案：

◎ 如果排成队列飞行，整个雁群飞行
的路程比单只大雁飞行的距离长73%。当一只大雁
拍击翅膀时，就会为后面的大雁制造上升气流。

◎ 当领头的大雁疲劳时，就会轮换到人字形队伍的尾部，
让另一只大雁占据领头的位置。

◎ 后面的大雁发出"嘎嘎"的叫声，给前面的大雁鼓劲。

◎ 大雁无论何时掉了队，马上就会感到独自飞行的阻力，很快会回

到队伍中来。

◎ 最后，当一只大雁由于生病或受伤而掉队时，有两只大雁会随它一起飞落到地上，帮助和保护它。它们守着受伤的大雁，直至这只雁出现好转或死去。然后，它们会加入新的雁群，或者组织自己的队伍去追赶前面的雁群。

这些大雁可真是聪明！它们借助彼此的气流，轮流占据领头的位置，用叫声相互鼓励，保持队形，关心伤员，从而飞出了比孤雁远得多的路程。这让我纳闷，它们是不是学习过习惯六——协作增效。

什么叫"协作增效"？概括地说，如果两三个人携手合作，能比单独任何一个人更好地解决问题，这就是协作增效。不是按你的方法或是按我的方法，而是一种比较好的方法，比较高明的方法。

协作增效是一种奖励，是你更好地把其他习惯（尤其是双赢的想法和先努力理解别人）付诸实践之后品尝到的甜美果实。学会协作增效就像是学会与别人排成人字形的队列，而不是试图独立在生活中闯荡。你会惊讶地发现，你行进的速度将大幅度加快，行进路程将大幅度延长！

为了更好地了解什么是协作增效，我们先看看什么不是协作增效。

是协作增效：	不是协作增效：
欣赏差异	容忍差异
团队协作	独立工作
谦逊虚心	认为自己一贯正确
找到新的、更好的方法	折中妥协

协作增效随处可见

在大自然中，协作增效随处可见。高大的红杉树（高度能超过300英尺）一丛丛地生长，共用交缠在一起的庞大根系。如果没有彼此，它们就会被

嗯……
味道真不错！

啊……
感觉好极了！

风暴连根拔起。

许多植物和动物以共生的方式生活在一起。如果你看到过小鸟在犀牛背上啄东西吃的照片，你看到的就是协作增效。双方都能受益：小鸟吃饱了，犀牛干净了。

协作增效不是什么新鲜东西。如果你曾经参加过任何形式的运动队，你就会感受到这一点。如果你曾经参加过卓有成效的集体项目或者真正有趣的团体约会，你就会感受到这一点。

优秀乐队就是协作增效的杰出典型。制造"音响效果"的不是鼓手、吉他手、萨克斯管吹奏者或人声，而是所有人组成的整体。乐队的每位成员都要发挥自己的长处，制造出比单独一人更好的效果。没有一种乐器比另一种乐器更重要，它们只是各不相同罢了。

欣赏差异

协作增效并不只是一种现象。这是一个过程。你要为之而努力，努力的基础就是：学会欣赏差异。

我永远不会忘记自己在中学时认识的一个汤加人，他叫菲尼·昂加。起初，我被他吓得要死。我是说，这家伙的身材就像坦克，长得恶狠狠的，以当街斗殴出名。我们的模样、服饰、谈吐、思想和饮食都不一样（你真该看看这家伙吃东西的样子），我们唯一的共同之处就是打橄榄球。那么，我们是怎样成了最要好的朋友的呢？也许就是因为我们太不一样了。我从来都不能肯定菲尼在想什么，或者他接下来要干什么，这可实在是太有意思了。打架的时候，我尤其为成为他的朋友而感到高兴。他有着我不具备的优点，我有着他不具备的优点，所以我们俩成了最佳拍档。

好家伙，幸亏这个世界上并没挤满像我一样思想行事的克隆人，真该为了这种多样性而谢谢老天。

当我们听到"多样性"这个词的时候，我们往往会想到种族和性别差异。但是，它的含义远不止这些，还包括体貌特征、服饰、语言、财富、家庭、宗教信仰、生活方式、教育、兴趣爱好、技能、年龄、风格等等方面的差异。正如苏斯博士（Dr. Seuss）在《一条鱼，两条鱼，红色的鱼，蓝色的鱼》（*One Fish, Two Fish, Red Fish, Blue Fish*）中所说的那样：

> 看着它们游过去，
>
> 看着它们游过来。
>
> 有些游得慢，
>
> 有些游得快。
>
> 有些在水面游荡，
>
> 有些在水底徘徊。
>
> 模样各不相同，
>
> 游式千姿百态。
>
> 觉得真是奇怪，
>
> 去找父母问个明白。

整个世界正迅速成为文化、种族、宗教和观念的大熔炉。鉴于你身边的这种多样性在不断增强，你必须要做个重要决定，想想自己该如何应对这种局面。以下是你可以采取的三种手段。

一级：回避多样性

二级：容忍多样性

三级：欣赏多样性

回避者的特点

回避者害怕差异，有时甚至会吓得要死。如果某个人的肤色不同，崇拜不同的神，或者穿着不同牌子的牛仔裤，他们都会感到不安，因为他们深信，他们的生活方式是"最好的"、"正确的"或"唯一的"。他们喜欢嘲讽那些不同的人，与此同时认为他们正在拯救整个世界，使其免受罪恶的侵袭。如果有必要，他们会毫不犹豫地动用武力。他们经常会加入流氓团伙、小集团或反这反那的组织，因为人多势力大。

容忍者的特点

容忍者认为，所有人都有权与别人不同。他们不回避多样性，但也不拥抱多样性。他们的座右铭是："你爱怎样就怎样，我爱怎样就怎样。你爱干什么就干什么，让我也爱干什么就干什么。你别惹我，我也不惹你。"

尽管他们接近于协作增效，但永远也达不到这个层次，因为他们认为差异是一种障碍，而不是可以强化的潜在优势，他们不明白自己错过了什么。

欣赏者的特点

欣赏者看重差异。他们把这些差异看作优势，而不是弱点。他们知道，与想法相似的人相比，两个思维不同的人能取得更多的成就。他们意识到，欣赏差异并不意味着你一定要赞同那些差异（比如是民主党人还是共和党人），你只是看重它们。在他们看来，多样性＝创造的火花＝机遇。

那么，你属于哪一类？严格审视一下。如果别人的服饰与你不同，你会看重他们独特的着装风格，还是认为他们"没跟上潮流"？

想想与你的宗教信仰截然不同的群体。你会尊重他们的信仰，还是把他们贬低为古怪的家伙？

如果有人和你住在城镇的不同地带,你会觉得他们能教给你一些东西,还是由于他们居住的地点而给他们起绰号?

其实,欣赏多样性对我们大多数人而言是一场斗争,结果要视具体情况而定。例如,你也许欣赏种族和文化多样性,与此同时却又因为某些人所穿的衣服而看不起他们。

我们都是独特的个体

如果我们意识到,从某种意义上讲,我们都是独特的个体,那么我们就比较容易能欣赏差异了。我们应该记住,多样性不仅是外在的,也是内在的。罗伯特·富勒姆(Robert Ful-ghum)在《我在幼儿园学到了所有真正需要了解的东西》(*All I Really Need to Know I Learned in Kindergarten*)一书中说:"我们彼此头脑中的差别就像头脑以外的差别一样显著。"我们的内在有什么不同? 这个嘛……

我们学习的方式不同

正如你也许已经注意到的那样,你的朋友或姐妹动脑子的方式与你不同。托马斯·阿姆斯特朗博士(Dr. Thomas Armstrong)把智能分成七类。他说,如果利用自己最擅长的智能来学习,孩子们也许会取得最好的学习效果。

◎ 语言:通过阅读、写作和讲故事来学习

◎ 逻辑与数学:通过逻辑、范例、类别和关系来学习

◎ 身体与运动感觉:通过身体感觉、触摸来学习

◎ 空间:通过形象和图画来学习

◎ 音乐:通过声音和节奏来学习

◎ 人际:通过与别人的互动和交流来学习

◎ 内心:通过自身的感受来学习

每一种都不比另一种更有效,只是不同而已。你也许擅长逻辑与数学,你的妹妹也许擅长人际。你可能会说她是古怪的,因为她的话太多了;你

也可能会利用这些差异，让她帮助你改善演讲课的表现。到底会采取哪种态度，要视你对多样性的态度而定。

我们看待事物的方式不同

每个人看待世界的方式不同，对自己、他人和生活有着不同的看法。要想明白我的意思，我们来做个实验。盯住下面这幅画看几秒钟。现在，看看第287页的画，说说你看到了什么。你也许会说，是信笔画出的一只长着长尾巴的小老鼠。

但是，如果我告诉你，你错了呢？如果我告诉你，我根本没有看到什么老鼠，只看到了信笔画出的一个戴眼镜的男子呢？你会看重我的意见吗？或者，由于我和你看待事物的方式不同，你是否会觉得我是个傻瓜？

为了理解我的观点，请再凝神看看本页下方的画，然后，再看看第294页。现在，你看到我所看到的东西了吗？

这表明，你过去生活中的所有经历构成了一个镜片（或者是一个思维定式），你通过这个镜片观察世界。鉴于所有人的过去都有所不同，所以

任何两个人都不会有相同的看法。有些人看到老鼠，有些人看到男子。他们都没有错。

一旦你意识到，所有人都会以不同的方式看待世界，所有人可能都是对的，你就会加强对不同观点的理解和尊重（你也许愿意找个朋友试试同一个实验）。

我们的风格、特点和性格不同

以下练习并不是深层分析，而是以一种有趣的方式审视你的总体性格和个性特点。这个练习是北卡罗来纳州的立法学院（Legislator's School）设计的，选自凯瑟琳·巴特勒（Kathleen Bulter）的《尽在你的头脑中》（*All in Your Mind*）一书。

看看每一行，在与你最吻合的空格中填"4"。现在，在与你次吻合的空格中填"3"，用同样的方法给剩下的词语标注"2"和"1"，每一行都这样做。

然后，加出你每一栏的总分（当然不包括例子），把总分写在下面的方框里：

例如：

富有想象力	2	勤于探究	4	实事求是	1	善于分析	3

第一栏	第二栏	第三栏	第四栏	
富有想象力	勤于探究	实事求是	善于分析	
适应力强	爱询问	有条理	爱批判、挑剔	
举一反三	富有创造力	直截了当	爱辩论	
有个性	敢于冒险	态度实际	学究气	
灵活	善于发明	办事精准	系统性	
与人分享	独立	有条不紊	通情达理	
合作	富有竞争力	完美主义者	逻辑	
感觉敏锐	冒险	苦干	智力	
情感关系	善于解决问题	善于规划	精于阅读	
联盟	原创	记忆	考虑周到	
自然	改革者	需要指导	评判者	
交流	发现	谨慎	推理	
体贴	挑战	演练	审查	
感受	实验	行动	思考	

第一栏：葡萄 □   第二栏：橙子 □

第三栏：香蕉 □   第四栏：西瓜 □

如果你的最高分在第一栏，你就是葡萄。

如果你的最高分在第二栏，你就是橙子。

如果你的最高分在第三栏，你就是香蕉。

如果你的最高分在第四栏，你就是西瓜。

葡萄：

与生俱来的能力包括：

◎ 善于反思

◎ 感觉敏锐

◎ 办事灵活

◎ 富有创造力

◎ 倾向于群体工作

葡萄在以下时候的学习效果最好：

◎ 可以与别人合作并共享

◎ 劳逸结合

◎ 可以交流

◎ 没有竞争的环境

葡萄可能难以：

◎ 给出准确的回答

◎ 专注于一件事

◎ 组织

为了拓展风格，葡萄需要：

◎ 更多地关注细节

◎ 不要匆忙行事

◎ 在做决定时不要感情用事

橙子：

与生俱来的能力包括：

◎ 实验

◎ 独立

◎ 好奇心强

◎ 探索不同途径

◎ 制造变革

橙子在以下时候的学习效果最好：

◎ 能利用试错法

◎ 产生真正的成果

◎ 有竞争的环境

◎ 自我指导

橙子可能难以：

◎ 满足时间限制的要求

◎ 听从教导

◎ 适应没有多少选择余地的情况

为了拓展风格，橙子需要：

◎ 委托一些责任给他人

◎ 更多地接受别人的想法

◎ 学会分清轻重缓急

香蕉：

与生俱来的能力包括：

◎ 规划

◎ 搜寻事实

◎ 组织

◎ 服从指导

香蕉在以下时候的学习效果最好：

◎ 在有条理的环境中

◎ 有特定成果

◎ 能放心让别人去履行责任

◎ 处在可预料的环境中

香蕉可能难以：

◎ 理解别人的感受

◎ 应对反对意见

◎ 回答"如果……怎么办"的问题

为了拓展风格，香蕉需要：

◎ 更多地表达自己的感受

◎ 听取对别人观点的解释

◎ 别那么僵化

西瓜：

与生俱来的能力包括：

◎ 就各种观点展开辩论

◎ 找到解决办法

◎ 分析各种想法

◎ 决定价值或重要性

西瓜在以下时候的学习效果最好：

◎ 能得到各种资源

◎ 能独立工作

◎ 由于智力才干而受到尊重

◎ 遵循传统方法

西瓜可能难以：

◎ 参加群体工作

◎ 接受批评

◎ 婉转地说服别人

为了拓展风格，西瓜需要：

◎ 接受缺憾

◎ 考虑所有的可选方案

◎ 顾及别人的感受

欣赏你自身的多样性

我们往往会问，哪种水果最好？回答是，真是个傻问题。

我有三个兄弟。尽管我们有许多共同之处，比如鼻子的大小和相同的父母，但我们的差异也很大。更年轻的时候，我总是试图向自己证明，我的才能比他们出色，"当然，你可能比我外向。但谁在乎呢？我在学校的表现比你好，这一点更重要。"后来，我知道了这种思维是多么愚蠢，而且学会了赞赏这样一个事实——他们有自己的长处，我也有我的优点。谁都不比谁更好或者更差，只是各不相同而已。

正因为如此，如果一个异性（你梦想约会的意中人）对你不感兴趣，你不该感到那么沮丧。你也许是此间最美味和最令人垂涎三尺的葡萄，但他/她想找的或许是香蕉。无论你多想变成另一种水果，你就是一颗葡萄，而他们想要的是香蕉（不过别急，总会有人要找葡萄的）。

你不要试图调和各种特征，也不要试图像其他所有人一样，你应该为自己独有的差异和品质感到自豪和欣喜。水果沙拉之所以美味可口，恰恰是因为每种水果都保持了自己独特的味道。

欣赏差异的障碍

尽管欣赏差异的障碍很多，但最主要的障碍有三个：无知，小集团和偏见。

无知。无知意味着你一无所知。你不了解别人的想法、感受或者他们的经历。在理解残疾人的问题上，就经常会出现"无知"的现象。正如克丽斯特尔·李·赫尔姆斯在向《镜报》（*Mirror*，西雅图地区的一份报纸）投递的稿件中解释的那样。

我叫克里斯托。我身高5英尺1英寸，有着金色的头发和褐色的眼睛。不错，是吧？如果我告诉你，我是个失聪的人，你作何感想？

在完美的世界上，这不会也不应该构成问题。然而，我们并不是生活在一个完美的世界上，所以这就成了问题。一旦有人知道我听不见，他们的态度就完全变了。突然之间，他们开始以不同的态度看待我。人们的反应会让你感到吃惊。

我遇到的最常见的问题是："你怎么会失聪的？"当我告诉他们之后，他们的反应也像问的问题一样如出一辙："噢，真抱歉。太惨了。"每当发生这种情况，我干脆直视他们，冷静地告诉他们："不，真的，一点都不惨。

不要道歉。"无论他们的意图多么善良，但怜悯总是让我不舒服。

并非所有人的态度都会让我奋起自卫，有些想法简直滑稽透顶。我正在和朋友打手语，一个我不认识的傻瓜走了过来，打开了话匣子。

"失聪像是什么感觉？"

"我不知道。能听见东西又是什么感觉？我是说，没法说'像什么感觉'。该什么样就是什么样。"

你看，就是这样：如果你遇到失聪的人，不要把他们当作残疾人或者不幸的人。相反，要花些时间了解他们，探究失聪究竟是怎么一回事。如果能这样做，你不仅会敞开心扉地了解别人，而且更重要的是，你能了解自己。

小集团。想要与那些你乐于交往的人待在一起并没有错，只有当你这一群朋友排斥外人，拒绝接纳所有与自己不同的人时，这才会成为问题。关系紧密的小集团很难看重差异。外人感觉就像二等公民，集团内部的人则往往会产生高人一等的情结。不过，打入小集团并不困难。你只需放弃自己的个性，被他们吸收，成为派系的一员即可。

偏见。你是否曾经由于肤色不同、口音太重或者住在城镇的另一边而遭遇别人的成见、偏见或被起绰号？我们不是都有过这样的经历吗？这不是一种病态的想法吗？

尽管我们生而平等，但不幸的是，我们并没有得到平等对待。令人悲伤的事实是，由于许多人抱有偏见，因此形形色色的少数派在生活中往往要逾越更多的障碍。种族主义是世界上由来最久的问题之一。以下是娜塔莎的经历。

种族主义会加大获得成功的难度。如果你是名次列班里前10%的黑人学生，平均分能保持4.0分，有些人就会觉得自己受到了威胁。我真希望人们能意识到，无论大家来自哪里，他们有着什么样的肤色，所有人都应该得到同等的机会。就我的朋友和我而言，偏见是我们始终要与之斗争的障碍。

我们并非生来就抱有偏见，这些东西是学来的。例如，孩子根本意识不到肤色的问题。但是，随着他们渐渐长大，他们就会开始沿袭别人的偏见，筑起高墙。正如罗杰斯（Rodgers）和哈默斯坦（Hammerstein）为音乐剧《南太平洋》（South Pacific）创作的歌词中所说的那样：

你应该学会害怕，

害怕奇异的怪眼，

害怕不同的肤色，

你应该小心学会这一点。

在为时已晚之前，

在你六、七、八岁之前，

学会憎恨你亲人憎恨的人，

你应该小心学会这一点！

下面这首《内心冰冷》，是一位无名诗人创作的，讲述了人们相互抱有偏见所造成的悲惨后果。

数九寒天，六个人出于偶然受困在异乡，

每个人有一根木棒，反正故事里是这么讲。

快熄灭的火堆需要木柴，第一个人不愿帮助，

因为在火边人群中，他看到了黑鬼的脸庞。

第二个人抬眼望去，看见一个异教徒，

他暗自决定，不能贡献自己的桦木棒。

第三个人坐在那儿，穿着褴褛的衣服，

怎能用他的木棍，让该死的阔佬把福来享？

有钱人一动不动，一心想着他店里的财富，

如何防止懒惰的穷鬼，抢走他的满仓珠宝。

随着火焰熄灭，黑人的脸上写着报复，

他在木棍中，看到了向白人泄愤的希望。

绝望的群体中，最后一人的规则很清楚，

遇到事情自顾自，好事有来才有往。

他们的木棍紧攥在死神的手中，这是人罪的证物，

不是由于外界的苦寒——由于内心冰冷他们才会死亡。

捍卫多样性

幸运的是，这个世界上随处都有珍视多样性的热心人。下面比尔·桑德斯讲述的这个故事就是捍卫多样性和拿出勇气的精彩例子。

几年前，我曾经见识过令我肃然起敬的勇气。

在一次中学集会上，我讲到了欺负别人的问题，以及我们每个人都可以勇敢地保护别人，而不是贬低别人。然后，我们留出一段时间，所有人都可以离开座位，在麦克风前讲点什么。学生们可以向曾经帮助过他们的人道谢，有些人上来了，而且确实道谢了。有个女孩感谢朋友们帮助她挨过了家庭变故，有个男孩谈到了一些曾经在他经历情感危机时支持过他的人。

然后，毕业班的一个女孩站了起来。她走到了麦克风前，指着二年级所坐的位置，向全校发出了呼吁："我们不要再损那个男孩了。不错，他确实和我们不一样，但我们是一个集体。他的内心与我们没有差别，需要我们的接纳、爱、同情和赞许。他需要朋友。我们为什么总是残酷地对待他，欺弄他？我要向全校发出呼吁，减轻他的重负，给他一个机会！"

她讲述这一切的时候，我一直背对着那个男孩所坐的位置，我不知道他是谁。但是，全校学生显然都知道。我几乎不敢向他坐的地方看。我想，这个孩子肯定是红着脸，想钻到椅子底下去，让全世界看不见他。但是，当我回头看去，我看到一个男孩咧开嘴大笑着。他的整个身体都一颠一颠的，举起拳头在空中挥舞。他的身体语言说："谢谢你，谢谢你，说下去，你挽救了我的生活！"

> 差异形成了生活中的挑战，这些挑战为发现打开了大门。

> 我们是多样的美国手语：

找到"高明"的方法

一旦你接受了这个想法，认为差异是个优势，而不是弱点，一旦你决心至少要尽力欣赏差异，你就为找到"高明"的方法做好了准备。佛教对中庸的定义并不是折中妥协，而是更高明的手段，就像三角形的顶点一样。

协作增效不只是妥协或合作。妥协是1+1 = 1.5。合作是1+1 = 2。协作增效是1+1 = 3，甚至更多。这是一种创造性的合作，强调的是"创造性"，总体大于各部分的总和。

建筑工人最了解这一点。如果一根宽122厘米、厚61厘米的横梁能承受275千克的重量，那么两根这样的横梁就应该能承受550千克的重量，对吧？其实，两根这样的横梁能承受826千克的重量。如果你把它们钉在一起，就能承受2213千克的重量，三根钉在一起能承受3847千克的重量。音乐家也知道这个原理。他们知道，当C调和G调和谐地搭配在一起，就产生了第三种调——E调。

正如莱尼发现的那样，如果找到高明的方法，就能事半功倍。

在物理实验课上，老师示范了动量原理。我们的任务就是制作一个像中世纪那样的弹弓，我们把它叫作南瓜发射器。

我们这一组有三个人——两个男孩和我。我们的差别很大，所以我们想出了许多不同的方法。

我们中的一个人想用蹦极的绳索制作发射器的弹索，另一人想用拉紧的绳子。我们每种都尝试了，但都不太成功。后来，我们找到了一种方法——同时使用这两种材料，弹力比单独的任何一种材料都大得多。这真酷，因为把弹射的距离增加了1倍。

当美国的开国元勋构想政府结构时，就利用了协作增效的原则。威廉·佩特森（William Paterson）提出了"新泽西计划"。该计划规定，无论人口多少，各州在政府中的议员人数应该相同，这一计划对比较小的州有利。詹姆斯·麦迪逊（James Madison）有着不同的想法，也就是"弗吉尼亚计划"。该计划认为，人口较多的州应该有较多的议员，这一计划对比较大的州有利。

经过几周的辩论后，他们达成了令各方都满意的决定，他们一致同意在国会建立两个分支。一个分支是参议院，无论人口多少，每个州都有两名议员。另一个分支是众议院，议员的人数由每个州的人口来决定。

尽管被称为"伟大的妥协"，但这个有名的决定其实应该称为"伟大的协作增效"，因为它比原来的两个方案都更高明。

实现协作增效

无论你是在约会和晚间外出的问题上与父母起了争执，或是和同伴一起组织学校活动，或简直就是无法达成一致，都有一种方法能"实现协作增效"。以下是帮助你实现这一目标的五个简单步骤。

让我们试着用这个行动计划来解决问题，看看它是如何发挥作用的：

实现协作增效的行动计划
明确问题和机遇所在
他人的方法
（首先要努力了解别人的想法）
我的方法
（然后阐述自己的想法，争取让别人了解）
集体头脑风暴
（形成新方案和新想法）
高明的方法
（找到最佳解决方案）

复印这个行动计划，把它放在你经常能看到的地方。

度假

父亲：我才不管你怎么想呢。愿意也好，不愿意也好，你都得去度这个假。我们都计划好几个月了，我们全家应该花点时间待在一起。

你：可我不想去。我想和朋友在一起，我会错过好多活动的。

母亲：我可不想让你一个人留在这儿。我会没完没了地担心，连假期都过不好了，我们想让你和我们一起去。

明确问题或机遇所在

就这件事而言，我们有个问题。是这样的：我的父母想让我和全家一起去度假，但我想待在家里，和朋友出去玩。

他人的方法（首先要努力了解别人的想法）

试着采用你在习惯五当中学到的倾听技巧，这样你就能真正了解父母的想法了。记住，如果你想影响你的父母，就应该让他们觉得你理解他们。

通过倾听，你了解了以下内容：

对我的父亲来说，这个假期非常重要，他想让全家有个增进感情的机会。他觉得，如果我不去，一切就不一样了。母亲觉得，如果我独自待在家里，他们会非常担心，连假期都过不好了。

我的方法（然后阐述自己的想法，争取让别人了解）

现在，试试习惯五当中的第二部分，勇敢地讲出你的感受。如果你花时间听了他们的意见，他们则更有可能会听你诉说。所以，你要把自己的想法告诉父母。

妈，爸，我想待在家里，和朋友在一起。对我来说，他们非常重要。我们做了好多计划，我不想错过有趣的活动。而且，如果让我整天和弟弟妹妹挤在一辆车里，我非疯了不可。

集体头脑风暴（形成新方案和新想法）

这里会发生奇迹。借助你们的想象力，一起找到你们各自从未想到过的新方法。当你们自由讨论的时候，记住这三个窍门。

◎ 发挥创造性：讲出你最离奇的想法，畅所欲言。

◎ 避免批评：最妨碍发挥创造性的就是批评。

◎ 提出附带建议：不断在最佳想法的基础上添加内容。一个好想法带出另一个好想法，由此再带出一个好想法。

集体自由讨论产生了以下想法：

◎ 父亲说，我们可以前往一个我比较喜欢的度假地点。

◎ 我提出，我可以住在附近的亲戚家。

◎ 母亲建议，我可以带个朋友一起去。

◎ 我提出动用我攒的钱，坐公共汽车去与他们会合，这样我就不用和他们挤一辆汽车了。

◎ 母亲愿意缩短假期，这样我会觉得比较轻松。

◎ 我建议在家里待一段时间，然后和他们一起度假。

◎ 父亲说，如果我在他们外出期间把栏杆油漆一遍，他就让我留在家里。

高明的方法（找到最佳解决方案）

在集体自由讨论一段时间之后，通常就会出现最佳方案。现在，你只需顺其自然。

我们一致同意，在这一周的前半段，我可以留在家里，然后和一个朋友乘公共汽车与全家会合，共度假期的后半段。他们甚至提出，如果我愿意油漆栏杆，他们可以支付我和朋友的车费。这项工作并不繁重，所以我还有时间和朋友们外出。他们很开心，我也是。

如果你能遵循上述基本步骤，结果会令你感到惊讶。但是，要想实现协作增效，你必须非常成熟。你必须愿意倾听别人的观点，此外，你还要有勇气表述自己的观点。最后，你必须自由发挥创造力。看看这个高中生是怎样实现协作增效的。

我们要举行班级舞会了。我想穿自己在时装杂志上发现的一种款式的裙子。唯一的问题在于，这种裙子对我来说太短了，因为我的个子很高，我知道妈妈会不乐意的。

那天晚上，我们坐下来讨论了班级舞会的事情，以及谁会邀我外出。我给她看了杂志里的那条裙子，不出我所料，她说："绝对不行，太短了。"我让她发表自己的意见——她觉得我该怎么做，以及我应该到哪儿去买衣服。

我根本不赞成她的观点，但她显然固执己见。然后，我们开始无拘无束地交流想法，讨论我可以怎么做。其中一个想法就是找个裁缝，看看她是否能缝制一件让我们两个人都满意的衣服。我给朋友打了个简短的电话，找到了一个裁缝。很快，我们就开始进行策划、购买布料和设计款式了。缝制好的裙子漂亮极了，很有个性，和别人的衣服都不一样。我花的钱没有平时多，我的朋友也都很喜欢这条裙子。

大胆试一试

我们可以在各种情况下实施实现协作增效的行动计划。

◎ 老师布置了生物课的小组作业，你根本不认识同组的三个人。

◎ 你和男朋友无法决定，你们应该和谁的家人一起过感恩节。

◎ 你想上大学，但你的父母不愿意帮你支付学费。

◎ 作为学生会干部，你和你的团队负责组织本年度最盛大的一次舞会。

◎ 你和继母在你夜间外出的问题上出现了分歧。

◎ 你总是和弟弟抢着用电脑。

实现协作增效的行动计划只是指导方针。这些步骤未必总要按顺序完成，你也不必一步不落地实行。如果你的情感关系账户极其充盈，你其实可以跳过前三步，直接开展集体自由讨论。另一方面，如果你的情感关系账户中所剩很少，你也许就需要花更多的时间倾听。你们可能要经过好几次谈话才能解决某些问题，所以要耐心点。

尽管你个人为找到高明的方法付出了巨大的努力，但有时另一方根本不使劲。在这些情况下，你也许必须要不断充实情感关系账户。

你通常如何化解冲突？大多数情况下通常是争斗（动口或者动手）或逃避（你默不作声或者匆匆离去）。实现协作增效的行动计划提供了一种替代方案。

假设你和姐姐总是为了由谁用车而冲突，你们都觉得自己比对方更需要用车，这使得你们之间产生了龃龉。最近学会了协作增效的方法后，你决定试试协作增效的行动计划。

明确问题和机遇所在

"姐，我可不想总是为了车而吵架。咱们谈谈吧，看看我们是不是能达成双赢的解决办法。"

"哦，算了吧。少在我这儿来'七个习惯'那一套。"

"我是真心实意的，我真是想解决问题。"

"好吧，你看应该怎么做？只有一辆车，可我们是两个人。"

他人的方法（首先要努力了解别人的想法）

"嗯，首先，告诉我，你为什么总是需要用车。"

"你知道为什么。训练结束以后，我总得想法儿回家吧。"

"为什么你不能搭朋友的车呢？"

"有时候可以，可我总觉得很不好意思，因为我和他们很不顺路。"

"是这么回事！你还有其他什么理由要用车呢？"

"嗯，对了。回家的路上，我有时候想在贾里德家停一下。"

"这对你很重要吗？"

"当然了。"

"所以，你不想在训练结束以后费劲搭车回家。如果有车，你就能自由自在地做许多事情，比如去看贾里德，是这样吗？"

"没错。"

我的方法（然后阐述自己的想法，争取让别人了解）

"要是我告诉你，我为什么要用车，你愿意听听吗？"

"我想我已经知道了，不过，你说吧。"

"因为我要工作。我每天晚上6点要上班，可你要到6点半才能到家。如果我让妈妈送我去，我总是迟到，老板就会发脾气。"

"是啊，我知道，妈妈就是这样。"

集体头脑风暴（形成新方案和新想法）

"姐，你能不能早点结束训练？如果你5点45分到家，你就可以先用车，然后我再开车去上班。"

"如果可以，我当然愿意，可是我不能提早结束训练。如果你晚点开始上班呢？"

"嘿，现在看来，这也许能行。我敢肯定，如果我晚点下班，老板会让我晚点上班的。咱们试试怎么样？你可以用车到训练结束，然后我开车去上班。"

"可是，如果我想去看贾里德怎么办？"

"如果你想去看贾里德，我在上班的路上可以把你放下，回家的时候再去接你，这样行吗？"

"好吧，这样没问题。"

高明的方法（找到最佳解决方案）

"那么，咱们一言为定？"

"一言为定。"

事情并不总是这么容易。但是，另一方面，有时就是这么容易。

团队工作和协作增效

出色团队的成员往往有五个以上不同类型，每类成员都发挥着不同但重要的作用。

苦干者。他们兢兢业业，一直苦干到任务完成。

追随者。他们非常支持领导，如果他们听到了好主意，会火速加以实施。

革新者。他们是富有创造力、点子多的人，他们能制造生机和活力。

协调者。因为他们愿意与别人合作而且鼓励合作，他们会提供团结和支持，并且是出色的协作增效者。

展现者。和他们一起工作很有趣，但他们有时很难对付。他们往往为团队的成功添加了必要的趣味和动力。

出色的团队工作就像一部伟大的乐章。所有的人声和乐器可能会同时

发声或奏响，但它们不是在相互较量。单独地看，乐器和人声会发出不同的声音，奏响不同的音符，出现不同的停顿；不过，它们交织在一起，就形成了一种全新的音响效果，这就是协作增效。

你手中的这本书就处处渗透着协作增效。

起先决定写这本书时，我感到不知所措。因此，我就以我所知道的唯一方法开始了。我争取到了帮助。我马上请求一位朋友加以协助，很快，我组织了人数更多的团队。我联系了全国各地的一些学校和教育者，他们同意在不同阶段就我的书稿作出反馈。我开始与单独或群体的青少年面谈。我雇了一位艺术家。我组织了征文活动，征集有关青少年和七个习惯的故事。到了最后，有100多人参与了本书的创作。

这本书缓慢但稳步地成型了，所有人都展示了他/她的才能，以不同的方式作出了贡献。当我专注于写作时，其他人都专注于他们所擅长的事，一个善于搜集故事，一个擅长查找名人名言，另一个知道如何编辑。有些是苦干者，有些是革新者，有些是展现者，这就是最大程度的团队工作和协作增效。

团队工作和协作增效的美妙的副产品就是：它能加强情感关系。曾经

参加过奥运会的篮球选手德博拉·米勒·帕尔莫尔（Deborah Miller Palmore）说得很清楚："即使你打的是生命中最重要的一场比赛，你将刻骨铭心的也是团队协作的感觉。你会忘记比赛、投篮和分数，但你永远不会忘记自己的队友。"

◇ 后面的章节更精彩 ◇

如果你继续看下去，你会发现米歇尔·法伊弗看上去如此漂亮的真正原因。再多看几页，你就看完全书、大功告成了！

幼童 学步

1. 当你遇到有残疾或身体有伤痛的同学或邻居时，不要为他们感到难过，也不要因为不知道如何措辞而躲开。相反，你要主动去和他/她认识。

2. 下一次，当你和家长出现分歧时，试试实现协作增效的行动计划。1）确定问题所在。2）听他们说。3）谈谈你的看法。4）集体自由讨论。5）找到最佳解决方案。

3. 与你信任的成年人讨论个人问题。看一看，在交换看法后，你们是否会对你的问题产生新认识和新想法。

4. 本周，环顾四周看看你周围有多少协作增效的现象，比如两只手协作、团队工作、大自然中的共生关系和创造性的解决问题的做法。

5. 想想让你恼火的某些人，他们有什么不同？

你能从他们那里学到什么？

---

6. 与你的朋友开展集体自由讨论，想出于本周末开展的有趣、别致的新活动，而不是反复做相同的老掉牙的事情。

7. 就你对以下每个类别差异的态度作选择。你是回避者、容忍者还是欣赏者？

	回避者	容忍者	欣赏者
种族			
性别			
宗教			
年龄			
衣着			

为了成为每个类别差异的欣赏者，你可以做些什么？

_____

_____

_____

我 的 训 练 计 划

对青少年来说，多样性是一个艰难的话题。我在十几岁的时候，总是试图调和各种特征，而不是显得与众不同。但是如果没有多样性，生活会多么乏味呀！如果每个人都像你一样思考行事，长得也跟你一模一样，你也许就会讨厌你自己。

找出你对多样性的态度

当你欣赏多样性时，你就会希望与他人合作，来实现自己的目标。在下面写上，你可以如何努力，使自己学会欣赏差异。

性别：

年龄：

服饰：

体形：

能力/缺陷：

当你学会欣赏差异时，与他人合作就容易多了。一旦你意识到，所有人都会以不同的方式看待世界，所有人可能都是对的，你就会加强对不同观点的理解和尊重。

评定你的性格特点

填写下表，评定你的总体性格和个性特点。看看每一行，在四个空格中分别填上数字"1"至"4"中的一个，在与你最吻合的空格中填"4"。（参阅下面的例表。）在你填完表格以后，请一个朋友或家人也来填写此表。然后，加出两个表格中每一栏的总分。

例如：

| 富有想象力 | 2 | 勤于探究 | 4 | 实事求是 | 1 | 善于分析 | 3 |

第一栏	第二栏	第三栏	第四栏	
富有想象力	勤于探究	实事求是	善于分析	
适应力强	爱询问	有条理	爱批判、挑剔	
举一反三	富有创造力	直截了当	爱辩论	
有个性	敢于冒险	态度实际	学究气	
灵活	善于发明	办事精准	系统性	
与人分享	独立	有条不紊	通情达理	
合作	富有竞争力	完美主义者	逻辑	
感觉敏锐	冒险	苦干	智力	
情感关系	善于解决问题	善于规划	精于阅读	
联盟	原创	记忆	考虑周到	
自然	改革者	需要指导	评判者	
交流	发现	谨慎	推理	
体贴	挑战	演练	审查	
感受	实验	行动	思考	

第一栏	第二栏	第三栏	第四栏
总分_____	总分_____	总分_____	总分_____

在填完两个表格、计算出每一栏的总分以后，看看你们俩是什么水果。现在，想想该怎么利用你们的差异，更有效地合作。

> 说明：
> 4—与你最吻合（你就是这样）。
> 3—与你次吻合（你有点像这样）。
> 2—与你不吻合（你真的不是这样）。
> 1—与你最不吻合（你一点都不这样）。

 发现差异

每个人都是独特的个体，你知道这意味着什么吗？这意味着，即使有人长得像你，或者与你背景相同，那也不是你。即便你有一个双胞胎兄弟姐妹，你仍是独一无二的。只要透过表面，你就会发现惊人的差异，这种差异使每个人都有别于他人。

填写下列问卷，它能帮助你发现长处，找到你的独特之处！

1. 朋友或家人给我起的绰号是：

_____

2. 我的家乡是：

_____

3. 当我有一整天属于自己的时间，我喜欢：

_____

4. 最能让我捧腹大笑的电影是：

_____

5. 晚上睡觉时，我用几个枕头？

_____

6. 我成天挂在嘴边的一个词是：

_____

7. 我最喜欢的音乐家或音乐团体是：

_____

8. 我最喜欢吃的冰淇淋是：

_____

9. 我通常什么时候上床睡觉？

_____

10. 使我有别于他人的一个特点是：

_____

11. 我最好的朋友认为，我最大的优点是：

_____

12. 上学时我最擅长的科目是：

_____

13. 上学时我最差的科目是：

_____

14. 最像我的动物是？为什么？

_____

15. 如果能拥有一辆汽车，我希望是：

_____

16. 我长得最漂亮的部位是：

_____

17. 我什么时候感觉更自在，是跟一大群人在一起，还是自己独处时？

_____

18. 我有一个不为人知的特点，那就是：

_____

19. 当我做白日梦的时候，我想的是：

_____

20. 我关于家庭的最美好的记忆是：

_____

21. 在美术馆呆一天，我会觉得其乐无穷还是厌烦无聊？

_____

22. 如果能游览中国的一座城市，我希望是？为什么？

_____

23. 如果能游览某一个国家，我希望是？为什么？

_____

24. 我度过的最愉快的一个假期是：

_____

_____

25. 我度过的最糟糕的一个假期是：

_____

26. 如果能成为世界上任何一个建筑，我希望是？为什么？

_____

27. 什么事情让我夜不能寐？

_____

28. 我小时候最喜欢做的一件事情是：

_____

29. 我最喜欢看的运动是：

_____

30. 我最喜欢的一本书是：

_____

31. 我最喜欢的季节是：

_____

32. 我最喜欢的假期是：

_____

33. 在我认识的人当中，最愚蠢的是：

_____

34. 我宁愿呆在室内还是室外？

_____

35. 我可能得到的最好的礼物是：

_____

 发现差异

如果从来没有人捍卫多样性，这个世界将变成什么样？世界也许将只有黑白两色，而不是像现在这样五彩缤纷。它将是一个很不友好和缺乏教养的地方，没有人愿意分享自己的差异。缺乏多样性，这个世界将单调乏味，令人生厌。

然而，我们不能仅仅依靠别人去捍卫多样性。我们也必须自己乐于捍卫多样性。

捍卫多样性对我很重要，是吗？为什么？

我何时曾捍卫多样性（或者本来可以捍卫多样性）:

后来怎样？

找出一天时间，观察你周围的人、你看的电视节目和电影，还有你看的书。在下面记"捍卫多样性笔记"。记录下你发现的捍卫多样性的例子。

多样性的种类	人们怎么捍卫多样性
_____	_____
_____	_____
_____	_____
_____	_____

我发现的捍卫多样性的例子数量出乎我的意料，是吗？你本来以为这样的例子会更多还是更少？

在捍卫多样性方面，我依靠什么来克服恐惧心理（描述你的想法和行动）？

回答下列是非题。在回答之前想一想生活中的具体事例。

□是　□否　我总是力求完美，不管是对自己还是周围所有的人。

□是　□否　当别人不喜欢我或不赞同我的想法时，我会感到吃惊。

□是　□否　周围的人不停地向我作出承诺，但从不兑现。

□是　□否　我真正喜欢或信任的朋友不多。

□是　□否　我厌倦了各种"委婉说法"，我不一定要喜欢所有的人。

□是　□否　我不重视别人对我的看法。

□是　□否　我不喜欢变化。

□是　□否　我独自工作要比在团队中工作得好。

□是　□否　我经常更消极而不是更积极。

□是　□否　我担心，周围的人会发现我跟表面看起来不一样。

如果你的多数答案是"是"，那你应该从现在起，学会理解别人的生活和行动，欣赏每个人带给团队的不同特点。如果你的多数答案是"否"，说明你既能安然独处，又能与各种人和睦共处。你知道，向他人学习对自己的生活很有裨益。

实现协作增效的行动计划

一旦你接受了这个想法，认为差异是个优势，而不是弱点，一旦你决心至少要尽力欣赏差异，你就为找到"高明"的办法做好了准备。不是按你的方法或者我的方法,而是一种更好的方法,更高明的方法,这就是协作增效。

实现协作增效的行动计划

明确问题和机遇所在

他人的方法（首先要努力了解别人的想法）

我的方法（然后阐述你的想法，争取让别人了解）

集体自由讨论（形成新方案和新想法）

高明的方法（找到最佳解决方案）

找出一种你希望改善的关系。利用"实现协作增效的行动计划"来解决你们的分歧并且实现协作增效。

我希望改善的一种关系是：

我怎样才能先努力了解别人的想法：

我怎样才能通过阐述自己的想法，争取让别人了解：

我可以考虑的新方案和新想法有：

第四部分

恢复和更新

第十一章

习惯七：

磨刀不误砍柴工

该是"我自己的时间"了

The **7** HABITS
Of Highly Effective
TEENS

未雨绸缪才能防患于未然。

——约翰·肯尼迪（John F. Kennedy），美国前总统

你是否曾经感到生理失调、心理紧张或内心空虚？如果真是这样，你就会喜欢习惯七，因为它是专门用来帮你摆脱这些烦恼的。为什么称其为"磨刀不误砍柴工"呢？我们不妨来点想象，当你漫步林中，遇见了一个人，拼命地在锯一棵树。

"你在做什么？"你问道。

"我在锯树。"那人回答说。

"你锯了多久了？"

"已经4个小时了，不过进展还不错。"他说着，汗水顺着脸颊滴了下来。

"你的锯看起来很钝。"你说，"为什么不把它磨快了再锯呢？"

"你真傻，我怎么能停下来，没看我正忙着嘛。"

说到这儿，谁是真的傻瓜，不言自明，对吧？如果这个人停下手来用

15分钟的时间把锯好好磨一磨，他锯树的速度可能要比现在快3倍。

你是否曾因忙于开车而没时间加油？

是否也曾为生活所累而无暇休整？

习惯七的宗旨就是让你始终保持敏锐，以便能从容应对生活。这意味着要对生活最关键的四个方面——身体、头脑、心态、思想定期进行休整、恢复和充电、更新。

身体	**健康方面** 运动锻炼、健康饮食、睡眠充足、精神放松
头脑	**智力方面** 阅读、教育、写作、学习新技能
心态	**情感方面** 建立情感关系（情感关系账户，个人银行账户），帮助他人，笑口常开
思想	**精神方面** 勤于思考，写日记，做祈祷，阅读优秀的报刊杂志……

平衡更佳

古希腊有句名言"适可而止"，就是提醒我们保持平衡的重要性，告诫我们生活的这四大方面缺一不可。有些人耗费大量时间健身却忽视了头脑。还有些人智力发达，大脑可以负重400磅的杠铃，但是却任由体力衰退，甚至不参加社会活动。要使自己保持最佳状态，必须努力保持四个方面均衡发展。

为什么平衡这么重要？因为在人的体、脑、心、神四个方面中，某一方面的状况如何都会对其他三个方面产生影响。细想一下，如果汽车的一个轮胎出了问题，所有四个轮胎都会受到不同程度的磨损，涉及的不仅仅是那个坏轮胎。如果人累得筋疲力尽，很难待人友善。反过来也是如此，当你感觉动力充沛且发自内心，就更容易集中精力学习，也会友善待人了。

记得我上学时，读过许多伟大艺术家、作家、音乐家的故事，像莫扎特、凡·高、贝多芬，还有海明威。他们当中相当多的人似乎在情绪感情上都陷入了困境。为什么？我和你一样也不知道，但我推测，根本原因在于他们失去了平衡。他们过于注重某个方面，如音乐或艺术，而忽视了生活的其他方面，从而迷失了方向。正如俗话所说：万事讲究平衡适度。

未雨绸缪

就像一部汽车，需要定期对发动机进行调整和加油一样，你需要留出时间用于自己的恢复和更新，把自己调整到最佳状态。你需要时间放松自己，给自己一点细心的呵护，这就是"磨刀不误砍柴工"的真谛所在。

在接下来的章节里，我们将分别就身体、头脑、情感和思想每个方面进行探讨，还要介绍"磨快刀锯"的具体方法，不要错过哟。

关爱你的身体

我讨厌上初中，因为我感到困惑，不知道自己是谁，也不知道怎么应付。而且，我的身体也开始产生各种奇异的变化。我还记得第一天上体育课的情景。我买了第一件下体弹力护身，却不知道如何把它穿上。我们所有的男孩子有生以来第一次看见彼此光着身子的样子，简直不知如何是好，只是围着沐浴喷头站着，一个劲儿地傻笑。

随着青春期的来临，你的声音会变，荷尔蒙激素会飞快增长，身体的曲线和肌肉也开始全面发育起来。你应该对自己身体的新变化表示欢迎。

实际上，无时不在变化之中的身体真的是部奇妙的机器。你能呵护它，也能虐待它；你能控制它，也能被它所控制。一句话，你的身体是个工具，如果你对它精心照顾，它就会好好为你服务。

以下是青少年保持自身生理健康的十种方法。

1. 吃好

2. 洗澡解乏

3. 骑自行车

4. 举重

5. 睡眠充足

6. 练瑜伽

7. 体育运动

8. 散步

9. 挺直身子

10. 有氧运动

保持健康体魄的四个关键是养成良好的睡眠习惯、身心放松、营养充足和适当锻炼。这里我集中讲述营养和锻炼。

吃什么长什么样

人们常说吃什么长什么样，此话不无道理。尽管不是营养学方面的专家，但我发现必须牢记两大经验法则。

第一个法则：听从身体需要。 特别留意你对不同食品的感觉如何，并由此形成适合自己身体需求的"要与不要"。每个人吃不同食物的反应各不相同。比如，每次我晚上睡觉前饱吃一顿，第二天清晨肯定会难受。每次我吃了过多的法式炸土豆片、烤干酪、辣味玉米片或是比萨饼，就会经历一次"滑肠"。(你是否也曾遇到过这种情况？)这些是我的"不要"。另外，我知道，多吃水果蔬菜、多喝水使我倍感舒爽，这些是我的"要"。

第二个法则：适可而止。 对于许多人来说(包括我在内)，稍不留神就会走极端，所以我们会发现自己不是吃得太素就是吃得太油，很难做到适度。然而，这种饥一顿饱一顿的饮食习惯不利于身体健康。偶尔吃一点垃圾食品也不会伤身体(我是说，如果没有这些诱人的小吃做点缀，生活会是什么样)，只是不要让它成为你的日常食品。

胡萝卜
小块硬糖
豆苗
水
凉拌菜食谱
（过于清淡）

脂肪、油脂
和甜品（尽
量少用）

油炸土豆片
汽水
巧克力
汉堡包及油炸食品
垃圾食品食谱
（过于油腻）

牛奶、酸奶和奶
酪类（2~3份）

肉、禽、鱼、豆
类、蛋和坚果类
（2~3份）

蔬菜类（3~5份）

水果类（2~4份）

面包、谷类、
米饭和面食类
（6~11份）

美国农业部推荐的食谱（平衡饮食）

美国农业部的金字塔形饮食配方是我全力推荐的一套平衡适度的营养配方。它鼓励人们多吃全麦食品、水果、蔬菜和低脂奶制品，少吃快餐、垃圾食品和零食等常常含有脂肪、糖、盐和其他调味品的食品。

要记住，饮食影响情绪，因此在吃的方面含糊不得。

不用则废

有一部电影我很喜欢，叫《阿甘正传》，讲述的是亚拉巴马州一个天真善良的年轻人总在不由自主之中磕磕绊绊地取得成功的故事。电影中有一个情节，阿甘对自己感到灰心、困惑。这时他怎么做？他开始跑，不停地跑，从海岸这头跑到那头，来回跑了两圈半之后，他觉得好多了，终于做出了自己的人生抉择。

我们时常也会感到沮丧、困惑或无聊，在这类情况下，有时或许我们能采取的最好办法就是像阿甘那样：让自己更好地运动一下。运动不仅有利心肺健康，而且还具有振奋精神、消除紧张、清醒头脑的神奇功效。

说不出哪一种运动方式最好。许多青少年喜欢对抗型运动，有人则喜欢跑步、走路、骑自行车、室内溜冰、跳舞、做操或举重，还有人只是喜欢到户外走走。要达到最佳锻炼效果，每星期至少运动三次，每次锻炼的时间在20至30分钟之间。

不要一听到"运动"这个词就首先想到"苦"，要从中寻找乐趣，以便坚持起来不太困难。

一切在于你的感觉，而不是你的外表

不过需要提醒的是，在锻炼身体强健体魄的同时，千万不要对自己的外表过于在意。你或许已经注意到，我们的社会对"外表"太在意了。只要走进任何一家百货店，看一眼装饰在几乎所有杂志封面上、用来撑门面的完美偶像就可以证实这一点。它会使你对自身所有的生理缺点感到沮丧。

我虽是个男孩儿，可屁股却又肥又大，为此我感到很难为情。我爸爸说我出生的时候屁股就这么胖，弄得医生竟不知拍哪头好。我清楚地记得，有一次邻居家的一个小女孩为此取笑我，弟弟戴维打抱不平，帮我辩解说，那是肌肉。结果适得其反，"肌肉屁股"成了我最不爱听的一个绰号。

上八年级的时候，爸爸送我去参加一个生存锻炼营（这是美其名曰，其实就是饿着肚子看能坚持走多久），目的是想锻炼我的毅力，没想到却获得了一个意外的收获，我的大屁股不见了。不过，随着青春期的开始，我对许多其他事情也变得更加敏感，比如自己没有一张像我那些朋友那样完美无缺的笑脸，脸上反复出现的小丘疹，也像改不掉的坏习惯一样令我难堪。

在你开始把自己和《世界主义者》（*Cosmopolitan*）、《肌肉与健康》（*Muscle and Fitness*）两本杂志的封面上那些天真少女或健美男子相比较时，在你开始抱怨自己的体形和容貌时，请别忘了，还有成千上万个健康、快乐的少男少女没有高高的颧骨、健美的腹肌、坚挺的双臂，也有许多成功的歌星、访谈节目主持人、舞蹈家、运动员、电影名星，有着各种各样的生理缺陷。你用不着靠服用类固醇或隆胸来使自己快乐，如果你没有社会上公认的"理想"外貌或体形，那又怎样呢？现在时兴的可能到了明天就变了。

重要的在于身体感觉良好，而且不要过分在意自己的外表。访谈节目主持人奥普拉·温弗瑞（Oprah Winfrey）说得好："必须改变你的意识，要关心的不是体重，而是你生活的每一天。"

真实的生活还是艺术？

此外，可能你还不知道，你在杂志封面上看到的一切并不真实，那只是"照片"。许多年以前，美国《风尚》（*Esquire*）杂志以封面文章报道了美丽动人的女演员米歇尔·法伊弗的故事，题目是：《米歇尔·法伊弗需要什么……什么也不需要》。

其实，她还是需要帮助的，当然是你所没有看到的。正像作者艾伦·利奇菲尔德（Allen Litchfield）在《共享旷野里的光明》（*Sharing the Light in the Wilderness*）一书中所披露的那样。

不过，另一份名为《哈泼斯》（*Harper's*）的杂志在该书出版一个月之后提供了证据，即使是这样一位"大美人"也需要一点帮助。该杂志搞到了一张照片修版师为米歇尔·法伊弗在《风尚》月刊封面上的照片进行加工的收费账单，这位修版师以1525美元的高价提供以下服务："清亮肤色、柔和笑容轮廓和耳垂下的曲线、圆整下巴，加点头发，加些前额以创造更完美的轮廓，使颈部肌肉更柔和。"《哈泼斯》杂志的主编之所以揭开这一内幕，用他的话说，是因为我们"总是面对杂志封面上完美无缺的形象，这里要提请读者注意的是……现实与艺术之间存在着差异"。

这就是为什么不应该把你在学校毕业班年刊或驾照上的照片，与杂志封面上的明星照相比较的缘故。给你拍照片的摄影师每月只能拿到很少的工资，他打不起精神，敷衍了事，甚至还可能讨厌你。他给你拍出的照片看上去很丑也就不足为怪了。

别忘了，那些精雕细琢的偶像并非总代表着潮流。生活在以胖为美的18世纪欧洲不是很惬意吗？在欧洲中世纪初的"黑暗年代"，人人都穿着宽松的大袍子，没人真正知道你的身材什么样，那可真是个好年头啊！

当然，我们应该尽可能使自己以最好的形象出现，穿着得体，但如果不小心变得过分在意"外表"，就可能导致食欲过盛、易饿症、厌食症等严重的饮食失调或依赖类固醇等强效药物，为了博得他人的认可而像战犯一样虐待自己的身体根本不值得。

如果真的得了饮食失调症，也不必感到孤单。这是青少年中一个十分常见的问题，要承认自己有问题并寻求帮助。

无论何时，只要想戒就能戒掉

正如有很多方式保健身体一样，损害身体的方法也不在少数。喝酒、吸毒、抽烟等让人上瘾的东西就是一大类。例如，酒精常常与车祸、自杀和杀人这三大导致青少年死亡的诱因有关。其次是抽烟，已有证据表明，抽烟会导致视物模糊、皮肤早熟、牙齿发黄、呼吸障碍、龋齿数量增加两倍、指尖皮肤褪色以及疲倦、癌症等（真奇怪，居然还有人敢抽烟）。而且，它不受欢迎。我遇到过马萨诸塞州公共卫生部为说明这一点而制作的这样一则广告：

某某人（此处插入与你相处的某人的名字）独自站着。绝好的机会。你整整衣服、理理头发，点燃一根烟，然后又理理头发，慢慢地朝着他们走去，面带微笑。他们开始讲话："帮帮忙好不好？"你稍稍凑近了一点儿，想洗耳恭听，却听到他们这样一句话："能不能找个别的地方抽烟？"

抽烟不像你想象的那么受欢迎。一项研究表明，男孩子中十个有八个、女孩子中十个有七个都说不愿和吸烟者约会。所以，如果你吸烟，最好能习惯与烟亲吻，而不是与你心中的她亲吻。

切记，烟草公司每天每小时用于促销和广告的费用高达50万美元。他们想赚你的钱。每天一包烟，一年加起来就是1000美元。算一算，1000美元能买多少张CD唱盘呀，千万别上他们的当！

当然，现在没有人是故意染上毒瘾的，所有人都从无知开始。玩腻了喝酒抽烟这类"入门毒药"后，就会转向大麻，接着就是其他更致命的毒品：可卡因、致幻药PCP（苯环乙哌啶）和LSD（麦角酰二乙胺）、鸦片和海洛因。很多人开始饮酒、抽烟或吸毒是为了显示自己的"自由"，只是最终染上毒瘾后才发现恰恰是毒品"毁"了他们的自由。相信我，显示你的个性有许多更好的方式。

或许染上毒瘾最糟糕的就是：你不再能够控制自己，而是毒瘾在控制你。它说"跳"，你就"跳"。你成了被动反应者，和"积极主动"的理想和习惯说再见吧。我总是很同情那些在班上不得不到户外吸烟的人，因为办公楼里不允许吸烟。看到他们顶着夏日炎炎的酷热，迎着冬季瑟瑟的寒风，站在外面吞云吐雾，无法控制烟瘾的样子，心里真不是滋味。

我们总觉得上瘾是别人的事情，自己有这个定力，什么时候想戒就能戒。真的如此吗？实际上，人很难做到这一点。例如，在试图戒烟的青少年吸烟者中，只有25%的人获得成功。马克·吐温讽刺自己戒烟有多"容易"时说过一句话："我已经戒过100遍了。"

现在让我们来听听一位少年为戒除毒瘾而苦苦抗争的经历。

我第一次吸毒或酗酒时只有14岁，甚至不知道什么是毒品，我真的一点儿都不在乎。所有人都对我说毒品有多坏，可我的朋友说："来吧，试试，感觉很爽。"于是我就尝了。起初我想的是玩酷，可后来，同伴不再劝我，是我自己想要。

我开始吸毒和酗酒，量也越来越大。我的学习成绩开始下降，与别人的关系也开始疏远，甚至失去了与家人的联系，我真恨自己。我处世的态度变了，你知道——许多都是消极的，我与女朋友见面的次数也越来越少。

就在我开始酗酒吸毒之后，我注意到身体也出现问题。我整天都觉得疲惫不堪，体重也掉了不少，两个月减了大约30磅。

还有，我回到家里如果发现牙膏什么的用完了就会哭起来，简直太脆弱了，脾气也变得很暴躁。

17岁生日过后一个月，我在学校吸毒时被发现了。学校罚我停课1周，我自己也知道，我的确需要用些时间来恢复自我。我试着戒掉它，可却戒不掉。就像吸烟一样。你可以放下一支烟，说我要戒了，我要戒了，但实际上却很难做到。

为了戒毒，我不再和那些吸毒的损友接触，并开始参加"匿名酒鬼（Alcoholics Anonymous，简称AA）互助组织"的聚会，还找到了一位保证人。AA戒酒戒毒是个终生的事。只要你再沾上一点儿，就会前功尽弃，一发而不可收拾。我有不少参加过AA的朋友都旧病复发，但我的保证人却帮我真的解脱出来。如果没有AA，我想我到现在也不能自拔。

自从参加了这项计划，生活是那么的充实。我不喝酒、不吸毒，学习成绩也开始回升，和家人的关系比任何时候都更亲密。以前，我几乎在城里的每家快餐店都打过工，但每次干不到两周就不干了。现在，我已经在一家店里做了两个月了。我又回到了学校，并开始关心周围的一切，甚至连别人对我不友好时我也能善待他们。我完全改变了自己的生活，并开始考虑上大学的事情，而这一切在以前我连想都不敢想。我真的不明白为什么有些人要在酒精的陪伴下度过自己的中学时光，那是多么可怕的生活。

拒绝的技巧

远离各种毒品说起来容易做起来难。这里介绍一些拒绝的技巧，下一次再遇到你不愿意而别人执意劝酒、劝烟或劝毒的场合，或许可以用得上。

1. **提问题**。给自己提一些尖锐的问题，的确能使你三思而后行。

"为什么我想抽烟？"

"如果我今天晚上喝醉了会怎样？"

2. **指出将带来的麻烦**。试着反对自己要做的事情。

"吸吗啡犯法。"

"吸烟伤肺。"

3. **说明不良后果**。想到你做这些事情的后果。

"如果我吸毒时被抓住会坐牢的。"

"如果我浪费了今天晚上的时间，别人就会超过我。"

4. **提出另一种选择方案**。每当受到诱惑时，提出一些自己还感兴趣的其他娱乐方式。

"嗨，为什么不去看场电影呢？"

"不如去打篮球吧。"

5. **离开**。如果在某种场合下一看情形不妙，不要担心别人会怎么看你，只管溜……而且要快。

"抱歉，各位，我现在得走了。"

如果你富于创意，肯定会想出自己的点子来避免这一切的发生，就像吉姆那样：

我和我的朋友只是不想因酗酒和吸毒而惹来一身的麻烦，为此我们结成了联盟。我们大约十个人，相约要帮助我们的朋友们避开麻烦。我们尽力找到许多共同感兴趣的东西，每周一起去吃意大利餐，并想办法互相帮助。这种帮助大多采用与别人谈心的方式，如果看见有人受到诱惑或犹豫不定，就说服他们真的没必要靠做那种事情来显酷，接着邀请他们加入我们的行列寻找其他的乐趣。这种方法果然奏效，而且特别灵。

相信我，如果你远离这些东西绝不会有所失。电视名厨朱莉娅·蔡尔德说："生活本身就是适可而止的狂饮作乐。"你根本没必要去尝试，一时的刺激绝不值得以长期的痛苦为代价。如果你不吸烟、不喝酒也不吸毒，何必要去碰它呢？如果你已经沾染上了，何不寻求帮助戒掉它呢？还有太多更好更自然的方式也能找到刺激，为什么不去试试呢？

丰富你的头脑

我曾经听到过这样一则民间故事，一个年轻人来找绝顶聪明的大哲学家苏格拉底，并说："我想知道你所知道的一切。"

苏格拉底说："如果这是你的愿望，那就随我去河边吧。"年轻人满腹狐疑，跟着苏格拉底来到附近的小河边。他们在岸边坐下，苏格拉底说："你仔细看看这条河，再告诉我你都看到了什么。"

年轻人说："我什么也没看见。"

苏格拉底回答说："再仔细看看。"

当那人在岸边凝视，身体向前凑近河水时，苏格拉底突然抓住他的头按入水中。年轻人挣扎中使劲儿扭动着胳膊，却被苏格拉底死死按在水里。就在那人快要淹死的一刹那，苏格拉底把他从河里拖上来放倒在岸边。

年轻人一个劲儿地咳嗽，上气不接下气地说："老先生，你疯了吗？你想干什么，杀了我？"

"在我把你按在水中的时候，你最想要什么？"苏格拉底问。

"我想要呼吸，想要空气。"年轻人答道。

那个苏格拉底教育孩子还真有一套！

"我年轻的朋友，不要误以为智慧能那么容易得到。"苏格拉底说，"当你想学习的愿望像刚才需要空气那么迫切时，再来找我好了。"

此处要说明的观点很清楚：生活中没有什么能够轻而易举地得到，你必须付出代价。你应把这句话写在纸上，记在心里，还要画上重点符号。我不在乎别人怎么说，但世上没有免费的午餐。那个年轻人以为不付任何代价就能获得别人一辈子才学到的知识，这种想法多天真。然而，如果以为不努力丰富头脑还能保住一份好工作而且前程似锦，难道就不那么天真吗？

其实，接受良好的教育也许正是你能付出的最重要的代价——因为，你在茫茫书海中的苦苦钻研，可能比其他任何事情都更能决定你的未来。而且，除非你想成为寄生虫，到30岁还和父母住在一起，否则你最好现在就付出努力。

习惯七"磨刀不误砍柴工"中，智力方面指的是通过在校学习、课外活动、业余爱好、勤工俭学和其他丰富头脑的经历来扩展知识。

开启未来的钥匙

我曾经在一次调查测验中问过一群少男少女："你们害怕什么？"令我惊讶的是，说自己对保持优良的学习成绩、上大学以及今后找个好工作感到担忧的人数相当多。有一个孩子说："我们该怎么做才能确保自己能找到一份理想的工作自食其力呢？"答案其实再简单不过了。要么你试着去买彩票中大奖，你中奖的概率大约是一百万分之一，要么你有一个博学多才的头脑，它将给你提供确保一份好工作并自食其力的最佳机遇。

什么是博学多才？它可远不止是墙上的一纸文凭，尽管文凭也是其中的一个重要部分。更准确的定义是：一个博学多才的人就像一名训练有素的芭蕾舞女演员，她能完全控制自己的肌肉，她的身体能够根据要求弯、曲、跳、转，十分到位。同样，一个博学的头脑能够抓住重点、综合、写作、言谈、创造、分析、探索、想象等等。然而，要做到这些，必须接受训练，决不是天生就能具备的。

我的建议是，接受的教育越多越好。高中以后接受的任何教育——攻读大学学位、职业或技术培训、实习或军训——都很值得你花费时间和金钱，权当是给你未来的一次投资。统计数字表明，大学毕业生的薪水大约比高中毕业生多1倍，而且这种差距似乎正在扩大。不要把缺钱作为你不再继续接受教育的理由。曾任哈佛大学校长的德里克·博克（Derek Bok）说："如果你认为教育过于昂贵，就尝试无知的味道吧。"即使你不得不做出牺牲，要累死累活地工作才能支付教育费用也非常值得，而且你还会惊讶地发现有各种奖学金、助学金、贷款及一些只要你用心寻找就能得到的助学项目。事实上，每年都有数百万美元的助学金和奖学金因没人费心申请而无人问津。

不断充实大脑

扩大知识面有各种各样的方法，不过，最好的方法莫过于阅读。俗话说，读书益智，运动健身。阅读是其他方面的基础，不像旅游等其他方法那样，要花很多钱。以下是有益于扩大知识面的19种方法。我敢肯定，如果你开动脑筋，还能提出另外50种。

◎ 每天看报纸

◎ 订阅《国家地理杂志》

◎ 旅游

◎ 养花种草

◎ 观察野生动物

◎ 参加主题有趣的讲座

◎ 看《探索》频道的节目

◎ 上图书馆

◎ 听新闻

◎ 研究家谱

◎ 写故事、做诗或编歌

◎ 玩有挑战性的棋盘游戏

◎ 辩论

◎ 下棋

◎ 课上发表评论

◎ 参加芭蕾舞、歌剧或话剧的演出

◎ 学习演奏一种乐器

◎ 与朋友进行积极的谈话

◎ 填解纵横字谜

寻找乐趣

在你需要耐着性子学习一些自己不感兴趣的课程的同时，找一些自己确实感兴趣的科目，并不断地积累、丰富。听选修课、查阅图书、看与这个题目有关的电影，别让学校成为你受教育的唯一方式，要让整个世界都成为你学习的天地。

在有些课的学习中你会遇到一些困难。除非你是爱因斯坦，否则，每门课都不会很容易。实际上这话也不准确。就连著名的爱因斯坦也曾数学不及格，有段时间还被人认为是个白痴。

如果在学习上遇到挫折，不要气馁。只管坚定而顽强地往前走，最终一定会找到一些你感兴趣的东西甚至你很擅长的领域。

我曾经采访过一个严重依赖右脑的男孩，名叫克里斯，他对我讲了他是如何艰难地适应学习并发现自己所长的。

在上学之前我一直是个快乐的孩子，后来同学们发现我有学习障碍，他们总是指着我叫我的名字。我学数学、英语和语法都很吃力，还记得有一天上课时分组，和我分到一组的一个女孩子站起来指着我说："我不跟这个弱智一个组。"那一刻我感觉糟透了。

从小学到初中，我几乎不能阅读。有一天，一位专家在对我进行了一系列测试之后来到我家，对我妈妈说，这孩子永远学不会阅读。妈妈听了非常生气，把专家赶出了家门。

几年之后，我升入高中一年级。有一天随便拾起一本科幻小说，令我感到意外的是，突然之间阅读对我来说变得轻而易举。书中的情节激发了我的想象，句中的单词不再是单词，而变成了我脑中的画面。我读完了这本小说的几部续集，又开始读其他书，读书和学习令我兴奋不已。我的词汇量大增，开始有更好的语言表达，使用更多的词汇。

也就是在这个时候，我开始显现出艺术方面的特长。我知道我对形状和颜色有着独到的眼光，在水彩画、油画、绘画、素描和设计方面颇具天赋。我还能写得一手好文章，我写自己的经历，写诗。高中快毕业时，我的画作在很多艺术馆展出，我的信心大增。

不要让学校成为接受教育的障碍

分数固然重要，尤其是在找工作和选择学校时。不过，接受教育的意义远不止是为了取得学习成绩。

我们家里好几个人都是技术外行。我怪父亲的基因不好。好几次我见他遇到"技术问题"，如抬起汽车的发动机罩（好像他真的会修似的），或打算换个电灯泡等类似场合，他的脑子简直就是不开窍，根本不起作用。而且这种现象在我们家人中普通存在。作为一个有预见之人，我决定要克服遗传上的弱点，在上高中的最后一年，我报了一个汽车机修班，我要学会在需要的时候如何换机油。

儿子，你在汽车修理班里得了个"A"，是吧？

信不信由你，我在这个班上的学习成绩得了"A"。不过，不好意思的是，我得承认，我很少学习。要知道，我并不是真的用心去学，而是看的多，做的少。我从不做作业，应付所有的考试都是临阵磨枪，考试完两小时之后就把所学的一切都忘到了脑后。我成绩虽不错，但却没学到东西。

成绩很重要，但真正学到的知识更重要，千万不要忘了上学的目的。

多年来，我看到太多的人出于各种各样愚蠢的理由放弃了受教育的机会，例如，认为自己不需要再受教育，或找到了一份零工，或是交了女朋友、买了辆车、参加了摇滚乐队等等。

我也注意到许多运动员为了出成绩而放弃学业。我常常想给那些引人注目的年轻体育明星写信，希望他们完成荒废的学业。其实，我还真的写过一封，只不过运动员是虚构的。虽说是写给运动员的，但却对任何极其需要丰富其头脑的人也都适用。

亲爱的×××：

对于体育运动的种种益处，我深信不疑。不过，采访你之后，你对上学的态度着实令我吃惊。

你觉得自己正为做一个职业运动员而努力，没必要上学。我认为你成为职业运动员的概率，就如同我父亲找回谢了顶的头发一样微乎其微。曾是NBA篮球明星的参议员比尔·布拉德利说："年轻人用一纸合同赌自己的未来，就好比一名工人买了张爱尔兰彩票后以为会中大奖，就放弃了工作一样愚蠢。"诸多研究显示，每100个高中运动员中，只有一个能达到大学体育甲水平，而且高中运动员成为职业运动员的概率仅为1/10000。

在我所接触的成百上千名渴望成为职业运动员的大学运动员中，记忆中只有少数几个成功，而其他很多人都因专搞体育而荒废了学业，后来被遗弃在毫无希望和前途的劳动力大军中。

我永远不会忘记，在我们队与某大学对手打比赛之前那个晚上，一名队友赛前在队里的一次发言。由于一直忽视文化学习，从没学过如何表达自己，他只是连珠炮似的说一堆粗话，以为这样就能蒙混过关。在3分钟的时间里，似乎一直在用那个骂人的字眼——"他妈的"——用作名词、动词、形容词、代词、联词和独立结构。离开会场时我想："先生，该换换脑子了。"

要认清一个事实，你所受的教育是开启未来的钥匙。

你说你不喜欢上学。我要说，这又有什么关系呢？生活中哪样好事来得轻而易举？难道你愿意每天出去工作吗？你从什么时候开始由着兴趣来决定什么该做什么不该做？有些时候你不得不约束自己去做你不喜欢做的事情，因为你希望从中有所得。

你说你努力想坐下来学习可却做不到，因为思想老开小差。依我看，除非你学会控制自己的思想，否则就不会静下心来。约束思想比约束行为的要求要高得多。训练自己把事情做得完美无缺是一回事，控制自己的思想，在特定时期内集中精力进行综合、创造性的分析和思维完全是另一回事。

总说"我试试"是个没有说服力的借口。试想，如果我问你："你今天打算吃饭还是打算试着吃饭？"听起来是多么的荒唐。所以，只有约束自己去做该做的事情。

你说你不学习也能混得下去，靠临阵磨枪、投机钻营也能在考试中蒙混过关。我说你这是不劳而获。农民种粮食能临时抱佛脚吗？如果他春天忘了播种，夏天游手好闲，到了秋天再玩命干活，能有好收成吗？大脑和胳膊上的肌肉是决然不同的，要想提高大脑思维的强度、速度和耐力，必须付出艰苦的努力，毫无捷径可走。别指望有那么一天能突然出现在《绿野仙踪》里，让巫师给你送上一副聪明的脑子。

想想五个手指。一个属于钢琴家，古典音乐优美的旋律令听众如醉如痴；另一个属于眼外科医生，能通过显微手术让患者重见光明；有一个属于高尔夫运动员，始终紧握球杆用力击球；再一个属于盲人，能以飞快的速度阅读纸上凸起的盲文符号；还有一个属于艺术家，能雕刻出发人深思的美丽雕塑。表面上看，手指与手指没什么区别，但在每个手指的背后是长期不懈的奋斗、自律和坚韧不拔。这些人付出了代价！你认为他们是临阵磨枪吗？是投机钻营吗？

我一生中最大的一个遗憾是上高中时没有阅读100本小说，而是看了一堆《克利夫札记》（Cliff Notes）的节选。相反，我有个朋友在他青少年时期读了成百上千本书，他的大脑可以负重400磅的杠铃。我情愿断去一个，不，是断去两个手指来换这样一个头脑。

如果你不付出代价，你也可以获得学位，但却没学到知识，而这二者之间有着很大的不同。有些著名的思想家就没有学历，自学成才。他们是如何做的呢？他们看书。这是一个你该养成的最好的习惯。然而，很少有人能够有规律地坚持阅读。很多人在完成学业后就不再看书学习，那样会使大脑萎缩。教育必须是终身的追求，不读书的人与不能读书的人没什么两样。

你说你活着就是享受现在而不想考虑未来。我说人与狗之间的主要区别就是，人能为明天做打算而狗不会。不要一时感情用事而草率作出长远的事业选择，就像学生根据再简短不过的注册码选择自己的主修专业一样。请选择一个未来的发展方向，然后再做最后的决定。要想明天有个好工作，必须把今天的功课做好。

用一句谚语来概括："要持定训诲，不可放松。必当谨守，因为它是你的生命。"

你可能要说你不需要用脑子，而我说，你需要!

我希望没有冒犯你。我是好意。未来10年里，我不希望你发现自己和我们的朋友"稻草人"唱着同样的歌：

我不愿只是一无所有，

我的头装满了垃圾填料，

……如果我有一个脑子该有多好。

请三思!

肖　恩

高中之后的教育选择

不必为你在学校主修的专业或领域而过于担心。如果你能学会正确的思考，就会获得很多工作和教育的选择机会。招生部门和用人企业不太在乎你主修的专业，他们希望看到和证实的是你有一个敏锐的头脑。他们考察的是以下几个方面：

◎ 愿望——你是否非常迫切地希望进入这所学校或学习某项课程？是否非常希望得到这份工作？

◎ 标准化考试分数——你的ACT（美国大学测试）、SAT（学术能力测试）、GRE（美国研究生入学考试）、LSAT（法学院入学考试）等考试成绩如何？

◎ 课外活动——是否参加其他社会活动（体育运动、业余爱好、俱乐部、学生会、宗教团体）？

◎ 推荐信——别人对你的评价。

◎ 平均成绩——学习成绩如何？

◎ 社交能力——书面（根据你的简历）和口头（根据面试）交流的能力如何？

大学入学考试试题

（适用于橄榄球运动专业）　　　　　　　　　时间期限：3 周

1. 法国讲哪种语言？

2. 你会向莎士比亚请教：

　　□造桥　　　□航海　　　□领兵打仗　　□写剧本

3. 罗马教皇信什么教？

　　□犹太教　　□天主教　　□印度教　　　□波兰教　　□不可知论者

4. 美国北部的人被称作什么？

　　□西方人　　□南方人　　□北方人

5. 英国的六个国王都叫乔治，最后一个叫乔治六世，列出前五个国王的称号。

6. 《圣经》故事中犹太人的古代领袖摩西接到了多少条戒律（大约）？

7. 你能解释爱因斯坦的相对论吗？

　　□能　　　　□不能

8. 衣架是做什么用的？

9. 解释勒·沙特利耶的动平衡原理，或用大写字母拼写你的名字。

10. 高等数学：如果你有三个苹果，你有多少苹果？

你必须正确回答三个以上问题才能合格。

最重要的是，他们希望看到你在此后的工作中取得成功的事实。即使你的GPA（平均积分点）标准化考试成绩不理想，也别以为一定会屈就第二志愿，如果你在其他方面能力很强，仍有可能上个好学校或得到一份最理想的工作。

还有，不要被那些所谓申请上大学或其他学校如何困难的传闻吓倒。如果你愿意为申请而付出努力，通常不会像想象的那么难。不过，确实比大学入学考试给你的感觉要难一些。

如果你能真正学会如何正确思考，你就会获得许多工作和教育的选择机会。

心理障碍

要想具备一个丰富健全的头脑，你必须克服几大障碍，以下三点值得考虑。

荧屏时间

荧屏时间是指在电脑、智能手机、平板电脑、视频游戏、电影或电视屏幕前度过的时光。适当看一些不会有害，但过多地上网聊天、玩游戏，或看电视就会使大脑迟钝。你知道吗？青少年平均1周看20多个小时的电视，相当于每年看43天，一辈子总共要看8年！幸好你不在平均之列。想想看，如果你把这每年43天的时间用在学习法语、跳舞或电脑编程等更有意义的方面，那该能做多少事情啊！

为自己的荧屏时间定下规矩，不要违规。要么干脆把遥控器弄丢，这个办法挺有效。

平庸综合征

有意思的是，有些青少年不想学习太好，因为怕别人说他们太用功（是书呆子），而书呆子可太不"酷"了。我还听一些女孩子对我说，她们不想给人留下"智力超群"的印象，因为那样会让男孩子们敬而远之。由此我们会想到什么？是大声疾呼？！如果智力超群会吓跑什么人的话，那可能意味着他们本身就缺乏神经细胞。这些女孩子们本该为自己的智力水平和重视教育而感到骄傲。我自己就认识不少如今腰缠万贯但曾经被认为是书呆子的成功人士。

压力

有些时候我们害怕学习太好，为的是怕招致过高的期望。如果我们带回家一份优异的成绩单，并因此而受到表扬，就会突然使人萌生期望，期望我们总能做得这么好，而压力也就由此产生。如果我们成绩很差，也就不会有什么期望和压力了。

切记一点：为追求成功而产生的压力比没有竭尽全力而导致的遗憾要容易承受得多。不要为承受压力而烦恼，你能够应付自如。

你必须主动想要才行

最后一点，丰富头脑的关键在于产生想学习的愿望，你开始真的渴求它了。你开始通过学习而变得兴奋，你开始付出代价。下面这个故事里的主人公就在学习面前感受到无法抗拒的诱惑力，他付出巨大的代价，只是为了得到读书的乐趣。对他来说，读书如同"呼吸空气"。

厨房门开了——我被抓个正着，毫无准备。我来不及隐藏"证据"：它暴露在光天化日之下，没遮没挡，就在我的腿上放着。我那喝得醉醺醺的父亲涨红了脸摇摇晃晃地走到我面前，怒目而视，一副气势汹汹的样子，我的腿开始哆嗦。那年我9岁，我知道我又要挨打了，想逃也逃不掉，因为父亲发现了我在读书……

我父亲就像他的父母一样，也是酒鬼。他此前打过我多次，而且一次比一次厉害。此后多年他又多次打我，而且越来越凶，直到最终我16岁高中辍学，离家出走。然而，和酗酒等其他虐待相比，他反对我小时候读书的那份固执与狂暴更令我无法容忍；让我觉得夹在了过不去的鬼门关中，因为我不愿也不能停止读书。驱使着我去读书的不只是好奇心，还有心理需求——一种无法抑制的需求，使自己仿佛觉得身处异乡……于是，我与父亲抗争——就像我刚刚回忆的那样，常常要为抗争付出代价，但我认为值得。

这个故事是沃尔特·安德森（Walter Anderson）所著《跟我读》（*Read With Me*）一书中的片段。沃尔特如今是个大名鼎鼎的主编，在许多文学机构的董事会任职，自己写了四本书。沃尔特继续写道：

小时候，我生活在一个充满暴力的家庭和邻里环境中。但有一个地方我能去——一所图书馆——而且图书馆里所有的工作人员都鼓励我读书。他们允许我翻阅任何一本书，去任何地方，做任何事情。我能想象自己走出了贫民窟。在我凭借自身努力真正脱贫致富之前，书海里的畅游使我感觉早已摆脱了贫困。

如果你到现在还没有为自身教育而付出代价，那么从现在开始，亡羊补牢，未为晚矣。如果你能学会正确的思考问题，未来将是一扇敞开的机会之门。一切都在于脑力，去看书吧。

呵护你的情感

傍晚时分传来了敲门声。

"会是谁呢？"

我打开门，看见我19岁的小妹妹站在门外，一边喘着粗气，一边抽泣着。

我把她领进门，问道："怎么回事？"尽管我非常清楚出了什么问题，因为这种哭闹剧已经是一个月以来的第三次了。

她擦着哭得红肿的眼睛，哽咽着说："他太可气了，我简直不相信他会那样对我，真是太差劲了。"

"这次他又怎么着你了？"我问道。我听到过几回相当有趣的闹剧，迫不及待地想知道这次是否会出什么新花样。

"你知道，他叫我去他家做功课。"小妹嘟囔着，"正做着，另外几个女生来找他，他竟假装根本不认识我。"

"别跟他计较。"我赶紧劝她道,"我过去也常干这种事儿。"

"可我已经和他约会两年了。"她号啕大哭起来,"他们问我是谁时,他居然告诉他们我是他妹妹。"

呜!

她伤心极了。但我知道用不了几个小时或者几天,她又会把他看作是自有面包片以来最伟大的人。果真,几天后他又成了令她着迷的偶像。

你也有过和我妹妹类似的感觉吗?如同坐在感情的过山车上,忽高忽低,忽上忽下?也曾感到自己

是世界上最喜怒无常的人吗?无法控制自己的情绪?如果真是这样,那就欢迎你到俱乐部来,因为那些感觉对青少年来说是十分正常的,要知道,你的心是个变化无常的东西,它需要不断地补给和抚慰,就像你的身体一样。

休整、恢复和抚慰情感的最好方法就是重视建立友好关系,或者说在你的"关系银行账户"和"个人银行账户"上定期存入款项。让我们来看看这些储蓄都包括哪些内容。

关系银行账户存款

◎ 信守诺言

◎ 做出小小的友善行为

◎ 忠诚

◎ 善于倾听

◎ 勇于承认错误

◎ 给出明确的期望

个人银行账户存款

◎ 信守对自己许下的诺言

◎ 做出小小的友善行为

◎ 对自己宽容

◎ 诚实做人

◎ 休整、恢复和充电、更新

◎ 开发自己的才能

你可能已经注意到，个人银行账户和关系银行账户存款有很多相同之处，这是因为你在为他人存款的同时常常也使自己受益。

每当开始新的一天，你就在寻找机会进行"存款"并建立持久的感情，真心倾听朋友、父母、兄弟、姐妹的心声，而且不求任何回报。每天多说赞美之语，给别人以支持。如果你告诉父母打算回家，就一定要说话算数。

我喜欢特蕾莎修女的描述："给与你交往的人留下更多美好和快乐。愿上帝的仁慈永存心间：仁慈的面庞，友善的眼神，和蔼的笑容。"如果以这种态度对待生活，永远秉承宁搭一座庙不拆一座桥的原则，你就会惊奇地发现，在给他人带来巨大快乐的同时，自己也从中得到了满足。

在你注重培养感情的同时，还需要考虑一些其他方面的问题。

性与友谊

一位少女说："我不管你们是什么关系，也不管你有多虔诚……性永远存在。无论你是与那个人单独坐在汽车里，还是在家看电视，这种事情无所不在。"

性涉及的问题远不止于生理方面，它还包括心理因素。其实，与你作出的其他决定相比，你的性行为对你的自我形象、你与他人关系的影响更大。在你决定发生性行为或继续保持性关系之前，请扪心自问，三思而行。

以下内容节选自朱尼沃克斯出版公司（Journey Works Publishing）出

版的《如果……你还没有为性行为做好准备》（*You're Not Ready to Have Sex If…*）一书，或许会对你有所帮助。

想想清楚，你是否准备义无反顾地走下去？你确信自己的感觉吗？性传播疾病、导致计划外怀孕以及感情上的不确定，也都为三思而行提供充足的理由。在你还没有涉足太深之前，看看这份清单，或者用你自己的方法完成以下这个句子：

如果存在以下任何情况，请不要采取性行为……

1. 你认为性等同于爱。

2. 你觉得有压力。

3. 你怕说"不"。

4. 做出让步比拒绝要更容易。

5. 你认为其他人都在这样做（其实不是）。

6. 你的第六感觉告诉你不要做。

7. 你对怀孕一无所知。

8. 你不知道如何避孕。

9. 你认为女人第一次做爱是不会怀孕的（其实会的）。

10. 它违背你的道德信仰。

11. 它违背你的宗教信仰。

12. 次日清晨醒来你会为自己的行为感到后悔。

13. 你感到难为情或羞耻。

14. 你这么做是为了证明点什么。

15. 你养不起孩子。

16. 你养不起自己。

17. 你认为承担义务就如同租一盘3天到期的录像带。

18. 你认为婚前性行为是不对的。

19. 你不知道如何采取保护措施，预防感染艾滋病病毒。

20. 你不知道感染性病（也叫STD）的征兆和症状。

21. 你认为性行为会使同伴爱你。

22. 你认为性行为能使你爱你的同伴。

23. 你认为性行为能使你们不分离。

24. 你希望性行为能改变你的生活。

25. 你不希望性行为改变你的生活。

26. 你没做好改变关系的准备。

27. 你喝醉了。

28. 你希望你喝醉。

29. 你的同伴喝醉了。

30. 你期望这种事情很完美。

31. 如果不完美你就想去死。

32. 面对第一次笨手笨脚的情景你笑不出来。

33. 你没准备好脱掉衣服。

34. 你以为艾滋病病毒和艾滋病只会发生在别人身上。

35. 你认为单凭观察就能分辨出谁感染了艾滋病。

36. 你认为青少年不会得艾滋病（他们会的）。

37. 你不知道自我节制是唯一能100%防止性病和受孕的方法。

38. 你们还没有谈论过未来。

39. 想到明天你无颜面对。

40. 如果被父母发现你会很害怕。

41. 你这样做就是想让父母发现。

42. 你吓坏了，根本想不清楚。

43. 你认为那样会使你更受欢迎。

44. 你认为这是你欠你伴侣的。

45. 你认为没有性交经历是不行的。

46. 你只为自己着想。

47. 你没有为自己考虑。

48. 你迫不及待地想让别人知道。

49. 你希望没人听说过这件事。

50. 你真的希望这件事从未发生过。

因此，最好还是等一等。

你一定会成功的

人有时感到心情沮丧是十分正常的。不过，心情沮丧与长期忧郁有很大区别。如果很长一段时间都生活在极度痛苦之中，绝望的感觉似乎总也挥之不去，问题就很严重了。幸好，忧郁是可以治疗的。要毫不犹豫地寻求帮助，可以服药治疗，也可以请教这方面的专家。

如果你想要自杀，请认真听听我的忠告，珍惜宝贵的生命。你一定会成功的。相信我，一切都会好起来的。你是社会的财富，社会需要你。噩梦终将过去……每次都是如此。有一天当你回味这段经历时，会为自己坚强的挺过来而感到欣慰。正像这里一位年轻女士所感受的那样：

和许多年轻人一样，我是一个家庭条件优越，本该无忧无虑生活的人。然而，我却遇到了麻烦。上初中和高中时，朋友对我来说变得尤其重要，而我对家庭生活却似乎十分厌烦。我每天迫不及待地从家出来，就是为了和我的那些好朋友待在一起。两年的时间里，书中提到的每样坏事我几乎都干过，但这并没有使我的感觉有任何好转，甚至恰恰相反。

我开始连回家都害怕，那种痛苦的感觉几乎使我不愿走进那个阳光融融、温馨宁静、美味飘香的家，一切似乎都那么完美，让我觉得自己实现不了他们对我的种种期望。不知为什么，我就是适应不了那种气氛。我没能令他们感到骄傲，而只会让他们不开心。我但愿自己已经去世了。在这种念头的驱使下，我真的有过好几次自杀的企图。

我一直坚持写日记，直到今天，每当看到我曾经那样与死亡擦肩而过就心有余悸。如今，才事隔几年，我已成为大学里的全A优等生，业余生活十分丰富，还有个非常爱我的男朋友，和家人也相处得特别融洽。我有着太多的计划，太多想做的事情。我热爱生活，有着太多的期盼，我不敢相信自己曾经有过那样的感觉，但那是事实。几次噩梦般的经历使我意识到，我应该改变自己。感谢老天，我还活着。

请记住，你如今经历的苦难终将成为人生中巨大的力量源泉。正如诗哲纪伯伦（Kahlil Gibran）所写的那样："我们那涌溢欢乐的井泉，也常常充满了眼泪，悲哀的创痕在我们身上刻得越深，我们就能容受越多的欢乐。"

不笑则哀

除了上述所有这些以外，还有最后一个对保持情感健康至关重要的因素，这就是笑。对……大笑。非洲有句谚语：Hakuna matata! 也即，没有烦恼忧虑！（译注：《狮子王》中野猪彭彭和狐狸丁满让小狮子忘记烦恼时教他念的"咒语"。）别担心，高兴点！生活有时就是这么捉弄人，让你感到无可奈何，所以不如一笑了之。

糟糕的是，随着年龄的增长我们往往忘了儿时的快乐真谛。一项研究结果表明，上幼儿园的孩子一天笑大约300次，相比之下，成人一天才笑17次，难怪孩子们比我们开心多了。我们为什么那么严肃？或许是因为我们被灌输的观念是：笑得太多是幼稚的表现。借用《星球大战》中绝地武士的尤达大师的话说："人应该设法抛弃以前所学知识中的谬误。"我们必须学会重新笑起来。

我读过彼得·多斯科克（Peter Doskoch）《今日心理学》（Psychology Today）一书中阐述幽默感的一篇绝妙文章，这里摘录了其中一些重

要的结论。

笑：

◎ 能够放松心理发条，有助于我们更有创造性地思维。

◎ 能够帮助我们应对生活中的困难。

◎ 能降低紧张程度。

◎ 能通过减缓心率和降低血压使人放松。

◎ 能使我们与他人交往，消除疏远感，它是导致抑郁和自杀的罪魁祸首。

◎ 释放内啡肽，它是大脑释放的缓解痛感的天然杀手。

有证据表明，笑还有助于增进健康，加快身体的康复。我听过几个有关重症患者借助大剂量笑疗恢复健康的报道，笑还能帮助修复人与人之间受损的关系。就像企业家维克托·博奇（Victor Borge）形容的那样："笑是两个人之间最短的距离。"

如果你不多笑，又怎么能重新开始呢？我的建议是开辟自己的"幽默收藏"天地，收集书籍、卡通形象、录像带、创意——所有你觉得感兴趣的东西。在你感到沮丧或想不开的时候，就来这里光顾一下。诸如有些解闷的无聊电影，我只要一想到里面的演员就想笑。我买了不少这类低成本电影的光盘，每当需要轻松一下的时候就看一看。同样，我哥哥史蒂芬也有一个据我所知目前规模最大的卡通收藏库《世界的另一边》（The Far Side），他声称，就是这些卡通保佑着他在承受极大压力时没有患上精神病。

当奇怪而又可笑的事情发生在自己身上时，要学会自嘲，因为这些事情注定是要发生的。有人曾经说过："人能秘密备用的最佳手段之一就是幽默感。"

关爱你的心灵

什么会打动你的心灵？一部感人的电影，还是一本好书？可曾有过看电影时被感动得落泪？真正打动你的又是什么？

什么能触动你内心深处？是音乐，是艺术？还是置身大自然之中？

说到心灵，我所指的是深藏在你外表之下的内心自我。你的灵魂就是你的核心，那里隐藏着你最深层的信念和价值观。它是欲望、企图和内心宁静的根源。在这个人生的精神领域，"磨刀不误砍柴工"意味着花时间重塑或唤醒内心自我。著名作家赛珍珠（Pearl S. Buck）这样写道："在我的内心里，有一个独立生存的空间，那就是你浇灌那永不干涸的心泉的地方。"

如何滋养心灵

作为一名青少年，我从写日记、欣赏美妙的音乐和独自登山获取生活的动力。这是我滋养心灵的方式，尽管当时我并不这么认为。我还摘抄一些名人名言，从中受到启发，美国前农业部长埃兹拉·塔夫脱·本森（Ezra Taft Benson）就说过这样一段话：

献身于上帝的男人和女人都会发现，上帝能给他们的生活增添丰富得多的内容，使他们增加乐趣、扩大视野、敏锐思维、强健体魄、鼓舞精神、加倍祝福、增加机遇、播撒和平。

心灵是你人生中极为隐秘的区域。当然，滋养的方式也有很多。以下是青少年们常用的几种做法：

◎ 沉思

◎ 为他人服务

◎ 写日记

◎ 散步

◎ 阅读激励人的好书

◎ 绘画

◎ 祈祷

◎ 写诗或作曲

◎ 深思

◎ 听振奋人心的音乐

◎ 演奏一种乐器

◎ 信仰一种宗教

◎ 与能够彼此敞开心扉的朋友交谈

◎ 反省自己的目标和使命宣言

以下是一组滋养心灵的技巧，特供参考。

回归自然

回归自然有着不可思议的魔力，因为自然是无与伦比的。即使你居住在远离河流、大山、沙滩的市区，通常也会有一个附近的公园可以逛逛。我曾采访过一位名叫瑞安的年轻人，家庭生活遭遇不幸的他对于大自然母亲治愈心灵创伤的魔力深有体会。

上高中时，我曾经历过一段特别黑暗的日子，似乎天都要塌下来了。就在那时，我发现了这条河。其实那只不过是靠近老农家后院长着几棵树的一片岸堤，看上去也没什么，但它却成了我的世外桃源。四周既见不到人影，也听不到人声。我觉得这里很美，在河里游上一圈让我感觉融化在大自然的宁静中。只要感到有些压抑，我就会来到这里，似乎在这里才能使我恢复平静。

有些人为求别人指点迷津而参加一些宗教团体，但对我来说却很难做到。我的确信教，而且还很虔诚。可有时起个大早去教堂祈祷却让我觉得不舒服，因为我到了那里每个人都在说："高兴一点，一切都会保佑你的。心诚则灵，上帝也会保佑你全家的。"在我看来那都是空话。家庭不会总是一帆风顺，我的家庭生活就糟糕透了。

然而，来到河边，这片静土却不会对我品头论足、指指点点，它只是静静地躺在那里。伴随它的是安宁与祥和，而这正是希望平静下来的我所需要的一切，它让我觉得一切都会平安顺利。

写日记是青少年最好的朋友

就像走进大自然一样，写日记也是启迪心灵的灵丹妙药。它能成为你的安慰、你最好的朋友，无论你感到多么气愤、高兴、害怕、爱恋、危险或困惑，它是你能够毫无保留地表露内心的唯一之地。你可以在日记中倾诉衷肠，它只会静静地坐在那里倾听，不搭一句话，而且也不会在你背后说你的坏话。写下未经加工过的心里话能够清醒头脑、增强信心，帮助自己找回自我。

写日记还能增强自我意识。这是一种乐趣，读一读过去的日记，能认识到自己成长了许多，从前的你是那么的愚蠢和幼稚，对某个男孩或女孩是多么的着迷。有个女孩告诉我，她就是看了旧日记后茅塞顿开，才没有再回到以前那个吸毒的男友身边。

写日记没有什么正规的形式，可随意地将纪念品、票根、恋爱字条等一切值得纪念的东西贴在日记里。我的旧日记本里尽是些低劣的艺术品、蹩脚的诗歌和奇怪的味道。

日记只是将思绪落于纸上的一个统称，也有其他的名称和形式。艾利森就给自己写小条，将其保存在一个特别的小盒里，她称其为神宝箱。凯雷则是靠一本《感恩集》来反思自己。

我有本书，帮助我在生活中更加积极上进，我给它取名为"感恩集"。在这本书里，我写下一天中发生的令我感动或催人上进的事情。这本书改变了我的生活，并使我对事物有了全面客观的认识，因为我挑选的都是些我周围发生的好事而不是坏事。不像写日记那样，把好事坏事都记下来。我也坚持写日记，但两者是有区别的。在感恩集中，有一个部分，列出了我最喜爱的歌曲、最喜欢的接触（哥哥的拥抱）、最爱听的声音（妈妈的笑声）、最喜欢的感觉（凉风）等等。我还记录一些很小的事情，如"布赖恩主动帮我擦桌子"，"约翰今天特意走过来和我打招呼"，这些事情给人感觉很好。当我回过头来看这本书时，就会记住这些美好的事情，而所有令人不愉快的事情则随着忘却的记忆而消逝，也不再因此而烦恼。

我把一本感恩集送给别人看，他们说的确受益匪浅。用我的话说："只有自己才能使自己开心——其他任何人都无济于事。"

摄取优质的精神食粮

我常常想知道，那些连续几年只喝软饮料和吃巧克力这些垃圾食品的人会怎样？他们以后会是什么样子，什么感觉？或许也像垃圾。不过，我们不妨想一想，如果我们持续几年给心灵填充的都是垃圾，难道结果会有什么不同吗？不仅是吃什么长什么

傻小子，我那会儿可真笨。

样，而且听什么、读什么、看什么也同样如此。我们摄取的精神食粮要比物质食粮更重要。

那么，你的精神食粮是什么呢？你是在给你的心灵添加营养，还是在给它装上核废料？你有没有想过你每天要接触多少媒体？这包括电视、网络视频、社交媒体、网络广告、书籍、杂志，甚至你在街上看到的广告牌。

如今，人们哪怕想要远离媒体一天都不可能。试一下，你就明白我的意思了！鼓起勇气尝试一整天不搜索谷歌、不看杂志、不听音乐、不看电视。你会发现这几乎是不可能的，你甚至可能因断瘾之痛而感到备受煎熬。

就以音乐为例。研究表明，青少年平均每天听4个小时的音乐，这意味着能听好多曲子。每天清晨醒来，你会做什么？是打开收音机或录音机。你跳上自己的汽车后做什么？你跟父母亲怄气，钻进自己的房间后又做什么？你能想象看商业广告、电视节目或电影而没有音乐伴奏是什么情景吗？

如今，假如你认为媒体不会对你产生影响，只要想想你最喜欢的歌和它带给你的感动就明白了，或者想想你最近看到电视里或照片上半裸的异性扭动的身躯。要不回想一下你买的最后一瓶洗发香波，你为什么买这个牌子？也许是受32频道电视广告或杂志上单页广告的影响。如果一张单页

广告能促销一瓶香波，难道一部未经删节的电影或是一张CD唱盘就不会兜售一种生活方式吗？

像绝大多数事物一样，媒体有好的一面，也有坏的一面，你应当对接纳的媒体内容有所选择。我唯一的忠告是，要问心无愧，就像一名参加奥运比赛的运动员珍重他们的身体一样尊重自己的心灵。比如，如果你听的音乐或看的电影使你感到消沉、愤懑、忧郁、残暴，或有做爱高潮时的感觉，猜猜这是怎么回事？迹象可能正好表明，这些东西是垃圾，而你不需要垃圾。另一方面，如果你看的东西令你感到轻松、快乐、受鼓舞、充满希望，或内心安宁，就值得坚持和保留。最终，你将被你所看、所听、所读的东西同化，不断地问自己那个问题："我愿意让它成为我的一部分吗？"

你在打扰我睡觉

我在"青年展望"（YO!）网站上偶然看到一个女孩写的一封信。她的名字叫拉迪·特里，她烦透了音乐电视里的垃圾内容。这封信是写给"强行闯入我的电视屏幕的姐妹们"的。得到允许，我在此发表其中的一部分。

又是它！我们又切换到5分钱娱乐频道了。

我猜想，拍音乐电视一定很刺激。但你知道你对姐妹们的思想和生活的影响有多大吗？你为那些年轻的姐妹们着想过吗？她们学得很快，还会模仿你们。你有没有注意到，那些十二三岁的女孩浓妆艳抹，看上去就像20岁？或许时代竞争太残酷，以至于你不在意会伤害谁？

我过去总是与以前的男朋友因看音乐电视和BET网站而发生争吵，因为这种片子大多数都有五花八门的镜头，里面那些大多半裸的女孩好像吉露果子冻似的扭动和摇摆着身子……一看见我那前男友盯着她们垂涎欲滴地上下打量的样子我就感到伤心……

我的邻居曾经总对我说，她与男朋友一起看MTV时，他总是对她说："你的身材就该那样。"还有一个16岁的朋友说，男孩子问她："为什么你不能跳那种舞？"

为什么你要在电视里身穿紧身超短衣像个怪物一样摆动身体？……你们这些姑娘们其实非常非常漂亮，根本没必要靠脱衣服来取得成功或引起人们的注意。你想让男孩子们尊重你吗？那就通过展示你优雅、谨慎的服饰向他们说明应该尊重你的理由——然后再用语言阐述自己的观点。你的穿戴风格表露了你的内心世界……当你在升级外表及精神境界的同时，许多男士也将会升级他们对你的尊重。

拒绝做沸水煮熟的青蛙

各种成瘾嗜好——不论是药物、说闲话、买东西还是暴饮暴食或网瘾——都有着共同的特点。

成瘾：

◎ 能带来暂时的快乐。

◎ 成为你生活的重心。

◎ 能暂时解除痛苦。

◎ 自我价值、生活动力、自我控制、人身安全和隐私都不复存在。

◎ 使问题日益严重，感觉自己在设法逃脱。

一种更加隐蔽和危险的成瘾嗜好是色情，而且可以说它无处不在。如今，你可以对色情的是与非尽情地发表看法，但我认为你内心深处的所思所想只有你自己知道。色情可以让你尝到一时的甜头，但会使你更细微的感觉渐渐麻木，就好像内心有个声音在呼唤你的良知，直到被扼杀为止。

你可能在想，"别太认真，肖恩。看点儿黄片儿没什么了不起。"但问题在于，色情也和其他所有成瘾嗜好一样在偷偷地走近你。这让我想起一个我曾听过的关于青蛙的故事。如果你把它放在滚烫的水中，它会立刻跳出来。但是，如果你把它放在温暖适度的水中，慢慢地加热，青蛙还没有来得及感觉到不妙而设法逃脱就被煮熟了。你今天的看法如果是在一年前可能会让你觉得可怕。但是，由于这种变化来得极为缓慢，你甚至觉察不到自己的良知已正在泯灭。

要鼓起勇气走开、中止或丢弃，甚至还能做得更好。一个男孩子就有这样的体会。

从初中升入高中的那个夏天，我在一家建筑公司打工。有一天老板让我和工程总监一起进行检查，他的办公室就设在工地上一座活动房屋里。

当我走进那个活动房时，看到四周墙壁上贴满了色情照片。刹那间，我忘了进到里面是要向那些人问问题，因为我的注意力被那些照片吸引住了，它激起了我的兴趣。离开活动房时我就开始琢磨，到哪儿能搞到这种东西，以便看得更仔细？很快我就找到了一个卖色情照片的地方。

起初，我看这些东西的时候，觉得很紧张，心里也不自在，像做错了事情似的。但没过多久我就上瘾了。它吸引着我走到了不顾一切的地步——无论在家里、工作还是睡觉，我开始自甘堕落。

在工作休息时间，我会到别人的汽车里，他拿出一本杂志，我们边看边笑，还说些下流的黄话。这些深染色情毒瘾的家伙根本不满足于看，他们会谈论所有和他们睡过觉的女孩子，似乎对生活中的其他任何事情都不关心，他们的一切谈话都离不开杂志、电影和性。

有一天傍晚，我听到有些同事吹起了口哨，大声喊着粗鲁的下流话。我抬起头想看个究竟，却发现是我的小妹妹刚从她的大众牌汽车里出来，正找我呢。我听见有人说："我真想泡那个小妞儿。"我转过身来气愤地说："闭嘴！那是我小妹。"

我感到恶心，没到下班时间就离开了工作岗位，独自一人开车出去兜风，心里不停地在想我妹妹当时看上去有多伤心，她是那么的天真无邪，却受到如此非理。

第二天，我回到工作单位时，那些家伙又递给我那种杂志，我站起身走开了。最初这样做时需要很大的勇气，但随着次数越来越多，感觉越来越容易。当有人开始那种粗鲁、乏味的谈话时，我就会走开，到别的地方去。我觉得那一点儿都不有趣，总感觉他们谈论的是什么人的妹妹。

留出时间用来充电和休整

在即将结束本章之时，我想把自己一些最后的想法介绍给大家。我曾和一名叫拉里莎的女孩探讨过"磨刀不误砍柴工"的道理，可她的回答令我吃惊："现实一点儿吧，肖恩，谁有那个时间呀？我成天上课，还得参加课外活动，整个晚上都得学习。我必须取得好成绩才能上大学。难道你要让我早点上床睡觉，第二天数学考试来个不及格吗？"

现在我就来谈谈这个问题。做任何事情都需要时间，时间的使用可以是均衡的，也可以是不均衡的。有些时候为了做事情，一整天、一个星期甚至长达一个季度里都睡不了多少觉，人累得筋疲力尽。有时只能靠吃自动售货机上没什么营养的快餐食品填饱肚子，这就是实实在在的生活。然而，还是应该留出时间用来休整和充电。

如果你长期过于疲劳，思考问题就容易犯糊涂，脾气会变得暴躁，还会开始丧失洞察力。或许你认为没有时间锻炼身体、结交朋友或获得激励。而事实上是你必须去做。给自己充电所耗费的时间会立刻得到加倍报偿，因为在你重新投入日常工作时，你的效率会大大提高。

你能够做到

可能你在不知不觉之中已经做了许多磨刀的工作。如果你学习非常用功，你就是在充实头脑。如果你注重运动和保健身体，你就是在保护身体。如果你致力于发展友谊，那就是在建立感情。你常常能够同时进行多方面的充电。梅拉尼曾告诉我她是如何在骑马时做到这一点的。骑马运动本身锻炼了身体，在骑马时沉思又能启发心智，而置身大自然之中还可以陶冶心灵。于是我问她："那情感交流呢？骑马怎么培养感情？"她回答说："我和我的马更亲近了。"我猜想，马也能通人性吧。

我早该磨快锯子的

磨刀不误砍柴工不能只是偶尔为之。由于它是"第二象限"中的一项内容（重要但并非当务之急），因此你必须采取主动、付诸实施。最好的办法是每天拿出一定的时间，哪怕只有短短的15或30分钟也行。有些青少年每天都划出一个特定的时段——清晨、课后或临睡前——独自一人，或沉思，或锻炼。还有些人喜欢把它安排在每个周末。没有一个固定的模式——只要找到对自己最适合的方式就行。

有人曾问亚伯拉罕·林肯："如果给你8个小时锯倒一棵树，你会怎么做？"林肯回答说："我会用前4个小时的时间磨快我的刀锯。"

◇ 后面的章节更精彩 ◇

你会对接下来这一章感兴趣，因为它真的是简明扼要。或许现在就可以算是读完这本书了！

幼童　学步

身体

1. 吃早饭。

2. 今天就开始一项锻炼计划，并保证30天中切实遵守。走路、跑步、游泳、骑车、溜旱冰、举重等等，选择一些你真正感兴趣的项目。

3. 改掉一种坏习惯并坚持1周，不饮酒，不喝软饮料，不吃油炸食品、油炸圈饼、巧克力或任何可能有害身体的食品。1周以后，看看自己的感觉如何。

头脑

4. 订阅有教育意义的杂志，如《大众机械》(Popular Mechanics)或《国家地理杂志》(National Geographic)。

5. 每天看报纸，特别注意头条新闻及观点评论。

6. 下次再约会的时候，可选择参观博物馆，或去一家从未光顾过的少数民族餐馆吃饭，扩展你的视野。

情感

7. 陪同妈妈或哥哥一起外出散步，看球赛、看电影、购物或吃冰激凌。

8. 从今天开始建立你的幽默集。剪下你喜爱的卡通画，买轻松欢快的影碟看，或开始积累你自己的开心笑话，很快你就会有沮丧时的避难所了。

思想

9. 今晚看日落，或明天清晨早起看日出。

10. 如果还没有坚持写日记的习惯，就从今天开始吧。

11. 每天用一些时间思考问题，反思自己或祈祷。哪一样对自己起作用，就做哪一样。

我的训练计划

"习惯七：磨刀不误砍柴工"讲的是对人类需求最重要的四个方面——身体、头脑、心态和思想进行休整和更新，以保持均衡发展。如果你在这四个方面进行自我更新，将会促进你的发展，并给你的生活带来变化。

关爱你的身体

无时不在变化的身体真的是部奇妙的机器。你能呵护它，也能虐待它；你能控制它，也能被它所控制。一句话，你的身体是个工具，如果你对它精心照顾，它就会好好为你服务。

在你经常做的活动前面打钩，评定你的健康状况。

☐ 我十分了解并精通健康和健美信息。

☐ 我每周至少锻炼三次，每次20至30分钟。

☐ 我很清楚我对水果、蔬菜、维生素和矿物质的需要。

☐ 我增加或保持了体能训练计划。

☐ 在运动时，我增加了锻炼心血管和灵活性的活动。

☐ 我睡眠充足。

☐ 身体需要时，我会休息或放松。

☐ 我吃垃圾食品或快餐每周少于两次。

☐ 我能有效和积极地面对压力。

对我来说，健康和恢复体力意味着：

我看到别人做、自己也愿意尝试的一项活动是：

我想了解更多的营养知识，是吗？具体地说，我希望了解：

我想了解更多的健美知识，是吗？具体地说，我希望了解：

要保持自身生理健康，你可能需要超越自己关于什么是真正的健康的通常看法。如果你正努力达到最佳状态，参阅第349页的评定表。也许其中你没有打钩的一项恰恰是一个很好的起点。

避免破坏性的恶习

正如有很多方式保健身体一样，损害身体的方法也不在少数。喝酒、吸毒、抽烟等让人上瘾的东西就是一大类。也许上瘾最糟糕的一点就是：你不再能够控制自己，而是某种瘾头在控制你。

我希望改变的破坏性的恶习有：

我会去寻求帮助的一个地方是：

测试一下你对酒了解多少：

让我们来看看你对酒及其危害了解多少。回答以下的是非题。完成测试以后核对你的答案。

1. ☐对 ☐错 大多数青少年喝酒。

2. ☐对 ☐错 啤酒和葡萄酒比烈性酒"安全"。

3. ☐对 ☐错 只要自己不喝酒，与喝酒的人在一起也没什么损害。

4. ☐对 ☐错 喝酒不可能过量。

5. ☐对 ☐错 酒精伤身。

6. ☐对 ☐错 酒精伤脑。

7. ☐对 ☐错 喝酒使你更有吸引力。

8. ☐对 ☐错 你不可能拒绝喝酒，同时与人相处融洽。

9. ☐对 ☐错 喝酒是周末的活动，不会影响学习成绩。

10. ☐对 ☐错 如果不满21周岁，买酒或拥有酒都是非法的。

11. ☐对 ☐错 所有的青少年都会偶尔喝酒，不管是什么酒。

12. ☐对 ☐错 酒有各种种类：白酒、啤酒、烈酒等，不一而足。

13. ☐对 ☐错 酒与其他药品同服没关系。

答案：

1. 错。绝大多数青少年不喝酒。

2. 错。一罐啤酒所含的酒精与一杯葡萄酒、一口烈性酒所含的酒精大致相同。

3. 错。如果你周围的人喝酒，那你受重伤、卷入车祸或者受暴力侵害的风险也会加大。

4. 错。饮酒过量会导致昏迷甚至死亡。

5. 对。酒精会损害你体内的任何器官。它会直接进入血管，增加你患各种严重疾病的可能性。

6. 对。喝酒会使你的大脑和中枢神经系统变迟钝，导致协调性差、判断力弱、反应慢、视线不清、记忆缺失甚至暂时昏迷。

7. 错。酒精会使你体重增加，呼吸不畅。

8. 错。记住，你有一帮好伙伴。大多数青少年是不喝酒的。另外，拒绝喝酒不像想象的那么困难。试着说"不，谢谢"、"我不喝酒"或者"我对酒不感兴趣"。

9. 错。喝酒或使用其他成瘾物质的中学生，辍学或认为学习成绩无关紧要的可能性是其他学生的5倍。

10. 对。

11. 错。虽然未成年人喝酒是个严重的问题，但上个月，在12至17岁的青少年中，选择不喝酒的比例达到84％。

12. 对。

13. 错。酒与药同服非常危险，可导致意外死亡。

丰富你的头脑

智力方面是指通过在校学习、课外活动、业余爱好、勤工俭学和其他丰富头脑的经历来扩展知识。

在当今世界，如果你不保持敏锐的头脑，你就会陷入严重的困境。刺激大脑兴奋的因素多种多样——小说、艺术、教育性电视节目、智力测验以及游戏都能使你的头脑得到锻炼。

评定你的脑力

填写下面的评定表：

我每天看报纸。	从不 有时 总是
我记日记或某种日志，或者有固定的写作时间。	从不 有时 总是
我到不同的文化或历史名胜去参观游玩。	从不 有时 总是
我看《探索》频道、《学习》频道或听公共广播社的节目。	从不 有时 总是
我每天通过收音机、电视机或因特网听新闻或者看新闻。	从不 有时 总是
我留出一段时间理清自己的思路，放松头脑，思考问题。	从不 有时 总是
我研究过家谱。	从不 有时 总是
我写故事、作诗或编歌。	从不 有时 总是
我玩有挑战性的棋盘游戏或打牌。	从不 有时 总是
我参加了辩论小组。	从不 有时 总是
我参观博物馆。	从不 有时 总是
我参加文化活动，观看戏剧、芭蕾舞、歌剧或听交响乐。	从不 有时 总是
我会演奏一种乐器。	从不 有时 总是
我喜欢填解字迷。	从不 有时 总是
我利用因特网研究学校的课题。	从不 有时 总是
我会用电脑。	从不 有时 总是
我会按照菜谱做一顿丰盛的菜肴。	从不 有时 总是
我至少了解一点汽车维修知识。	从不 有时 总是
我有图书证。	从不 有时 总是
我家庭作业完成得很好。	从不 有时 总是
我制定了继续深造的计划。	从不 有时 总是
我上学时学了一门外语。	从不 有时 总是
我看书纯粹是为了消遣。	从不 有时 总是

"总是"栏每打一个钩得3分，"有时"栏得2分，"从不"栏得1分。

得分55分以上——你的头脑灵活极了！

41—55分——你的头脑得到了充分的活动。

40分以下——你应该加强智力开发。

90天以后，重新填写该评定表。用不同颜色的笔填写答案，把两次的得分进行比较。

两次评定的结果有什么不同？

呵护你的情感

你是否有过这样的感觉，如同坐在感情的过山车上，忽高忽低，忽上忽下？你的心是个变化无常的东西，它需要不断的补给和抚慰，就像你的身体一样。

在生活中，我能加强的关系是：

如果秉承宁搭一座庙不拆一座桥的原则，我能得到的益处包括：

在符合你的句子前打钩：

☐　我是可靠的，值得信赖的。

☐　我对生活充满希望。

☐　我很容易相信与我关系密切的人，也愿意支持他们。

☐　我用心倾听别人说的话，而不是想着自己接下来要说什么。

☐　我主动与别人联系。

☐ 我注意保持最重要的关系。

☐ 在需要的时候，我会真诚地道歉。

☐ 我能设法渡过难关。

☐ 我知道照顾好自己是什么意思。

☐ 我能控制自己的冲动情绪。我会平静下来，而不是受别人
和环境的影响。

如果你正竭力"呵护你的情感"，参考上面的评定表。其中没有打钩
的一项是不是很好的起点？

关爱你的心灵

心灵是你人生中极为隐秘的区域。当然，滋养的方法也有很多。以下
是青少年们常用的几种做法：

◇ 沉思

◇ 听振奋人心的音乐

◇ 为他人服务

◇ 祈祷

◇ 走进大自然

我的精神食粮有（描述你采取的行动）：

我希望增加的新食粮有：

我给心灵添加了营养还是垃圾？我有没有给心灵添加违背我自己真正意愿的东西？这些东西包括：

你要自己选择精神食粮，而不是让别人替你作出决定。媒体有好的一面，也有坏的一面。

我接触的媒体有：

在我接触的媒体中，我觉得对我的情绪有害的是：

我认为出现这种情况的原因是：

在符合你的句子前打钩：

☐ 　我有明确的价值观，并打算按照自己的价值观生活。

☐ 　我制定了自己的使命宣言，它让我的生活有了目标。

☐ 　我每天都通过沉思、祈祷、学习和反思进行自我更新。

☐ 　我常常在能让我的心灵得到恢复与修整的地方呆一阵，例如大自然、会堂、教堂或者寺庙。

☐ 　我正直诚实地生活。

☐ 　我乐于接受真理。

☐ 　即便在别人反对的情况下，我也会表明态度或说出真相。

☐ 　我经常为别人服务，不期望回报。

☐ 　我知道生活中什么是我能够改变的，什么是我不能改变的。对于我不能改变的东西，我会不予理会，顺其自然。

第十二章

不要放弃希望

孩子，你能搬动大山

The **7** HABITS
Of Highly Effective
TEENS

几年前，黑人牧师杰西·杰克逊（Jesse Jackson）曾在民主党全国代表大会上演讲，演说辞中震撼人心的一句话在会上激起热烈反响，他只说了几个字："不要放弃希望。不要放弃希望。不要放弃希望。"

他一遍又一遍地重复着这句话，就好像一个永不消逝的声音。人群中掌声雷动。你能感觉到他声音里那份真挚的情感，他的话感动了在场的每一个人，他创造了希望。

这就是我写这本书的初衷——给你带来希望！希望你能有所改变，戒掉毒瘾、改善与至亲的关系。希望你能找到自身问题的答案，充分发挥你的潜力。即便是你的家庭生活一团糟、你的考试不及格、你唯一的情感依托就是你的小猫（而连它近来也令你感到失望），仍然不要放弃希望。

如果读完这本书后，你感到东西太多，一下子不知从何着手，那我建议你采取下述方法：快速翻阅每一章，找到各章的要点，或扪心自问："哪种习惯对我来说培养起来最困难？"然后，选择其中两三个作为主攻目标

（不要一下选很多，恨不得一口吃成胖子）。把它们写下来放在自己能够经常看到的地方，每天激励自己，不要再犯错误。

你会惊奇地发现，这一切会带来一些小小的变化。渐渐地，你的自信在增加，你会感到更快乐，会"自然而然地"进步，你的目标也会变为现实，你会感觉心里踏实，万事开头难嘛。

如果某种习惯或观念真的令你印象深刻，比如"积极主动"或"关系银行账户"，要想把它消化吸收并融于自我意识之中，最好的方法是，当它还保持新鲜感时讲给别人听，用你自己的例子和语言说服他们。谁知道呢？说不定他们真的被你说动了，愿意与你共同努力。

如果你发现自己在退步或达不到要求，不要气馁。别忘了，正像飞机的航班一样，当一架飞机起飞时，都有一个航班计划。然而，在飞行途中，刮风、下雨、气流、交通堵塞、人为失误或其他因素都可能使飞机偏离航线。事实上，飞行途中90%的时间都在偏离航线，只不过飞行员通过观测仪表并保持与地面指挥塔联系，不断地校正小的偏离，才保证了飞机最终到达目的地。

如果你要不断地调整飞行计划，90%的时间都感觉好像要偏离航线——那又怎么样？只要你坚持原定计划，不断地做出小的调整，始终抱着希望，那么，最终就一定会到达目的地。

到这里，该是这本书和你说再见的时候了。感谢你一路和我同行，也祝贺你到达了终点。我只是想让你知道，我对你的未来充满信心，你一定能有所作为。永远记住，你的天赋不比任何人差。你没必要左顾右盼，力量与光明就在你自己的心中。

在停笔之前，我想用自己最喜爱的一句鲍勃·莫瓦德（Bob Moawad）的名言作为结束语：

你无法坐在原地，却想在岁月的沙滩上留下你的足印。

而谁又愿在岁月的沙滩上只留下自己臀部的痕迹？

祝万事如意，再见！

我 的 训 练 计 划

 不要放弃希望

　　如果读完这本书后，你感到东西太多，一下子不知从何着手，那我建议你尝试"幼童学步"的一些办法。快速翻阅每一章，扪心自问："哪种习惯对我来说培养起来最困难？"

　　然后，选择其中一两个作为主攻目标，并把它们写在下面。

1.　_____

2.　_____

3.　_____

　　现在，在这本书即将结束，而你的旅程即将开始的时候，写下你自己喜欢的名言作为结束语吧：